Jakob Becker

Die römischen Inschriften und Steinskulpturen

des Museums der Stadt Mainz

Jakob Becker

Die römischen Inschriften und Steinskulpturen
des Museums der Stadt Mainz

ISBN/EAN: 9783743307360

Hergestellt in Europa, USA, Kanada, Australien, Japan

Cover: Foto ©ninafisch / pixelio.de

Manufactured and distributed by brebook publishing software (www.brebook.com)

Jakob Becker

Die römischen Inschriften und Steinskulpturen

Verzeichniss

der

römischen, germanisch-fränkischen, mittelalterlichen

und

neueren Denkmäler

des

Museums der Stadt Mainz

herausgegeben

von dem

Vereine zur Erforschung der rheinischen Geschichte und Alterthümer in Mainz.

I.

Inschriften und Steinsculpturen aus Römischer Zeit.

MAINZ,
In Commission bei Victor v. Zabern.
1875.

Die

römischen

Inschriften und Steinsculpturen

des

Museums der Stadt Mainz.

Zusammengestellt

von

Dr. phil. Jacob Becker,

Inspector und Professor der Selectenschule, z. Z. Schriftführer des Vereins für Geschichte und Alterthumskunde zu Frankfurt am Main, auswärtigem Secretär des Vereins von Alterthumsfreunden im Rheinlande zu Bonn, correspondierendem Mitgliede des archäologischen Instituts zu Rom, des Vereins zur Erforschung der rheinischen Geschichte und Alterthümer zu Mainz und des historischen Vereins für das Grossherzogthum Hessen zu Darmstadt, Ehrenmitgliede der archäologischen Gesellschaft des Grossherzogthums Luxemburg und des Vereins für Nassauische Alterthumskunde und Geschichtsforschung zu Wiesbaden.

MAINZ,

In Commission bei Victor v. Zabern.

1875.

DEN

STADTVERORDNETEN

DER

STADT MAINZ

IN

DANKBARKEIT UND EHRERBIETUNG

GEWIDMET.

Vorwort und Einleitung.

Von dem hochverehrlichen Vorstande des Vereins zur Erforschung der rheinischen Geschichte und Alterthümer in Mainz mit dem ehrenvollen Auftrage betraut, ein Verzeichniss der römischen Inschriften und Steinsculpturen des städtischen Museums aufzustellen, erachte ich es für angezeigt, die nunmehr abgeschlossene Arbeit mit einem einleitenden Vorworte zu begleiten, welches jedoch nicht sowohl eine umfängliche Geschichte jenes Museums und seiner erwähnten Denkmäler zu geben, als vielmehr nur zum Verständnisse letzterer im ganzen und einzelnen ausreichend zu orientieren beabsichtigen kann. Eine umfängliche Geschichte der Entstehung, des Wachsthums und der äusseren Schicksale, sowie eine eingehendere Betrachtung des dermaligen Bestandes der seit dem Jahre 1855 unter der Obhut des Vereins zur Erforschung der rheinischen Geschichte und Alterthümer vereinigten Sammlungen von inschriftlichen und inschriftlosen Alterthümern hängt selbstverständlich zu enge mit einer Geschichte der Auffindungen römischer Alterthümer in Mainz und Umgegend, sowie der antiquarischen Studien in dieser Stadt seit dem Beginne des 16. Jahrhunderts zusammen, als dass sie hier auch nur in allgemeinen Umrissen versucht werden wollte; es muss dieselbe vielmehr einer anderweitigen ausführlichen Darstellung vorbehalten bleiben. Für unsere durch den nächsten Zweck des Museumsbesuches beschränkte Einleitung zu einer übersichtlichen Betrachtung vorbezeichneter Alterthümer dagegen genügt es, den dermaligen Gesammtbestand jener Sammlungen bezüglich der Aufbewahrung, sowie des Orts und der Zeit der Auffindung, endlich der Hauptklassen der zugehörigen Denkmäler etwas näher ins Auge zu fassen.

Was zuvörderst den Gesammtbestand selbst betrifft, so umfasst er unter etwa 450 Nummern sowohl grössere inschriftliche und inschriftlose mehr oder weniger vollständige Steindenkmäler und Sculpturen verschiedener Art oder Bruchstücke von solchen, als auch kleinere Anticaglien, wie Bau- und Backsteine, Ziegeln und Heizröhren, nebst beschriebenen Gegenständen von Thon, Serpentin, Bronze, Gold, Silber, Eisen, Leder, Glas und Bein.

Aufbewahrt werden diese Alterthümer augenblicklich (1875) theils in den unteren Räumen des ehemaligen churfürstlichen Schlosses (Eingang vom Schlossplatze her), theils in dem sogenannten

»Eisernen Thurme« in der Rheinstrasse (Zugang von der Löhrstrasse aus). In ersterem dient eine grössere Langhalle nebst zwei Seitenhallen des Erdgeschosses (westlicher Flügel) zur Aufnahme der grösseren Anzahl Steindenkmäler mit und ohne Inschriften, während eine kleinere Zahl bis zu der projektierten Vereinigung und Neuaufstellung in den vorbezeichneten Hallen des Schlosses zwischenzeitlich in dem Hofe des obengedachten Thurmes untergebracht ist. Selbstverständlich konnte bei der Aufstellung eines systematischen Katalogs auf diese zufällige räumliche Getrenntheit der Denkmäler ebenso wenig Rücksicht genommen werden, wie bei den übrigen insbesondere kleineren Denkmälern mit ohne Inschriften, welche verschiedentlich in den an jene Hallen anstossenden Sälen des Museums der anderweitigen römischen Alterthümer aufbewahrt werden.

Die bei weitem grössere Zahl der hierhergehörigen Denkmäler hat, wie das Verzeichniss der Fundorte (s. 120, IX, 1) bezeugt, den Boden der Stadt Mainz oder ihrer näheren und weiteren Umgegend zur Fundstätte; eine kleinere Anzahl stammt aus der Provinz Rheinhessen, dem nahen Nassau und dem ferneren Rheinbayern und Rheinpreussen; von einigen ist der Fundort unbestimmbar.

Der Zeit nach gehören alle diese Denkmäler im allgemeinen den ersten vierhundert Jahren unserer Zeitrechnung an, welche Periode von etwa der Mitte des ersten bis zum Ende des vierten Jahrhunderts als die Blüthezeit des römischen Mainz angesehen werden kann, wenn auch bestimmte inschriftliche Datierungen nur für die Zeit von 192 bis 276 n. Chr. vorliegen. Bestätigt wird diese Annahme auch durch den neuesten (September 1874) so bedeutsamen inschriftlichen Fund, welcher leider in das vorliegende Verzeichniss nicht mehr aufgenommen werden konnte. Es ist der Grabstein eines höheren römischen Offiziers aus der Zeit des Tiberius Cäsar, (4 bezw. 14 bis 37 n. Chr), welches reichverzierte Denkmal, wie überhaupt nur eine kleinere Anzahl dieser Steinsculpturen, durch eine gewisse künstlerische Ausstattung sich in bemerkenswerther Weise auszeichnet. Ausser diesem, allgemein zeitlichen Untergrunde, welchem unsere Denkmäler angehören, können aber noch die grössere oder geringere Regelmässigkeit und Schönheit der Schriftzüge, sowie insbesondere die Inschriften der Grabsteine und Ziegeln, vornehmlich der Legionen, zur Bestimmung der Zeitperiode, welcher sie angehören, in so ferne, wie unten angedeutet, verwerthet werden, als die Dauer der Stationierung jener Legionen im einstigen Castrum Mainz, sowie die zeitlich bestimmbare Beilegung gewisser ihnen ertheilten Ehrenprädikate anderweitig her bekannt ist oder ermittelt werden kann: die bestimmtesten Anhaltspunkte geben allerdings nur die achtzehn Datierungen nach Consulatsjahren, welche jedoch nur in Votiv-, nicht aber in Grab-Inschriften vorkommen.

Eine besondere Betrachtung verdient auch das Material, aus welchem unsere Denkmäler bestehen; es müssen aber, abgesehen von der Angabe der Steinart bei jedem einzelnen Denkmale, bezügliche eingehende Studien competenten Kennern anheimgestellt bleiben, welchen die Erforschung der Heimat und Provenienz, wie der Anwendung und Verarbeitung dieses Steinmaterials im weiteren Zusammenhange mit der bezüglichen anderwärts erkundeten Steinarbeit und Bautechnik der Römer in den Rheinlanden zur Aufgabe zu stellen sein wird.

Um nun aber auf die beiden schon oben angedeuteten Hauptklassen unserer Denkmäler, der inschriftlichen (an 300) und inschriftlosen (an 150) näher einzugehen, so muss zunächst voraus bemerkt werden, dass ganz abgesehen davon, dass viele dieser Denkmäler Inschriften und Sculpturen zugleich aufzeigen, erstere sich im allgemeinen in vier, letztere in zwei (oder drei) Unterabtheilungen zusammenfassen lassen.

Von jenen vier Abtheilungen der ersten Hauptklasse sind zuvörderst die

Götterdenkmäler

d. h. die ihrem Gesammtinhalte und ihrem Zwecke nach auf Religion, Gottheiten und Cultus bezüglichen Inschriften, vornehmlich Altäre (arae), insbesondere Votivaltäre und Votivdenkgetafeln (1—129) zu nennen.

Die Altäre, arae, arulae [55 (?), 86, 96 (?)], zumeist viereckige Steine von verschiedener Grösse, sind öfters oben auf beiden Seiten mit runden Wulsten (Voluten) versehen, zwischen denen eine mehr oder minder grosse Vertiefung zu Opferzwecken (Schlacht-, Brand-, Trankopfern) diente oder ein Götterbild aufgestellt wurde. Die obere Fronte über der Inschrift auf der Vorderseite ist öfters mit Blumen (Rosette) oder Blätterornament (11, 88) verziert, die beiden Nebenseiten desgleichen mit Rosetten (93), kleeblattartigen Gewächsen (85), Blumen- und Pflanzenornamenten (42, 61, 79), Arabesken (71), kleinen Bäumen (Lorbeer 81, 88) und sonstigen unbestimmbaren Verzierungen (80), häufig auch mit Opfergeräthen (69, 72, 76, 80, 86, 93, 119) oder mit den Attributen der Gottheiten ausgestattet, wie Adler (Juppiter 79), Schlangenstab, (caduceus, Mercurius 34), Füllhorn und Ruder (Fortuna 34, 79), wobei jene Gottheiten in der Inschrift entweder genannt oder auch blos durch diese ihre Attribute bezeichnet sind.

Sind mit solchen zu diesen Cultuszwecken gewidmeten Altären

auch Götterbilder (signa, vgl. 51, 52, 53, 79, 86, 87) verbunden, so erscheinen dieselben theils als (meist zerstörte) Rundfiguren (79?, VII, C, 1, s. 111), theils als Reliefbilder, wobei bald nur eine Gottheit (51, 74, 79, 91) genannt ist, bald zwei (17) Gottheiten vereinigt sind. Eine besondere Stelle nimmt hierbei einestheils die Vereinigung von vier oder fünf Gottheiten auf einem Altare (20—25, 26, 27, 28, 29, 30, 31, 108), anderntheils die Darstellung der Gottheiten der sieben Wochentage (90) ein, während hinwieder Votivdenkmäler für eine Gottheit, wie z. B. Mithras (66) eine ganze Reihe von Reliefbildern aus deren Cultuskreis aufzeigen können. Uebrigens ist wohl zu bemerken, dass in den meisten Fällen der Gegenstand einer Votivwidmung, also insbesondere die Altäre, in der Inschrift nicht ausdrücklich genannt wird, weil er sich selbst der Wahrnehmung darstellt; bei der (im ganzen seltenen) Nennung des Gegenstandes aber wird ein hinweisendes Fürwort, welches man erwartet, nicht beigefügt, sondern das Wort Altar, Götterbild (ara, signum) einfach hingesetzt: vgl. 55 (?), 86, 96 (?). Zur Bezeichnung des gestifteten Götterbildes wird öfter mit einer drastischen Kürze der Namen der dargestellten Gottheit selbst verwendet, wie 51 und 79 bezeugen.

Was die Gottheiten anbelangt, welchen diese Votivaltäre gewidmet sind, so finden sich auf unseren Inschriften und zwar in überwiegender Zahl die ächt römischen Haupt- und Nationalgottheiten, jedoch auch, unter dem Einflusse des nordischen Landes, einzelne barbarische (nicht römische) Götterwesen vertreten. Zahlreich sind die Widmungen an den besten und grössten Juppiter und seine Gemahlin Juno, die Herrscherin, an Mercurius, Mars, Apollo, Hercules, Volcanus, Bonus Eventus, Minerva, Fortuna, Victoria, Luna, Hygiea, die halborientalische Bellona Virtus, Genius, Haus- und Weg-Gottheiten und Wassergeister (Nymphen). Auf den Viergötteraltären sind am meisten Juno, Minerva, Hercules und Mercurius vertreten. Letzterer ist, auch abgesehen von diesen Viergötteraltären, wie durch zahlreiche Rundfiguren und Reliefbilder, so auch in Altarinschriften am häufigsten verehrt, einestheils als Vorsteher männlicher Thätigkeit, wie des Handels und Wandels, anderntheils wol weil eine von den nordisch-barbarischen (gallisch-germanischen) Hauptgottheiten sich in ihrer Bedeutung und Wirksamkeit mit dem römischen Mercurius identificieren liess. Als nicht römische, aber von den Römern adoptierte Götterwesen erweisen sich der orientalische Sonnengott Mithras (66), die britannische Badgöttin Dea Sulis (84), die Dea Rosmerta, die Gefährtin des Mercurius und wahrscheinlich verwandten Wesens mit ihm (32), ein Mars mit barbarischem, leider nicht näher erkennbarem Beinamen (56), Leucetius (? 105), und endlich die über alle keltisch-germanischen Provinzen des ehemaligen Römerreiches verbreiteten mütterlichen Gottheiten (Matres, Matronae), eine Art segenspendender Local-Genien und mütterlich-waltender Vorsteherinnen von Haus, Hof und Feld (25): letztere Gottheiten alle keltisch-germanischen Ursprungs und theilweise mit verwandten römischen Götterwesen zusammengestellt oder geradezu identificiert.

Die sprachlichen Formeln, in welche sich die Widmungen dieser Votivaltäre einkleiden, sind verschiedener Art. In der Regel wird der Namen der Gottheit vollständig oder fast vollständig ausgeschrieben, aber auch nur durch die Anfangsbuchstaben bezeichnet, einfach in den Dativ gesetzt, mit oder ohne ein Prädikat von allgemeiner wie (Fortuna) augusta (78), oder von besonderer auf die Widmung sich beziehender Bedeutung, wie (Juppiter) conservator (6), (Mercurius) benemerens (34), (Mars) armatus (?), armiger (? 55), (Fortuna) supera (? 79). Statt des Namens oder Prädikats der Gottheit tritt auch bisweilen eine Umschreibung wie mit numen (Hygiae, 83) ein, oder es wird dem Dativ des Namens in verschiedener Schreibung das Wort sacrum, in der Regel nachstehend, beigefügt (42, 43, 44, 60, 61, 78).

Die Gründe und Veranlassungen, solche Altäre mit und ohne Götterbilder, letztere selbst, wie auch Weihgeschenke (vgl. s. 111, VII, C, 1 u. 3) aller Art den Göttern zu widmen, waren sehr mannigfaltig und werden demgemäss bei gewöhnlichen und häufigen Anlässen durch herkömmliche Formeln ausgedrückt. Zuvörderst gehören hierher die zahllosen Widmungen in Folge eines gethanenen Gelübdes (ex voto suscepto, ex voto), dessen Erfüllung der errichtete Altar auch inschriftlich beurkundet; daher die zahlreichen auf das Lösen des Gelübdes (votum solvere) bezüglichen Formeln auch auf unseren Inschriften (vgl. 101 und Register s. 131 f., 10). Eine weitere ebenfalls häufig erwähnte Veranlassung war das Geheiss (iussus) einer Gottheit zur Widmung in einer Erscheinung oder in einem Traumgesichte (50); minder oft äussert sich derselbe fromme Sinn in der Bitte an die Götter für das eigene und für Anderer Wohlergehen (salus) oder Dank im Allgemeinen oder aus besonderen Veranlassungen. Bald ist es das Wohl der Kaiser (3, 64), bald das eigene (96) oder der Gattin und Kinder (2, 96), bald des Patrons (1), welche zur Stiftung eines Altars Anlass geben. Sowie die Erbauung oder Wiederherstellung von

Cultusbauten (82), Tempeln nebst ihrer Umgebung (37, 105), die Anbringung von Votivgedenktafeln an denselben veranlasst, so erweiterte sich die ursprüngliche Bedeutung der Votivaltäre im engeren Sinne in einer zweiten verwandten Art von Altären, welche nicht sowohl für die Ausübung jener oben bemerkten Cultuszwecke als vielmehr zugleich auch zum Andenken (in memoriam) hoher Verstorbenen und zur Ehre (in honorem) ausgezeichneter Personen, Handlungen und Dinge gewidmet sind. Dahin gehören unter unseren Inschriften die »Zur Ehre des göttlichen Kaiserhauses« (s. Register s. 123, 3, A), welche seit der Mitte des zweiten Jahrhunderts n. Chr. vorkommen, sodann das wohl frühmittelalterliche, aber einem älteren Denkmale nachgebildete Monument »Zum Andenken des Drusus Germanikus« (130), weiter diejenigen Altäre, welche »Zur Ehre (honori) des Adlers der XXII Legion (79),« sowie zum guten Kriegserfolge der Reiter derselben Legion (65) errichtet sind, ferner ein Altar zu Ehren der »Opferschauer einer Colonie« (wahrscheinlich Kastel, Castellum Mattiacorum, 96), endlich das von der Dankbarkeit Untergebener gestiftete Ehrenmal eines ausgezeichneten Provinzialstatthalters (134). Nicht zu übersehen ist bei diesen Denkmälern, dass derselbe Sinn ebenso frommen wie dankbaren Gemüthes sich auch öfter bei der Erneuerung und Wiederherstellung (restitutio) solcher vom Alter geschädigten Votivdenkmäler bethätigte, wie 4, 6, 82, 95 unserer Sammlung bezeugen.

Die Stifter (Dedikatoren) unserer Votivaltäre waren mit Ausnahme vielleicht eines Falles, in welchem ein schwer deutbares »publice« (105) auf Widmung von Gemeinde wegen bezogen werden zu können scheint, theils ganze fromme Corporationen (82, vielleicht auch 21, 115, 126, 127, 129 a.) und Soldatencorps (vielleicht 23, 114), theils kaiserliche (97) oder Gemeinde-Beamten (6, 9, 12, 38, 65, 78, 80, 86, 93, 95, 106), wobei meist deren Stand, Aemter und Würden beigefügt sind. Eine nicht geringe Anzahl bilden die Militärpersonen und zwar theils Veteranen (10, 19, 39, 41, 43, 56, 85, 89, 106), theils im Dienste stehende verschiedenen Grades von dem gemeinen Soldaten (20, 55, 64, 70, 73, 74, 79, VII, C, 1 s. 111) an bis zum Gefreiten (11, 33), Fahnenträger (61), Zugführer (71, 88, 114 ?), Stallmeister (? 64, 85), Waffenwart (72, 94), Ingenieur (72), Adjutanten (76) und Rittmeister (99). Unter den Civilpersonen sind zunächst Freigeborne und zwar einzelne Männer (6, 7, 13, 14, 16 (?), 22, 32, 34 (?), 37, 40, 44, 46 (?), 47 (?), 50, 54, 57, 59, 60, 61 (?), 63, 68, 98, 84, 87, 21, 82, 115, 126) oder einzelne Frauen (2, 25,

81) zu bemerken. Dazu kommen je ein Mann und eine Frau (4, 10, 33, 80, 108), wie auch mehrere Männer und Frauen zusammen (129, a). Von Freigelassenen sind nur zwei Altäre (1, 36) gestiftet, von Sklaven vielleicht einer (42). Gar nicht genannt sind die Stifter von 34 u. 90, wie denn auch mehrfach (34, 51, 65, 87) das die Widmung aussprechende Zeitwort fehlt, während in andern Fällen die Weihung ausdrücklich durch das solenne Wort (dedicare, 12, 55, 114, 115) oder einen entsprechenden Ausdruck oder eine Weiheformel, wie schon oben bemerkt, beurkundet ist.

Mit letztgenannter Beurkundung ist öfter zugleich auch die Angabe verbunden, auf wessen Kosten und Anordnung der Altar errichtet, wiederhergestellt oder als Gabe dargebracht war (63, 78, 93, 94, 95, 96, 105, VII, C, 1 s. 111).

Was die Zeit (Jahreszahl) der Stiftung unserer Votivaltäre anlangt, so findet sich bei einer erklecklichen Anzahl derselben das Stiftungsjahr durch das bezügliche Consulat, wie gewöhnlich, am Ende der Weihaufschrift, bisweilen auch noch unter Hinzufügung des Tages (11, 12, 55, 82), angegeben. Diese Consulatsangaben nach Christi Geburt fallen in die Jahre 192 (23), 197 (111), 198 (38), 199 (68), 204 (73, 114), 208 (12), 210 (33), 215 (18), 223 (55), 225 (20), 227 (11), 231 (65), 234 (74), 236 (82), 242 (6, 110), 246 (22), 255 (109), 276 (80), drei derselben (112, 113, 116) sind nicht mehr erkennbar. Mehr als hundert unserer Votivdenkmäler oder Bruchstücke derselben haben demnach keine Zeitangabe, gehören aber sicherlich, wie die Vergleichung der datierten wahrscheinlich macht, in das dritte Jahrhundert.

Wie die Zeit, so ist auch der Ort, wo solche Votivaltäre aufgestellt waren, nicht selten in ihren Inschriften angegeben. Zunächst waren sie wol am meisten in und bei den Tempeln, dann auch an Strassen (vielleicht 78), in den Häusern, Höfen, Gärten, vielleicht selbst in den Zimmern aufgestellt; man scheint diese letztgenannten Aufstellungen unter dem allgemeinen Ausdrucke in suo, auf seinem Eigenen, d. h. also wol im Bereiche seines Besitzthums, zusammengefasst zu haben; nicht seltene Beispiele unter unseren Inschriften (6, 9, 10, 13, 20, 22 u. a. m.) bezeugen diesen allgemeinen Ausdruck.

Oeffentliche Denkmäler.

Eine besondere schon oben erwähnte Gattung von Altären, die mit dem Namen von Ehrendenkmälern bezeichnet wurden, kann zugleich auch zu den öffentlichen Denkmälern gezählt werden und ist dazu gestellt worden (130 u. 134). Im übrigen ist diese zweite Abtheilung der ersten Klasse unserer inschriftlichen Denkmäler nicht sehr zahlreich, indem ausser dem nur mit wenigen Inschriftresten erhaltenen Bruchstücke eines auf Kaiser Trajan bezogenen, aber nicht näher bestimmbaren öffentlichen Denkmals (131) nur noch die gleichfalls bruchstücklichen Aufschriften zweier etwas mehr erkennbaren Kaiserinschriften vorliegen. Die eine derselben (132) ist offenbar Mittelstück einer an einem grossen Bäderbaue der 22. Legion angebracht gewesenen Steinurkunde über dessen Wiederherstellung durch einen Kaiser, vielleicht den bäderliebenden Caracalla bei seiner Anwesenheit am Rheine, wobei die unzweideutig vorliegende Andeutung eines Verfalles dieses Baues durch Alter recht wohl mit dem schon längeren Aufenthalt jener Legion zu Mainz vor Caracalla zusammenstimmt. Die andere Kaiserinschrift (133) ist Bruchstück des einzigen Meilenzeigers, welcher unter unseren inschriftlichen Denkmälern vorhanden ist. Diese Meilenzeiger waren Säulen (zuweilen auch Pfeiler), 4—8 Fuss hoch, von gewöhnlichem Steine, häufig mit einem Sockel; ihre Aufschriften enthielten die Angabe sowohl der Entfernung von einem bestimmten Orte, durch eine Zahl von Meilen ausgedrückt, als auch das Woher und Wohin dieser Entfernung und der Namen der Magistrate oder der Kaiser, welche den Bau der Strassen oder die Errichtung der Meilenzeiger angeordnet hatten. Unsere Meilenzeigeraufschrift bezieht sich auf einen Kaiser, ist aber so zerstört und bruchstücklich, dass über dessen Person nur vermuthet werden kann.

Grabsteine und Särge.

Die dritte Abtheilung der ersten Klasse unserer Denkmäler endlich begreift die Grabsteine (cippi) und Steinsärge (sarcophagi), letztere mit und ohne Aufschriften (tituli) und bildet den überwiegend grösseren Theil der Sammlung des Museums (135—266). Da Tod, Todtengebräuche, Bestattung und Alles, was damit in Verbindung stand, nach den Anschauungen der Alten auf das engste mit der Religion zusammenhing, so übertrug sich Begriff und Namen von Altar (ara) auch auf den Grabstein, so dass letzterer gleichfalls als ara (sepulcralis, 247) bezeichnet werden konnte. — Der äussern Gestalt nach kennzeichnen sich diese Grabsteine als kleinere oder grössere zumeist mehr plattenförmige Steine mit einem öfter von Leisten umrahmten Giebelfelde, welches mitunter viereckig, oder bogenförmig und auf Säulen gestellt, zumeist aber dreieckig gestaltet, den Stein oben abschliesst. Die Füllung dieses Giebelfeldes, wie auch die der Vorderseite überhaupt, besteht oft nur in Blätterwerk (Mohn?) als Ornament, in der Regel aber in Verbindung mit einer oder mehreren Rosetten oder Sternblumen, oder einer kugelförmigen Frucht (174, 148, 203, 246), einem Kranze (210), Pinie (206, 217) und Medusenhaupt (214); überdies sind Guirlanden mit Rosetten und anderen Embleme, Bandstreifen als Ornamente, Cypressen, Delphine, Löwen und Löwenköpfe als Todessymbole verwendet (151, 214, 148, 241, 242, 247, auch Todesgenien (247), wie auch vielleicht andere allegorische Darstellungen (192, 256) nicht zu verkennen. Nach oben schliesst das dreieckige Giebelfeld in der Regel mit einer Art von Stirnziegeln als Bekrönung ab, welche sich an die Schenkel des Dreiecks ansetzt oder mitunter bei viereckigem Abschlusse des Steines die Zwickel des Rahmens gleichfalls mit einem Blätterwerke ausfüllt (245 a). Ausser dieser allen Grabsteinen mehr oder wenig typisch zukommenden Ausstattung zeichnen sich unsere Denkmäler überdies theilweise noch durch Reliefbilder von einer nicht geringen Bedeutung aus, welchen weiterhin ihres Ortes die gebührende Würdigung zu Theil werden wird. Weit schmuckloser sind in der Regel die Steinsärge, welche nur einzeln unbedeutende und rohe Ornamentversuche und zumeist nur an den Deckeln Eckbekrönungen aufzeigen (220, 229, 230, 237, 239, 262—266).

Wie die äussere Form, so hat auch die Textesformulierung der Grabschriften gewisse typische Eigenthümlichkeiten, welche sich hinwiederum nach der Besonderheit der einzelnen Art und des einzelnen Falles modificieren, obwohl sie in der Regel bei Personen verschiedenen Geschlechtes, Standes, Lebensalters und Berufes zur Anwendung kommen. Hierher gehört vor Allem ausser dem einmaligen memoriae (240) die Eingangsformel D(iis) M(anibus), d. h. die Widmung an die verklärten Geister der Abgeschiedenen im Allgemeinen, die in einem höheren, dem göttlichen Wesen verwandten Zustande gedacht wurden (237, 241, 242, vielleicht 252); in andern Fällen gilt der Ausdruck, obgleich in der Mehrzahl stehend, dennoch von der Seele auch nur eines Verstorbenen, dessen Namen im Nominativ oder Genetiv (212, 247) oder Dativ (213, 231, 238) darauf folgt; bisweilen ist dann auch noch eine besondere Eigenschaft des Verstorbenen (innocentia 247) mit den Dii Manes verbunden. Auch kurze Zu- und Nachrufe, wie Have mit (247) und ohne die Namen des Verstorbenen, stehen im Anfange oder auch, wie Ave, Vale, am Ende (168) der Grabschrift. Am Schlusse steht entweder keine bestimmte Formel (191) oder in den häufigsten Fällen die stereotype Phrase: hic (intus) situs oder conditus est (vgl. Register s. 132), welcher dann öfter noch der Zuruf: sit tibi terra levis (249, 250) folgt. Von grösserem Umfange sind in der Regel auch weitere Gefühlsergüsse in metrischer Form (zumeist Disticha), in welchen der Verstorbene entweder selbstredend eingeführt seine Lebensschicksale, seinen frühzeitigen Tod, den Schmerz der Hinterbliebenen und den traurigen Aufenthalt in der Unterwelt schildert (141, 157, 243, 247) oder durch den Mund eines hinterbliebenen Angehörigen oder Freundes ausspricht (208); der Schmerz hinterlassener Eltern ergeht sich dabei öfter im Lobe der körperlichen Schönheit und Liebenswürdigkeit, sowie in der Klage über den frühen Tod ihrer Kinder (242, 247), Herrn reden mitunter die Treue ihrer Sclaven an, welche sie durch Errichtung eines Grabsteins ehren wollen (250). Dass diese Ergüsse, zumal bei Soldaten (141, 157, 208), öfter mehr Gesinnung und Gefühl als sprachliche und metrische Correctheit bekunden, ist erklärlich.

Als Errichter dieser Grabsteine wird entweder Niemand genannt (135, 171, 180, 188, 191, 196, 199, 218, 222, 234) oder der Verstorbene selbst hat die Errichtung bei Lebzeiten bestimmt oder veranlasst (185, 187, 239), oder durch Testament dem Erben auferlegt (174, 181, 200, 202; der zweite Erbe 197), wobei der oder die Erben in der Regel unbenannt bleiben, seltener mit Beisetzung des Namens (144, 145) eingeführt werden; aber auch ohne die Bezeichnung als Erbe oder als Verwandter wird der Errichter öfter blos mit Namen genannt (156, 165, 240, 251). Auch ein mit Namen genannter Mitbürger (172) beurkundet sich als solcher oder auch ohne Nennung des Namens, aber als Erbe (182). Wie weiter der Freund dem Freunde (212, 236) diesen Liebesdienst erweiset, so auch der Freigelassene seiner Patronin (238), der Patron seinem Freigelassenen (245, 246), der Herr seinem Sclaven (246, 248, 249). Am häufigsten wiegen natürlich bei Errichtung von Grabdenkmälern die verwandtschaftlichen Verhältnisse vor. Bald sind es tiefbetrübte Eltern, welche einem im zartesten Alter verstorbenen Töchterchen (241, 242) einen stattlichen, in der ersten Anlage wie es scheint, ungenügend befundenen Grabstein widmen und auf ihm ihren Harm in klagenden Worten der Nachwelt überliefern, bald sind es Mutter, Bruder, Gatte und Tochter, welche einer geliebten Tochter, Schwester, Gattin und Mutter nachweinen (220), bald Mutter und Schwester, welche dem Sohne und Bruder (220, 230), bald Söhne und Töchter, welche beiden oder einem der Eltern (229, 232, 233, 239, 245 a), bald ein oder mehrere theilweise mit Namen (169, 170, 219) genannte Brüder (wol 142, 147, 160, 164, 166, 190, 163, 168, 173) oder Schwestern (213), bald eine zärtliche Gattin (143) oder ein Enkel (148) oder Vetter (159), welche in der Errichtung von Grabsteinen ihre Liebe beurkunden und dieser letzteren einen beredten Ausdruck geben (pro pietate, ob pietatem, 154, 160, 163, 173, 232, 166, oder im Dienstverhältnisse durch analoge Bezeichnungen wie pro beneficiis, pro meritis, ob meritis 236, 246, 248, 249, 250), wobei mitunter auch weiter noch mitgetheilt wird, durch wen (per parentes suos 229, per tutorem 233, per libertum 232, per filium 239) die Errichtung des Grabsteins bewirkt worden ist.

Von der oben erwähnten Gesammtzahl (135—266) dieser Grabdenkmäler war nun wiederum der bei weitem grössere Theil (135—228) Militärpersonen errichtet, der kleinere Angehörigen des Civilstandes. Die Mehrzahl der ersteren, um zuvörderst sie etwas näher zu betrachten, wird vollständig nach römischer Weise mit drei, weniger häufig mit zwei (139, 159, 160, 161, 163, 164, 166, 168, 169, 171, 180, 181, 182, 184, 188, 190, 215, 220, 224), selten mit einem (199) Namen bezeichnet, darunter ein Legionssoldat offenbar nicht römischer Abkunft (165), während die nicht römischen Soldaten der fremdländischen Truppencorps in der Regel nur mit einem (165, 214, 215, 218, 219, 221, 222, 223), seltener und zwar, wie es scheint, aus besonderem Grunde mit zwei Namen (217) vorkommen. Den Namen der Verstorbenen folgt bei den römischen wie bei den nicht römischen (fremdländischen, barbarischen) Soldaten die Bezeichnung der Abstammung als Sohn des beiderseits mit Namen eingeführten Vaters. Hieran reiht sich in besonderer Wortfolge bei den römischen Soldaten weiter noch in der Regel die Bezeichnung der Heimat durch den Namen der Geburtsstadt, öfter mit Beifügung von domo (145, 153, 158), sowie der Tribus, zu welcher letztere gehörte; doch finden sich diese Bezeichnungen nicht immer beide vor, sondern bald auch nur die Geburtsstadt (135), bald nur die Angabe der Tribus (157, 178, 186, 187, 188, 191). Bei den nicht römischen Bürgern der fremdländischen Cohorten wird die Heimat durch die Bezeichnung als civis (215, 221, 223) oder durch natione (229) beurkundet oder fehlt ganz. Der Heimatbezeichnung folgt in der Regel die Angabe des Lebens- und des Dienstalters in Jahren, wobei die Lebensjahre auch in anderer Weise ausgedrückt sein können (170, 220), oder ganz fehlen (172, 200, 213), die Dienstjahre (durch stipendiorum oder aerorum ausgedrückt), mitunter den erstern vorausgestellt (159, 190) werden, auch bisweilen nicht angegeben sind (178, 185, 220). Die Militärpersonen gehören sowohl den römischen Legionen (Regimentern) an als auch den fremdländischen (barbarischen) Cohorten (Abtheilungen) der Hülfsvölker (auxilia). Diese Legionen waren die erste (adiutrix), zweite (augusta), vierte (Macedonica), dreizehnte, vierzehnte, sechszehnte, ein- und zwei und zwanzigste, welche nach und nach ihr

*

Standquartier in dem römischen Mainz hatten. Da die 14. Legion mit dem Beinamen der gedoppelten (gemina) vom Jahre 15 v. Chr. bis 43 n. Chr., mit den Beinamen der Martischen, siegreichen (Martia, victrix) nach ihrem Aufenthalte in Britannien dagegen erwiesenermassen von 70—100 dahier stationiert war, die zweite (augusta) und sechszehnte unter Tiberius, die vierte (Macedonica) und dreizehnte gedoppelte (gemina) unter Claudius nach Obergermanien versetzt wurden, gleicherweise die erste helfende (adiutrix), wie auch wol die ein und zwanzigste unter den Flavischen Kaisern, letztere insbesondere ums Jahr 70 n. Chr., in Germanien standen, so werden demnach die Mainzer Grabsteine von Soldaten dieser Legionen zumeist dem ersten Jahrhunderte n. Chr. angehören, während die Grabsteine von Soldaten der zwei und zwanzigsten Legion (primigenia, pia, fidelis) in einen Zeitraum von etwa 300 Jahren fallen, da diese Legion etwa vom Jahre 43—350 in Mainz in Garnison lag. Obschon die Grabinschriften nach der Gewohnheit der Alten keine Jahresbezeichnung enthalten, wie öfter die Votivinschriften, so gewähren doch obige Ermittelungen über die Stationierungszeit jeder Legion in Obergermanien, insbesondere zu Mainz, wesentliche Anhaltspunkte zur Bestimmung der Zeit ihrer Errichtung und ihres Alters. — Weit schwieriger ist die Ermittelung des muthmasslichen Alters der Grabsteine von Soldaten der den Legionen beigegebenen Spähercorps, Reitergeschwader (alae) und fremdländischen Hülfsvölker, als welche letztere hispanische, pannonische (?), thrakische, syrische und norische (212—227) vorkommen; ihre Zeit lässt sich mittels der Angaben in einigen der bekannten Militärabschiede (Militärdiplome) und Bürgerrechtsverleihungen von Kaisern an ganze Truppencorps (vgl. s. 112, VII, C, 4) mitunter und zumeist nur annähernd und vermuthungsweise bestimmen.

Was nun weiter die Dienst- und Rangverhältnisse der Militärpersonen angeht, denen unsere Grabsteine errichtet wurden, so waren es theils im Dienste gestandene, theils ausgediente (210) Leute, der bei weitem grösseren Zahl nach gemeine Fusssoldaten oder Reiter (171, 189, 215, 217, 220—228) von den Legionen und den ihnen zugehörigen Reitergeschwadern oder Hülfstruppen, dazu ein Legionsadler- (169) und ein Feldzeichenträger (176), welcher letztere aber in der Grabschrift nur als »Soldat« (miles) bezeichnet ist. Von höheren Officieren ist nur der gewesene Befehlshaber eines Spähercorps (212) zu nennen, da ein Legionstribun (142) bei der Verstümmelung des bezüglichen Grabsteins nur vermuthungsweise angenommen wird. Erst in der allerjüngsten Zeit ist ein weiterer Grabstein eines höheren römischen Officiers, eines gewesenen Legionstribuns, Reiterobersten und Befehlshabers der Pioniere und des Geschützwesens dem Boden von Mainz entnommen worden*). Obwohl die grössere Anzahl dieser Soldaten-Grabsteine, wie aus unserer Zusammenstellung ersichtlich ist, entweder ganz schmucklos erscheint oder nur wenige Verzierungen aufzeigt, so sind doch nicht wenige durch Reliefbilder ausgezeichnet, welche für die römischen Kriegsalterthümer, insbesondere die Art der Bewaffnung und Ausrüstung der römischen Krieger so wichtig sind, dass das Mainzer Museum gerade durch diese Denkmäler nicht blos die Museen Italiens, sondern der Welt weit übertreffen mag. Sind nämlich einige von diesen Grabmonumenten (192, 198, 201) auch nur durch die Reliefdarstellungen

---

*) Da dieses durch sein in die Urzeit des römischen Mainz zurückreichendes Alter, seine reiche Ausstattung, seine Fundstelle und Fundgeschichte, wie den Inhalt seiner Inschrift hochwichtige Grabmonument nicht mehr, wie oben S. VI angedeutet ist, in unser Verzeichniss eingereiht werden konnte, so mag es hier als Nr. 228 a. zu s. 75 nachgetragen werden:

228 a. Reichverzierter **Grabstein** eines römischen Oberofficiers im September 1874 bei Erdarbeiten in dem früheren von Jungenfeld'schen Garten an der Ecke der Einmündung der Walpodenstrasse in die Emmerich-Josephstrasse an der ursprünglichen Stelle auf einem Sockel von 1 m. 5 cm. L., 39 cm. H., 64 cm. D. mittelst eines Bleipflockes noch feststehend gefunden, mit der Rückseite gegen die Emmerich-Josephstrasse. Kalkstein. H. 1 m. 96 cm., B. 1 m., D. 20 cm. (Geschenk des Herrn Heidelberger). Die Vorderseite des Steins zeigt ein von zwei cannelierten Säulen und einem Architrave getragene dreieckiges mit breitem Leistenrande umrahmtes Giebelfeld, dessen Mitte an Stelle der üblichen Rosette ein kleiner runder Schild (parma) einnimmt, unter welchem sich zwei Speere (pila?) kreuzen, während zu beiden Seiten je ein Stirnziegel arabeskenartig zur Füllung dient. Ueber den Winkeln und den beiden Schenkeln des Giebelfeldes erheben sich je drei grössere und sechs bis sieben kleinere gegeneinander gestellte und durch Striche getrennte Stirnziegeln als Bekrönung, während der Stein oben viereckig, wie es scheint, abschloss. Den obern Theil des Mittelfeldes zwischen den beiden Säulen füllt eine mit breitem Leistenrande umrahmte Inschrifttafel, welche von drei Säulchen getragen scheint, während über dem oberen Rahmen der Tafel ein breites Laubgewinde mit geknickten Blättern und drei herabhängenden Guirlanden als Füllung bis zum Architrave dient. Die Tafel trägt folgende Inschrift:

CN PETRONIVs	Gnaeus Petronius,	Gnaeus Petronius Asellio,
CN · F POM	Gnaei filius, Pomptina (tribu), Asellio,	des Gnaeus Sohn, aus der Pomptinischen Tribus (Bürgerklasse),
ASELLIO		
TRIB MILITVM	tribunus militum,	Kriegstribun, Reitergeneral, Vorstand der
PRAEF EQVIT	praefectus equitum,	Arbeitercompagnieen und
PRAEF FABRVM	praefectus fabrum	des Geschützwesens (Pioniere und Artillerie) unter
TI · CAESARIS	Tiberii Caesaris.	Tiberius Caesar.

Vgl. Mainzer Tagblatt 1874 Nr. 211 v. 11. September.

von einzelnen Waffenstücken und Messwerkzeugen (vielleicht eines militärischen architectus, 72) bemerkenswerth, so zeichnet sich eine ganze Reihe derselben theils (135, 164, 198, 218) durch die als Medaillon oder in Nischen angebrachten Brustbilder der Verstorbenen aus, theils (167, 169, 176, 217, 221—225) zeigen sie letztere in ganzer Figur im vollsten Waffenschmucke (167, 169, 176) oder in der bekannten Darstellung eines über den niedergeworfenen Feind dahersprengenden Reiters (217, 221, 223—225, vgl. 227), dazu auch (222) in einem Doppelreliefbilde zu oberst den Verstorbenen auf einem Ruhebette vor einem Tische mit Speisegefässen, zu unterst sein Pferd von einem Diener, wie es scheint, geführt.

Wenn dieser Theil der Mainzer Steindenkmäler — die Soldaten-Grabsteine — durch Umfang und Ausstattung zur Genüge den Charakter des römischen Mainz als einer Soldatenstadt erkennen lässt, welche erst in den Zeiten des sinkenden Römerreiches zu einer municipalen Selbstständigkeit gelangte, so wird diese Thatsache ganz besonders weiter noch durch die Betrachtung der Grabsteine der Civilpersonen bestätigt, welche an Zahl, Bedeutung, Rang und Stand der Verstorbenen weit hinter ersterwähnten zurückstehen. Im Ganzen der Zahl nach 23—24 gehören diese Grabsteine Personen vom Stande sowohl der Freigebornen als der Freigelassenen und Sclaven beider Geschlechter und aller Lebensalter vom halbjährigen Kinde bis zur achtzigjährigen Frau und dem hundert und zwanzigjährigen Manne (234) an; von besonders jugendlichem Alter sind die Sclaven und Sclavenkinder, vom einjährigen Mädchen und zwölfjährigen Knaben bis zum sieben und zwanzigjährigen jungen Manne. Genauere Angabe des Alters findet sich nur auf dem Grabsteine einer jungen Soldatenfrau von 21 Jahren, 4 Monaten und 28 Tagen (237). Unter den Freigebornen sind ausser drei Privatleuten (234, 235, 236) ein Gemeindebeamter, Rechtskundiger und ehemaliger Oberpriester aus dem überrheinischen Gemeindewesen der Taunenser (229), ein Rechenlehrer (230), ein Fruchthändler, wie es scheint (231), ein Metzger (233) und ein Schiffer (232). Eine Heimatbezeichnung mit Angabe des Orts und der Bürgerklasse (Tribus) gleichwie auf den Soldatensteinen findet sich nur auf dem Grabsteine eines achtzehnjährigen jungen Menschen und lässt in demselben wol einen noch vor seiner Einreihung verstorbenen Rekruten vermuthen (236). — Was die Namen dieser dem Civilstande angehörigen Personen betrifft, so sind die freigeborenen oder freigelassenen römischen und gallo-römischen Männer mit drei (229, 233, 235, 236, 244, 245, 246) oder zwei (236 und wol auch 237), die Frauen, wie üblich mit zwei (237, 238, 239 und wol auch 240) aufgeführt; die nicht römischen Männer wie Frauen mit einem Namen (232, 234) bezeichnet, wobei ihre Abstammung durch Beifügung des Namens ihrer Väter beurkundet ist; die Sclaven endlich werden nur mit einem Namen (246—249 und wol auch 250—252) benannt. Weit mehr als an Zahl und Bedeutung sind diese Grabsteine von Civilpersonen mit denen von Soldaten an plastischer Ausstattung zu vergleichen. Die leider bruchstücklichen offenbar aus dem Handelsbetriebe und Verkehrsleben entnommenen und durch ihre lebendige Anschaulichkeit bemerkenswerthen Reliefbilder von dem Grabmale eines Fruchthändlers (232) weisen auf ein grossartiges Grabmonument hin, und zeugen nicht minder von der Opulenz einzelner Grosshändler, wie der durch seinen Figurenreichthum, seine Gewandbehandlung und seinen plastischen Schmuck so instructive Grabstein der Familie Blussus (232). Auch die eben so sehr durch ihre Grösse und Massenhaftigkeit auffallenden, als durch ihre Reliefbilder bemerkenswerthen Grabdenkmäler eines halbjährigen Kindes (241, 242) und eines jugendlichen Sclaven (247), sammt den pomphaften Schmerzensergüssen ihrer Inschriften zeugen von einem gewissen sich überhebend-prahlerischen Wohlstande geringer Leute, der Dienerschaft, wie schon die Namen der Eltern beweisen, hochstehender Militärs. Aecht bürgerlich nimmt sich dagegen der Grabstein des Fleischers Vescius (233) mit dem ausgehauenen Ochsenkopfe und den Schlachtgeräthen aus.

Eine vierte Abtheilung der ersten Klasse unserer Sammlung bilden nach den inschriftlichen Bruchstücken sowie den Bausteinen, Ziegeln und Heizröhren mit den Stempeln der Legionen und Cohorten (S. 87—98) endlich (S. 98—116):

Die kleineren Aufschriften

auf Gegenständen von Thon (insbesondere die Töpferwaaren, Modellformen, Urnen, Gefässe), von Serpentin (Siegelstein eines Augenarztes), von Bronze (Täfelchen verschiedener Art, Militärdiplome, Instrumente, Gewandnadeln, Siegel, Ringe, Schlüssel u. a. m.), von Gold und Silber (Ringe, Löffelchen), von Eisen (Schwert, Scheere, Stempel), von Leder (Bruchstücke), von Glas (Fläschchen) und Bein (Sonnenuhr, Spielsteinchen).

Die zweite Hauptklasse unserer Sammlung begreift in zwei (drei) Unterabtheilungen die inschriftlosen Denkmäler (S. 133—140, 306—451). Die hier zum ersten Male versuchte Zusammenstellung derselben hat die erwünschte Gelegenheit geboten, unter der ersten Rubrik »Reliefs, Rundfiguren, Köpfe« alle vorkommenden Reliefdarstellungen der Götterdenkmale unter 306—312, sowie der Grabsteine (s. 136) zu vereinigen und dabei zugleich die oben übersehenen Monumente von beider Art nachzutragen (vgl. 341). Es wurde diesen Reliefbildern unter 352 auch die einzige altchristliche Darstellung dieser Art angeschlossen, weil sie nach dem übereinstimmenden Urtheile der competenten Forscher wahrscheinlich einem älteren christlichen Tempel der constantinischen Zeit entstammt, demnach also mit gutem Grunde der römischen Zeit zugewiesen werden darf. — Von hohem Interesse für die Bemessung des baulichen und culturlichen Standes des römischen Mainz sind die S. 137—140, 353 ff. zusammengestellten »Architekturstücke, insbesondere Säulen, Steingeräthe« nebst dem »Anhange« der Ueberreste an Mauerwerk, Wandbekleidung, Estrich, Bädern, Mosaiken u. a. m. aus Gebäulichkeiten und Badeeinrichtungen. Abgesehen von einer Würdigung dieser Architekturreste vom künstlerischen Standpunkte, welche dem Zwecke dieser Einleitung fern liegt, ermöglicht schon die grosse Anzahl und architektonische Mannigfaltigkeit derselben einen Rückschluss auf die Grossartigkeit von öffentlichen und privaten Bauten, Bädern, heidnischen Tempeln wie christlichen Kirchen, welche das römische Mainz, zumal in seiner letzten Blüthezeit, besonders wol auf der Stelle des heutigen Kästrichs, weiter aber auch das nahe Kastel (Castellum Mattiacorum) zierten. Von den Trümmern des letzteren, welches als ächt römische Gründung, wol auch als Colonie, wie als Mittelpunkt des Gemeinwesens der Mattiaker (civitas Mattiacorum) und Municipalstadt das benachbarte Mogontiacum nach jeder Seite hin weit überragt haben muss, wurden wol diejenigen Inschriften, sowie die colossalen und reichen Architekturstücke entnommen, welche zum Brückenbau Karls des Grossen verwendet, erst in den letzten Jahrzehnten wieder aus den ehemaligen Pfeilern jenes Baues zu Tage gefördert wurden.

Zum Schlusse erübrigt noch, einerseits mit gebührendem Danke der hochverdienstlichen Unterstützung zu gedenken, welche die Herren Dompräbendat Fr. Schneider und Stadtbibliothekar Dr. Külb, insbesondere auch durch Zusammenstellung der inschriftlosen Denkmäler, dem mühevollen Unternehmen mit unermüdeter Hingabe gewährten, andererseits die Bitte auszusprechen, bei der Bemessung der Mängel der Arbeit die Entfernung des Verfassers von dem Orte der Denkmäler und des Druckes nicht ausser Acht lassen zu wollen.

Frankfurt a. M. 1. Januar 1875.

J. Becker.

Verzeichniss

der durch Abkürzungen bezeichneten Quellschriften und Literatur.

Abbildungen von Mainzer Alterthümern — Abbildungen von Mainzer Alterthümern. Mit Erklärungen herausgegeben von dem Verein zur Erforschung der rheinischen Geschichte und Alterthümer. Mainz 1848—55. 4. 6 Hefte.

Apian = Apiani (Petri) et Amantii (Barthol.) Inscriptiones sacrosanctae vetustatis. Ingolstadii 1534 fol.

Archiv für Frankfurts Geschichte und Kunst = Archiv für Frankfurts Geschichte und Kunst. Neue Folge. Herausgegeben von dem Verein für Geschichte und Alterthumskunde 1860 ff. 8.

Becker Metr. Grabschriften = Metrische Grabschriften aus den Rheinlanden der IV. Versammlung mittelrheinischer Gymnasiallehrer zu Frankfurt a. M. am 29. Mai 1860 vorgelegt.

B. J. = Jahrbücher des Vereins von Alterthumsfreunden im Rheinlande zu Bonn. Bonn 1842 ff. 8.

Brambach = Corpus Inscriptionum Rhenanarum consilio et auctoritate societatis antiquariorum rhenanae edidit Guilelmus Brambach. Praefatus est Fridericus Ritschelius MDCCCLXVII. Elberfeldae in aedibus Rudolphi Ludovici Friderichs. 4.

Brambach lapp. mil. = De columnis miliariis ad Rhenum repertis commentarius ed. G. Brambach. Index schol. Bonnens. 1865/66. 4.

Bull. dell' inst. archeol. = Bulletino dell' Instituto di corrispondenza archeologica, Roma 1829 sqq. 8.

de Caumont Bullet. monum. = Bulletin monumental publié sons les auspices de la société française pour la conservation et la description des monuments historiques et dirigé par M. de Caumont. Paris 1834 ff. 8.

de Wal Moedergod. = De Moedergodinnen, eene oudheidkundig-mythologische Verhandeling door Mr. J. de Wal, Leyden 1846. 8.

Donat. inscr. = Donati (Sebastiani) ad novum Thesaurum veterum inscriptionum L. A. Muratorii supplementum. Lucae 1765—1775. fol. 2. voll.

Fuchs = Alte Geschichte von Mainz von P. Joseph Fuchs. Mainz 1771—1772. 8 2 Bände.

Grotefend Imp. Rom. = Imperium Romanum tributim descriptum. Die geographische Vertheilung der römischen Tribus im ganzen römischen Reiche von Dr. C. L. Grotefend. Hannover 1863. 8.

Grut. = Thesaurus Inscriptionum ed. Janus Gruterus. Amstelodami 1707 fol. 4 voll.

Herzog Gall. Narb. = Galliae Narbonensis provinciae romanae historia descriptio institutorum expositio scripsit Ernestus Herzog. Accedit appendix epigraphica. Lipsiae 1864. 8.

Huttich = Collectanea antiquitatum ex urbe atque agro Moguntino repertarum ed. Joh. Huttichius. Ex aedibus Joannis Schoeffer. 21 fol. 4. edit. I. 1520; edit. II. 1525. (G. Ch. Joannis Scriptores rerum Moguntinarum. t. III. p. 325 sqq.)

Klein H. L. = Die hessische Ludwigsbahn, topographisch und historisch dargestellt von Carl Klein. Mainz 1856. 8.

Klein Röm. Denkm. = Die römischen Denkmäler in und bei Mainz ausserhalb des städtischen Museums von Carl Klein. Mainz 1861. 8.

Künzel Geschichte von Hessen = Geschichte von Hessen, insbesondere des Grossherzogthums Hessen und bei Rhein von Heinrich Künzel. Friedberg 1854—1856 8.

Lehne G. S. — Gesammelte Schriften Friedrich Lehnes von Dr. Ph. H. Külb. Mainz 1836. 8., insbesondere II. Band enthaltend: die römischen Alterthümer der Gauen des Donnersbergs.

Lindenschmit Heidn. Vorz. — Die Alterthümer unserer heidnischen Vorzeit von L. Lindenschmit. Mainz 1858 ff. fol.

Malten Bibliothek der neuesten Weltkunde — Ergebnisse der neuesten Ausgrabungen römischer Alterthümer in Mainz, zusammengestellt von Dr. H. Mr. Malten. Besonders abgedruckt aus dem II. Bande für 1842 der Bibliothek der neuesten Weltkunde. Mainz 1842. 8.

Muratori — Muratorii Lud. Anton Novus thesaurus veterum Inscriptionum. Mediolani 1739. fol. 4 voll.

M. Z. — Zeitschrift des Vereins zur Erforschung der rheinischen Geschichte und Alterthümer in Mainz. Mainz 1845 ff. 8.

N. Annal. — Annalen des Vereins für Nassauische Alterthumskunde und Geschichtsforschung. Wiesbaden 1851 ff. 8.

Orelli — Inscriptionum latinarum selectarum amplissima collectio ed. Jo. Casp. Orellius. Turici 1828. 8. 2 voll.

Orelli-Henzen — Inscriptionum latinarum selectarum amplissima collectio ad illustrandam Romanae antiquitatis disciplinam accommodata. Volumen tertium collectionis Orellianae supplementa emendationesque exhibens, edidit Guilelmus Henzen. Turici MDCCCLVI. 8.

Pauli Römische Alterthümer von Rheinhessen — Die römischen und deutschen Alterthümer am Rhein. Von P. A. Pauli. Erste Abtheilung. Rheinhessen. Mainz 1820. 8.

Period. Blätter — Periodische Blätter der Geschichts- und Alterthumsvereine zu Cassel, Darmstadt, Frankfurt a. M., Mainz, Wiesbaden 1853 ff. 8.

Philologus — Philologus. Zeitschrift für das klassische Alterthum. Stolberg und Göttingen 1846 ff. 8.

Rhein. Archiv — Rheinisches Archiv für Geschichte und Literatur. Herausgegeben von N. Vogt und J. Weizel. Mainz 1810—14. 8. 15 Bände.

Ring — Mémoire sur les établissements romains du Rhin et du Danube. Paris 1852. 8. 2 tom.

Reuter Albansgulden — Albansgulden oder kurze Geschichte des Ritterstiftes zum heil. Alban bei Mainz von J. G Reuter. Mainz 1790. 8.

R. Smith — Notes on the Antiquities of Treve, Mayence, Wiesbaden, Niederbiber, Bonn and Cologne by Charles Roach Smith. London 1851. 8.

Schaab — Geschichte der Stadt Mainz von K. A. Schaab. Mainz 1841. 8. 3 Bände.

Steiner. I. — Codex inscriptionum romanarum Rheni von Dr. Steiner. Darmstadt 1837. 8. 2 Bände

Steiner II. — Codex inscriptionum romanarum Danubii et Rheni von Dr. Steiner. Seligenstadt — Grosssteinheim — Darmstadt 1851 ff. 5 Bände.

Steiner Maingebiet (Maingau) — Geschichte und Topographie des Maingebietes und Spessarts unter den Römern. Darmstadt 1834. 8.

Wagener Alterthümer — Handbuch der vorzüglichsten, in Deutschland entdeckten Alterthümer aus heidnischer Zeit von S. Chr. Wagener. Weimar (Voigt) 1842. 8.

Wiener de leg. XXII — De legione Romanorum vicesima secunda scripsit Carol. Ernest. Armin. Wiener. Darmstadt 1830. 4. (Gymnasialprogrammabhandlung).

Z. f. d. A. — Zeitschrift für die Alterthumswissenschaft. Darmstadt 1834—1842. Marburg 1843 ff. 4.

Zell — Handbuch der Römischen Epigraphik von Carl Zell. Heidelberg 1850 und 1852. 8. 2 Bände.

A. Römifche Zeit.

I. Götterdenkmäler.

(Altäre, insbesondere Votivaltäre).

1. **Votivaltar** (Juppiter), auf der von Jungenfeld'schen Aue bei Mainz im vorigen Jahrhunderte gefunden. Kalkstein. H. 66, B. 23, D. 25 cm. (Geschenk des Freiherrn Gedult von Jungenfeld):

I ❦ O · M	Iovi optimo maximo	Juppiter, dem besten, dem grössten, liess Zosimus, des Legionszugführers Papirius Freigelassener, (diesen Altar) für seinen Patron errichten.
Z O S I MV.	Zosimu(s), Papirii	
PAPIRI · > · LIB	centurionis libertus,	
PRO ❦ PATR	pro patrono ... po-	
S A P	suit.	

Vgl. Fuchs I. s. 10. T. II. class. I. n. III; lat. 11, 3. Lehne G. S. I. s. 111, n. 8. Steiner I. 495; II. 549. Klein H. L. s. 38. Brambach 943.

2. **Votivaltar** (Juppiter), im September 1865 in der Gräbergasse zu Mainz gefunden. Weisser Sandstein. H. 52, B. 47, D. 17 cm. (Geschenk des Herrn Kaufmanns Canton):

·I O V	Iovi optimo maximo	Juppiter, dem besten, dem grössten, löste Messoria Placida für das Wohl des Augustalinius Inpetratus und der Augustalinia Augustina ihrer Kinder ihr Gelübde gerne und freudig nach Gebühr.
MESSORIA PIA .	Messoria Pla(ci)da	
. DA · PRO · SALVTE	pro salute (A)ugu-	
. V G V S T A L I N I O	stalinio(r)um Inpe-	
. VM · INPETRAT	trati (et) Augusti-	
. A V G V S T I N A E	nae (fil)iorum suo-	
... IORVM · SVOR	rum votum solvit	
VM · V · S · L · L · M · ❦	laeta lubens merito.	

Vgl. Mainzer Unterhaltungsblätter (Beilage zum Mainzer Wochenblatt) 1865 Nr. 239 s. 663 f. B. J. XXXIX. XL. s. 353. E. Gerhards Archäol. Anz. 1865 Nr. 203 s. 120. N. Annal. VIII. s. 567 n. 2. Verhandlungen der Heidelberger Philologenversammlung von 1865 (Leipzig 1866) s. 145. Brambach 992. M. Z. III, 1. s. 63 n. 210.

3. Obertheil eines grossen **Votivaltars** (Juppiter), i. J. 1858 in zwei Stücken auf dem Kästriche zu Mainz gefunden. Sandstein. H. 76 cm., B. 1 m., D. 17 cm.:

I · O · M	Iovi optimo maximo	Juppiter, dem besten, dem grössten, geweiht für das Wohl des Kaisers Lucius Aelius Aurelius Commodus, des Erhabenen, Frommen, Glücklichen, Vaters des Vaterlandes ...... (180—192 n. Chr.)
PROSALVTE · IMP	prosalute imperato-	
L · AELI AVRELI CoM	ris Lucii Aelii Au-	
MODI · AVG · PII · FEL	relii Commodi au-	
P · P Γ T I	gusti, pii, felicis, pa-	
	tris patriae......	

Vgl. M. Z. II, 1 u. 2. s. 171 n. 1. Steiner II. 3590. Brambach 1019.

4. Bruchstück eines **Votivaltars** (Juppiter), i. J. 1808 in einem mit römischen Inschriftsteinen ausgefüllten Brunnen zu Kastel, Mainz gegenüber, gefunden. Kalkstein. H. 28, B. 38, D. 23 cm. Reste eines Bildes des Juppiter nebst dem linken Fusse des (ihm geheiligten) Adlers:

ILLA CONIVNX EIIV ――――――― RESTITVERV\	(Iovi optimo maximo) ...... illa coniunx eius restitueru(nt).	(Juppiter, dem besten, dem grössten), liessen. .... und seine Gattin ..... illa (diesen Altar) wiederherstellen.

Vgl. Lehne G. S. I. s. 183 n. 41. Steiner I. 366; II. 264. N. Annal. VII, 1. s. 30 n. 30 III. Brambach 1320.

5. **Votivaltar** (Fünfgötteraltar: Juppiter, Juno, Mercurius, Hercules, Minerva), i. J. 1847 in den Festungswerken zwischen dem Neuthore und der Citadelle von Mainz gefunden. Kalkstein. H. 74, B. 46, D. 40 cm. Ringsum die nur im oberen Theile erhaltenen Reliefbilder der Juno mit Pfau r. oben und der Minerva mit Lanze; Hercules, die Keule über einen mit der L. zu Boden gehaltenen Mann (Cacus?) schwingend; Mercurius, nackt, mit Flügelkappe, Schlangenstab, Beutel und dem (ihm geheiligten) Bocke r., beide letztere Bilder vollständig erhalten; oben am Rande über dem Bilde der Juno:

I · O · M	Iovi optimo maximo.	Juppiter, dem besten, dem grössten gewidmet.

Vgl. M. Z. I. s. 488 ff. n. 89. Steiner II. 1676. Brambach 1106.

6. **Votivaltar** (Viergötteraltar: Juppiter, Mercurius, Hercules, Minerva) mit säulenartigem Aufsatze, i. J. 1808 bei den Festungsarbeiten von Mainz gefunden. Sandstein. H. 96, B. 30, D. 25 cm. Auf den Nebenseiten die Reliefbilder von Mercurius mit Obergewand, Flügelkappe, Schlangenstab und Beutel, r. neben sich den (ihm geheiligten) Hahn. Hercules in der L. 3 Aepfel der Hesperiden über der herabhängenden Löwenhaut haltend, in der R. die Keule; Minerva mit Lanze und Schild; auf der Vorderseite:

I · O · M ――――――― CONSERVATO LICIN · TVGNA TVS · PVBLIVS IIV·C·T·IN SVO VT · HABERET RESTITVIT ATTICO E PR ETEXTATO ――――――― COS.	Iovi optimo maximo conservatori Publius Licinius Tugnatius, duumvir civitatis Taunensium, in suo ut haberet restituit Attico et Pretextato consulibus.	Juppiter, dem besten, dem grössten, dem Erhalter, erneuerte (diesen Altar), um ihn auf seinem Eigenthume zu haben, Publius Licinius Tugnatius, Duumvir (Mitglied der obersten aus 2 Männern bestehenden Gemeindebehörde) des Gemeinwesens der Taunenser unter dem Consulate des Atticus und Pretextatus. (242 n. Chr.)

Vgl. Lehne Rhein. Archiv I. s. 141 f. Ders. N. Annal. I, 2. s. 16 f. Ders. G. S. I. s. 131 n. 18 mit Abb. T. XIV n. 56. u. Bd. III. s. 110 f. Orelli 4982. Steiner I. 352; II. 269. Schaab I. s. 113. Ring I. p. 319. N. Annal. XV, 3. s. 579 n. 123 u. VII, 1. s. 21 n. 21. Brambach 1310.

7. Bruchstückliches Relief eines **sitzenden Juppiter** ohne Inschrift mit Blätterschmuck auf beiden Nebenseiten, gefunden zu Mainz. Sandstein. H. 84, B. 42, D. 32 cm.

8. Untere Hälfte eines Reliefs einer **sitzenden Figur** (wahrscheinlich Juppiter) ohne Inschrift, gefunden zu Mainz. Kalkstein. H. 36, B. 30, D. 30 cm.

9. Votivaltar (Juppiter, Juno), i. J. 1809 zu Kastel, Mainz gegenüber, gefunden. Sandstein. H. mit dem vierseitigen in einen achtseitigen übergehenden Aufsatze 1 m. 16 cm., B. 38, D. 33 cm.:

I · O · M ET IVNONI REGINÆ L · SECVND INIVS · FA VORALIS IIIIII VIR · AVG C M IN SVO P	Iovi optimo maximo et Iunoni reginae Lucius Secundinius Favoralis, sevir augustalis civitatis Mattiacorum, in suo posuit.	Juppiter, dem besten, dem grössten und Juno, der Herrscherin, errichtete Lucius Secundinius Favoralis, augustalischer Sevir (Würde priesterlichen Standes) des Gemeinwesens, der Mattiaker (diesen Altar) auf seinem Eigenthume.

Vgl. Lehne Rhein. Archiv I. s. 145. Ders. N. Annal. I, 2. s. 24 ff. Ders. G. S. I. s. 172 n. 36 u. III. s. 115. Orelli 4977. Orelli-Henzen 5655. Steiner I. 350; II. 265. Ders. Maingebiet s. 133. Schaab I. s. 41. Ring I. p. 319. N. Annal. IV. s. 577 n. 120 u. VII. s. 27 n. 27. Brambach 1316.

10. Votivaltar (Juppiter, Juno), i. J. 1795 in Kastel, Mainz gegenüber, gefunden. Kalkstein. H. 92, B. 40, D 30 cm.:

IOM · IVN · REG C · IVSTINI FAVOR · VE · E. DESIDERAT DESIDERA TA · S · F · IN SVO · POSV ERVNT · L · L · L · L · M	Iovi optimo maximo, Iunoni reginae Gaius Iustinius Favor veteranus et Desideratia Desiderata, Sexti filia, in suo posuerunt laeti lubentes merito.	Juppiter, dem besten, dem grössten und Juno, der Herrscherin, errichteten der Veteran Gaius Justinius Favor und Desideratia Desiderata, des Sextus Tochter, (diesen Altar) auf ihrem Eigenthume gerne und freudig nach Gebühr.

Vgl. Lehne G. S. I. s. 162 n. 31 mit Abb. T. I n. 1. Steiner I. 368; II. 260; N. Annal. VII, 1. s. 26 n. 26. Brambach 1315.

11. Votivaltar (Juppiter, Juno), im März 1520 zu Mainz gefunden. Sandstein. H. 69, B. 32, D. 23 cm.; ein Blumenornament über der Inschrift:

I · O · M IVN REG AVLVS MV CATRALIS · B LEG · LEG · XXII ALEXANDRI · V · S · L · L · M · X · K · D ALBINO ET / XIMO · CoS	Iovi optimo maximo, Iunoni reginae Aulus Mucatralis, beneficiarius legati legionis vicesimae secundae, Alexandrianae, votum solvit laetus lubens merito decimo (die) Kalendas Decembres Albino et Maximo consulibus.	Juppiter, dem besten, dem grössten und Juno, der Herrscherin, löste Aulus Mucatralis, Beneficiar (Begünstigter) des Legaten (Oberbefehlshabers) der 22. Legion, der Alexandrischen, gerne und freudig nach Gebühr sein Gelübde am zehnten (Tage) vor den Kalenden des December unter dem Consulate des Albinus und Maximus. (22. November d. J. 227 n. Chr.)

Vgl. Grut. 7, 3. Fuchs I. s. 22. Wiener n. 188. Lehne G. S. I. s. 149 n. 24 mit Abb. T. II n. 5a u. b. Steiner I. 415; II. 377. Brambach 1060.

12. Votivaltar (Juppiter, Juno), i. J. 1809 bei den Festungsarbeiten zu Kastel, Mainz gegenüber, gefunden. Kalkstein. H. 72, B. 39, D. 21 cm.:

. . M
. NONI · RE .
. NÆ AQVILı
NIVS · PATERN
VS · D · C · MATTı
EX · VOTO · POSı
L · L · M · DEDICA A
K OCT · ER · ET · BIS
C o S

(Iovi optimo) maximo,(Iu)noni re(gi)nae Aquilinius Paternus, decurio civitatis Mattiacorum, ex voto posuit laetus lubens merito; dedicata (est) ara Kalendis Octobribus ter et bis consulibus.

(Juppiter, dem besten), dem grössten und Juno, der Herrscherin, errichtete Aquilinius Paternus, Decurio (Gemeinderath) des Gemeinwesens der Mattiaker, in Folge eines Gelübdes freudig und gerne nach Gebühr (diesen Altar), geweiht an den Kalenden des October unter dem dritten und zweiten Consulate. (Am 1. October wahrscheinlich des J. 208. n. Chr. unter dem dritten Consulate des Kaisers Caracalla und dem zweiten seines Bruders Geta.)

Vgl. Lehne N. Annal. I, 2. s. 22—24. Ders. G. S. I. s. 167 n. 34. Borghesi Bullet. dell' instit. archeol. 1834 p. 71. Schaab I. s. 42. Steiner I. 367; II. 266. Zell n. 310. Ring I. p. 319. Orelli-Henzen 5243. N. Annal. IV. s. 574 n. 118 u. VII, 1. s. 24 f. n. 24. Brambach 1313.

13. Votivaltar (Juppiter, Juno), im October 1809 zu Kastel, Mainz gegenüber, gefunden. Sandstein. H. 70, B. 31, D. 15 cm.:

I · O · M
IVNONI REGı
NE · DVBITATı
VS · PRIMITI
VS · EX · VOTO
... SVO POSVt
.... M

Iovi optimo maximo, Iunoni reginae Dubitatius Primiti(v)us ex voto (in) suo posuit (laetus lubens) merito.

Juppiter, dem besten, dem grössten und Juno, der Herrscherin, errichtete Dubitatius Primitivus in Folge eines Gelübdes (diesen Altar) auf seinem Eigenthume (gern und freudig) nach Gebühr.

Vgl. Lehne G. S. I. s. 157. n. 29. Steiner I. 370; II. 267. N. Annal. VII, 1. s. 25 f. n. 25. Brambach 1314.

14. Votivaltar (Juppiter, Juno), i. J. 1844 in dem Garten der s. g. Eulenburg zu Worms gefunden. Sandstein. H, 38, B. 21, D. 15 cm. (Ehemalige Bandel'sche Sammlung):

I · O · .
ET · IVNOI.
REGINAE
MALLIVS
FOFIO
I A S M

Iovi optimo maximo et Iuno(ni) reginae Mallius Fotto (?) lubens animo solvit merito.

Juppiter, dem besten, dem grössten und Juno, der Herrscherin, löste Mallius Fotto (?) sein Gelübde gerne und von Herzen nach Gebühr.

Vgl. Klein H. L. s. 104. Frankfurter Archiv I. s. 25 n. 2. M. Z. II, 3. s. 339 n. 181. Steiner II. 3672. Brambach 881.

15. Votivaltar (Juppiter, Juno), i. J. 1844 in dem Garten der s. g. Eulenburg zu Worms gefunden. Sandstein. H. 57, B. 39, D. 19 cm. (Ehemalige Bandel'sche Sammlung):

I · O · M
ET · IVNO
NI · REG
T . . . I . . . .

Iovi optimo maximo et Iunoni reg(inae) ....

Juppiter, dem besten, dem grössten und Juno, der Herrscherin ......

Vgl. Klein H. L. s. 103. Frankfurter Archiv I. s. 25 n. 1. M. Z. II, 3. s. 339 n. 182 u. s. 340 n. 183. Steiner II. 3673 u. 3674. Brambach 882 u. 883. vgl. B. J. 44. 45. s. 245.

16. Votivaltar (Juppiter, Juno), i. J. 1861 auf dem Kästriche zu Mainz gefunden. Sandstein. H. 44, B. 20, D. 16 cm.; mit fast erloschener Inschrift:

I · O · M	Iovi optimo maximo	Juppiter, dem besten, dem
. . . . . ƖEG	(et Iunoni) reg(inae)	grössten und Juno, der Herr-
AVRELIVS	Aurelius	scherin, löste Aurelius . . .
VIII MES	. . . .	. . . .
I . . . . . . ΓEG	. . . .	. . . .
. . . . O	. . . .	. . . .
. . . . TIA	. . . .	. . . .
. . . . . ΛNA	. . . . (votum)	. . . .
. . . INAI . . IL	solvit laetus lubens	(sein Gelübde) gerne und freu-
S · L · L · M	merito.	dig nach Gebühr.

Vgl. M. Z. II, 3. s. 331 n. 69. Steiner II. 3587. Brambach 1020.

17. Viereckige vertiefte **Votivtafel** (Juppiter, Juno), i. J. 1699 an der Citadelle zu Mainz an Fundamenten alter Gebäude ausgegraben. Kalkstein. H. 43, B. 54, D. 14 cm. In der Mitte zwischen den beiden Zeilen der halbzerstörten Inschrift die Reliefbilder des Juppiter, stehend, mit dem über den Rücken herabhängenden Oberkleide, sonst völlig nackt, auf einen unten in Pfeilform auslaufenden Herrscherstab mit der erhobenen L. gestützt; in der gesenkten Rechten den Donnerkeil, neben sich den Adler, welcher mit Lorbeerkranz im Schnabel auf einer von Blitzstrahlen umgebenen Kugel sitzt, und der Juno. stehend, mit der L. ein geöffnetes Weihrauchkästchen haltend und die Opferschale über einem flammenden Altärchen zu ihrer R. ausschüttend. Auf der Randleiste über und unter den Götterbildern:

I O M IVN RE . . . MAS . . . IN	Iovi optimo maximo, Iunoni re(ginae) . . . . mas . . . . in suo (posuit?)	Juppiter, dem besten, dem grössten und Juno, der Herrscherin, stiftete . . . . mas. (dieses Bilderwerk) auf seinem Eigenthume (?).

Vgl. Fuchs II. s. 59 f. mit Abb. ohne Inschrift. T. VII. class. II. n. X. Lehne G. S. I. s. 155 n. 28. mit Abb. T. II n. 4. Steiner I. 502; II. 376. Brambach 1097.

18. Zwei Bruchstücke eines, wie es scheint, mehrfach verwendeten **Votivaltars** (Juppiter, Juno), i. J. 1808 in einem Brunnen zu Kastel, Mainz gegenüber, gefunden. Weisser Sandstein.

a. Hälfte des Obertheils. H. 27, B. 17, D. 17 cm.:

DD		
M	O	IN H
ON	I	ET
	ETE	

(In honorem) domus divinae (Iovi optimo) maximo (et Iun)on(i) . . . . . . in honorem (domus divinae Iovi optimo maximo) et (Iunoni . . . . . .)

(Zur Ehre) des göttlichen Kaiserhauses. (Juppiter, dem besten), dem grössten (und der Juno . . . . . Zur Ehre (des göttlichen Kaiserhauses. Juppiter, dem besten, dem grössten) und (der Juno. . . .)

b. Untertheil. H. 18, B. 37, D. 27 cm.:

LAETO ET CERIALE	Laeto et Ceriale (consulibus).	Unter dem Consulate des Laetus und Cerialis (215 n. Chr.).

Vgl. Lehne G. S. I. s. 184 n. 42. Steiner I. 342; II. 262. N. Annal. VII, 1. s. 34. n. 32. Brambach 1322. M. Z. III, 1. s. 74 n. 228.

19. Bruchstücke eines **Votivaltars** (Juppiter, Juno), i. J. 1808 in einem Brunnen zu K a s t e l, M a i n z gegenüber, gefunden. Kalkstein. H. 21, B. 45, D. 18 cm.:

1. 2. . · MEIVNC GINI AESTIVIVS F IVS VE ERAN EG XXII	(Iovi optimo) maximo et Iu(noni re)ginae Aestivius Festus (?) veteranus legionis vicesimae secundae ...	Juppiter, dem besten, dem grössten und Juno, der Herrscherin, löste Aestivius Festus (?) Veteran der 22. Legion (sein Gelübde).

Vgl. Lehne G. S. I. s. 183. n. 41. Steiner I. 365; II. 263, 264. N. Annal. VII, 1. s. 30. n. 30. I u. II. Brambach 1319 u. 1320.

20. Votivaltar (Viergötteraltar: Juppiter, Juno, Mercurius, Minerva), mit achtseitigem Aufsatze, i. J. 1809 bei den Festungsarbeiten zu K a s t e l, M a i n z gegenüber, gefunden. Sandstein. H. 80, B. 24, D. 29 cm. Auf den Nebenseiten die Reliefbilder der J u n o im Schleier mit dem Herrscherstabe in der L., die Opferschale über einem flammenden Altar mit der R. ausgiessend; M e r c u r i u s mit Obergewand, Flügelkappe, den Beutel in der L. und den gesenkten Schlangenstab in der R. haltend; M i n e r v a mit Helm, Lanze und Schild; auf der Vorderseite:

I · O · M ET · IVN · REG FINITIVS FI DELIS · MIL N · CADDA RENSIVM IN SVO POSIT FVSCO ET DEXTRO · COS	Iovi optimo maximo et Iunoni reginae Finitius Fidelis, miles numeri Caddarensium, in suo pos(u)it Fusco et Dextro consulibus.	Juppiter, dem besten, dem grössten und Juno, der Herrscherin, errichtete Finitius Fidelis, Soldat des Numerus, (Abtheilung) der Caddarenser, diesen Altar) auf seinem Eigenthume unter dem Consulate des Fuscus und Dexter. (225 n. Chr.)

Vgl. Lehne G. S. I. s. 159. n. 30 mit Abb. T. XIV n. 57. Steiner I. 369; II. 259. Orelli-Henzen 5271. N. Annal. VII, 1. s. 27 f. n. 28. Brambach 1317.

21. Votivaltar (Viergötteraltar: Juppiter, Juno, Apollo, Fortuna), i. J. 1813 in alten Fundamenten an der Domdechanei auf dem Gutenbergsplatze in M a i n z eingemauert gefunden. Sandstein. H. 1 m., B. 60, D. 55 cm. Auf drei Nebenseiten die Reliefbilder von A p o l l o mit Leier, F o r t u n a mit Füllhorn (?), mit dem linken Fusse auf eine Kugel tretend, eine w e i b l i c h e F i g u r in der L. ein Schwert, in der R. einen Speer (?); auf der Vorderseite die Reste einer 27 Zeilen langen Inschrift:

I · O · M. ET
IVNONI REGNAE
VICANI SALVTARES
LVALER· FRONE... LLIVS.......
IIVINIVSTCELL............
IIVINDOVIIII AR...............
T· IIIEIVIVS..IDOM...........
IVL · CRESCENS...........
..AESIVS CELER.............
..MVGISIIIMVS......VI........
FLAVIVS · I· IIVS.............
MAGILLI VICTOR.....II........
.LODIVS OIIAI..................
MERIC·THREPTVS...VIV.......
OVINIVS OPTATVS...IIR...O....
L VALERIVS OTHO ΠΑΙ..Α..N...
M....NTIVS CEPAR..IΛΑ..IIA..
..NVARIVS ΑIIVS..IIIIRI.....
CIVINVIVS....I..VIII.........
MRVLLINIVS QVINTVS....IIIV..
SV..IINQVINTVS............
IN.IV....IV......MIIV......
IVLSATVRNINVS...........
IIICONAI ONO ....
..ABILIS IAI...........
.NNIVS VIIV..................
...V..I. A ....

Iovi optimo maximo et Iunoni reginae vicani Salutares Titus Valerius Fronto ..... Vindonius (?).... Iulius Crescens. ..... Caesius Celer..... Flavius....Magillius Victor..... Clodius...... Threptus..... Ovinius Optatus Lucius Valerius Otho... .....Ianuarius ...Marullinius Quintus........ Quintus...... Iulius Saturninus......Amabilis......... Annius....... ....

Juppiter, dem besten, dem grössten und Juno, der Herrscherin, errichteten (diesen Altar) die Bewohner des Vicus Salutaris (goldene Luft?), deren Namen in 24 Zeilen folgten, von denen aber nur noch einzelne zu lesen sind).

Vgl. Lehne Rhein. Archiv I. s. 150. Ders. G. S. I. s. 179 u. 40. u. III. s. 122. Orelli 4978. Steiner I. 444; II. 280. Schaab. I. s. 136. N. Annal. VIII. s. 565 f. n. 1. Brambach 994 u. Addenda p. XXXIII.

22. Votivaltar (Viergötteraltar: Juppiter, Juno, Hercules, Minerva), i. J. 1793 zu Kastel, Mainz gegenüber, gefunden. Sandstein. H. 92, B. 39, D. 34 cm. Auf den Nebenseiten die Reliefbilder der Juno im Schleier mit Herrscherstab und Opferschale, des Hercules mit Löwenhaut und Keule, der Minerva mit Helm, Lanze und Schild. Auf einem achtseitigen blattverzierten Aufsatze beginnt die im Anfange verstümmelte Inschrift:

....
ƎΤΙ.....
NRE...
X·KALAN
PRESEN Ǝ ALBIN
SEROTINI
VS·CVPITvS
Ǝ·CVPITIV.
PROVIDE..
FILIVS·IN.
FECERVN.
L·L·M

(Iovi optimo maximo) et I(uno)ni re(ginae) decimo (die) Kalendas Ian(uarias) Presente et Albin(o consulibus) Serotinius Cupitus et Cupitiu(s) Provide(ns) filius in (suo) fecerun(t) laeti lubentes merito.

Juppiter, dem besten, dem grössten und Juno, der Herrscherin, errichteten am 10 (Tage vor den) Kalenden des Januar unter dem Consulate des Presens und Albinus (23. December d. J. 246 n. Chr.) Serotinius Cupitus und sein Sohn Cupitius Providens auf ihrem Eigenthume (diesen Altar) gerne und freudig nach Gebühr.

Vgl. Lehne G. S. I. s. 154 n. 27. Steiner I. 371; II. 268. N. Annal. VII, 1. s. 29 n. 29. Brambach 1318.

23. Bruchstück eines zur Hälfte abgeschlagenen **Votivaltars** (Viergötteraltars: Juppiter, Juno, Fortuna, Minerva), i. J. 1832 im Garten des ehemaligen Bischofshofes zu Mainz gefunden. Sandstein. H. 1 m. 25 cm., B. 60, D. 26 cm. (Geschenk des Domcapitels):

Vorderseite:

· O · M	(Iovi) optimo maxi-	(Juppiter), dem besten, dem
... NONI REGINÆ	mo, (Iu)noni reginae,	grössten, Juno, der Herr-
...TVNAEMNERVAE	(For)tunae, Minervae	scherin, Fortuna Minerva . .
......C · N.....	....	...... die zwei und zwan-
....	.... (legio	zigste Legion, (die erstge-
....	vicesima) secunda,	worbene, redliche (getreue)
....	primigenia, (pia, fi-	. . . (unter dem siebenten
....	delis), (imperatore	Consulate des Kaisers Com-
....	Commodo Augusto	modus, des Erhabenen) und
........ATE	septimum, Publio	dem zweiten des Publius Hel-
XII · PR · P	Helvio) Pertinace ite-	vius Pertinax. (192 n. Chr.)
//////////////////////	rum consulibus.	
ERTINACE · $\overline{\text{II}}$		
C O S		

Linke Nebenseite:

XTI	Sexti ... Marc	Sextus Marc(ellus) Marcell
M A R C	(Ma)rcelli	..... die zwei und zwan-
R C E L I	....	zigste Legion, die erstge-
H . . A L I	....	worbene, redliche, getreue
C I M	....	..... Barbaren .... nach
$\overline{\text{VI}}$ · R P	.........(legio vi-	den Rangclassen .... Mann
INƆ · I .	cesima) secunda pri-	für Mann, die Zugführer ...
I R V	migenia, (pia, fidelis)	der ersten Legion, der Hel-
R O C	...... barbaros ...	ferin, der achten Legion, der
C T T	...... ordinibus ...	Augustischen . . im Namen
N I P B I	.... (numeri ex-	... der Zugführer der zehn-
$\overline{\text{II}}$ PRIN	ploratorum ?)	ten Legion ..... der ersten
A R B A	viritim ..... legio-	Legion (der Helferin) .....
OS · VIA	num	
R·DNIBV	centuriones .. legio-	
N ·XPLE	nis primae (adiutri-	
VIRITIM	cis) ..... (legionis)	
LEG·ANN	octavae augustae	
Ɔ LEG · $\overline{\text{I}}$	(no)mine centurio-	
VIII ·AVG	num .... legionis ..	
MINE·ƆL	decimae ... legionis	
EG · $\overline{\text{X}}$	primae (adiutricis).	
EG · $\overline{\text{I}}$		

Vgl. Quartalblätter des Vereins für Literatur u. Kunst zu Mainz 1832 III, 2. s. 28. M. Z. I. s. 56—58 n. 1. vgl. s. 199. Steiner I. 453; II. 387 a b. Mainzer Wochenblatt 1857 Nr. 64 s. 565. Brambach 993.

24. Bruchstückliches **Reliefbild** des Juppiter und der Juno nebeneinander sitzend, ohne Inschrift, gefunden zu Mainz. Sandstein. H. 50, B. 34, D. 19 cm.

25. Votivaltar (Juppiter, die Mütter), i. J. 1805 beim Baue der Strasse von Zahlbach nach Mainz, 8 Fuss tief unter der jetzigen Erdoberfläche noch am ursprünglichen Standorte gefunden. Kalkstein. H. 53, B. 27, D. 27 cm.:

I · O · M
ET · MA
TRIB
VS · PE
RPERI
VA · P
VSL · L · D.

Iovi optimo maximo et Matribus Perpertua posuit votum solvens laeta lubens de suo. (?)

Juppiter, dem besten, dem grössten und den Müttern errichtete Perpertua (diesen Altar) zur Erfüllung ihres Gelübdes gerne und freudig auf ihre Kosten. (?)

Vgl. Lehne G. S. I. s. 187 n. 44. mit Abb. T. III n. 7. Steiner I. 503; II. 447. Ring II. p. 52. de Wal Moedergod. CXCI. Brambach 1140.

26. Votivaltar (Viergötteraltar: Juno, Mercurius, Hercules, Minerva), aus Heidesheim unweit Mainz. Weisser Sandstein. H. 76, B. 47, D. 40 cm. Auf den Seiten die Reliefbilder der Juno (?), des Mercurius mit Obergewand und Schlangenstab, der Beutel in der R. ist abgeschlagen; des Hercules (unkenntlich) mit Löwenhaut und Keule (?); der Minerva mit Helm, Lanze und Schild; oben 9 Löcher.

Vgl. M. Z. I. s. 488 ff.

27. Hälfte eines **Votivaltars** (Viergötteraltars: Juno, Mars, Hercules, unbekannte Gottheit), i. J. 1819 aus der i. J. 1200 erbauten Stadtmauer von Mainz ausgebrochen. Sandstein. H. 1 m. 19 cm., B. 67, D. 35 cm. Auf den Seiten die Reliefbilder der Juno mit Herrscherstab (kaum zur Hälfte erhalten), des Mars (vollständig erhalten) in Rüstung und Kriegsmantel, welcher über den linken Arm herabfällt, mit dem er den Schild hält, während die erhobene Rechte die Lanze gefasst hat; an der r. Seite das kurze Schwert. Hercules (kaum zur Hälfte erhalten) mit Pfeilköcher und Keule (?). Die vierte Seite mit Bild einer unbestimmbaren Gottheit (oder der Inschrift ?) ist völlig abgeschlagen.

Vgl. M. Z. I. s. 488 ff.

28. Votivaltar (Fünfgötteraltar: Mercurius, Apollo, Hercules, Fortuna, Minerva) in Form einer mittels Verschuppung ornamentierten (palmettierten Säule aus Mainz. Grauer Sandstein. H. 82, Durchm. 21 cm. In muschelartig überwölbten Nischen ringsum den Säulenschaft die Reliefbilder des Mercurius mit Schlangenstab und Beutel, des Apollo mit Leier, des Hercules mit Löwenhaut, Keule und Bogen; der Fortuna mit Füllhorn und Rad; über Apollo Minerva (ohne Kopf) mit Lanze und Schild.

Vgl. M. Z. I. s. 488 ff.

29. Hälfte eines **Votivaltars** (Viergötteraltars: Mercurius, Hercules, Vulcan, unbekannte Gottheit) aus Mainz. Sandstein. H. 86, B. 44, D. 17 cm. Auf der einen Seite Mercurius (kaum zur Hälfte erhalten) mit Obergewand, Flügelschuhen und Schlangenstab, auf der entgegengesetzten Seite Vulcan (kaum zur Hälfte erhalten) in kurzem Oberkleide leicht geschürzt, in der erhobenen Rechten den Hammer schwingend; auf der dritten Seite Hercules (vollständig erhalten) mit Löwenhaut, Keule, Bogen und Köcher; die vierte Seite mit dem Bilde einer unbestimmbaren Gottheit (oder der Inschrift ?) ist völlig abgeschlagen.

Vgl. M. Z. I. s. 488 ff.

30. **Votivaltar** (Viergötteraltar: Mercurius, Hercules, Minerva, unbekannte Gottheit), 1872 zu Steinbockenheim in Rheinhessen gefunden. Sandstein. H. 58, B. 40, D. 36 cm. Die Köpfe sämmtlicher Reliefbilder der Gottheiten fehlen an dem arg beschädigten Denkmale, dessen Seiten erkennen lassen: Mercurius mit Schlangenstab, zur Seite den Hahn, Hercules mit Keule, Minerva mit Lanze, die weibliche Gottheit auf der vierten Seite ist unkenntlich.

Vgl. M. Z. I. s. 488 ff.

31. Hälfte eines **Votivaltars** (Viergötteraltars: Mercurius, Hercules, Minerva, unbekannte Gottheit), i. J. 1809 bei den Festungsarbeiten zu Kastel, Mainz gegenüber, gefunden. Weisser Sandstein. H. 75, B. 46, D. 40 cm. Auf den Seiten die zur Hälfte erhaltenen Reliefbilder des Mercurius (?), des Hercules (ohne Kopf) mit Löwenhaut, Minerva mit Lanze und Schild; die vierte Seite mit dem Bilde einer unbestimmbaren Gottheit (oder der Inschrift?) ist völlig abgeschlagen.

Vgl. M. Z. I. s. 488 ff.

32. **Votivaltar** (Mercurius, Rosmerta), i. J. 1844 zu Worms in den nahe bei der Liebfrauenkirche gelegenen Weinbergen (nach Anderen neben dem Speierer Thore) gefunden. Sandstein. H. 79, B. 41, D. 21 cm. (Ehemalige Bandel'sche Sammlung):

D E O MERCVRI T· ET · ROSM ERTE · L SERVAND VS QVET VS EXVoTo INSV · P	Deo Mercurio et Rosmertae Lucius Servandius Quietus ex voto in suo posuit.	Dem Gotte Mercurius und der Rosmerta errichtete Lucius Servandius Quietus in Folge eines Gelübdes diesen Altar auf seinem Eigenthume.

Vgl. B. J. XIX. s. 92 u. XXIX. XXX. s. 177. Klein H. L. s. 103 n. 3. Steiner II. 2377. M. Z. II, 3 s. 341 n. 187. Brambach 888.

33. **Votivaltar** (Mercurius), am 27. April 1842 zu Mainz vor dem ehemaligen Bischofshofe gefunden. Grauer Flonheimer Sandstein. H. 90, B. 42, D. 24 cm. (Geschenk des Domcapitels):

DEO · MERCVRIO TIB · IVSTINIVS AEL · AVGVSTA TITIANVS · B-F LEG · LEG · XXII ET SERVANDIA AVGVSTA · EIVS V·S·FAVSTINO RVFIN C O S	Deo Mercurio Tiberius Iustinius Titianus, Aelia Augusta, beneficiarius legati legionis vicesimae secundae, et Servandia Augusta eius vota solverunt Faustino et Rufino consulibus.	Dem Gotte Mercurius lösten Tiberius Justinius Titianus von Aelia Augusta (Augsburg), Beneficiar (Begünstigter) des Legaten (Oberbefehlshabers) der zweiundzwanzigsten Legion, und seine Gattin Servandia Augusta, ihr Gelübde unter dem Consulate des Faustinus und Rufinus. (210 n. Chr.)

Vgl. Mainzer Unterhaltungsblätter 1843 Nr. 130. B. J. II. s. 95 n. 46. III. s. 50. Malten Bibliothek der neuesten Weltkunde 1842 II. s. 35. M. Z. I. s. 59 n. 4. Steiner II. 297, Orelli-Henzen 6799. Grotefend Imp. Rom. p. 126. Brambach 999.

34. Kleiner **Votivaltar** (Mercurius) aus Finthen bei Mainz. Sandstein. H. 25, B. 11, D. 8 cm. Auf den Nebenseiten r. Ruder der Fortuna, l. Schlangenstab des Mercurius; auf der Vorderseite:

D E O ME R C VR I O V O T V M L L	Deo Mercurio votum laetus lubens.	Dem Gotte Mercurius löste (der Stifter des Altärchens) sein Gelübde gerne und freudig.

Vgl. M. Z. I, 1. s. 350 n. 82. Brambach 964.

35. Bruchstück eines **Votivaltars** (Mercurius), i. J. 1844 zu Finthen bei Mainz gefunden. Kalkstein:

D E O M...... I V S TI	Deo Mercurio Iustinius (?).....	Dem Gotte Mercurius (löste) Justinius (?) (sein Gelübde.....)

Vgl. M. Z. I, s. 221 n. 75. Steiner II. 564. Brambach 962.

36. Votivaltar (Mercurius), i. J. 1841 zu Oppenheim bei Mainz gefunden. Sandstein. H. 71, B. 32, D. 21 cm.:

IN · H · D · D · D E O M E R C V R I O F E L I C I O S E C C I V · S · L · L · M	In honorem domus divinae. Deo Mercurio Felicio, Secci (servus), votum solvit laetus lubens merito.	Zur Ehre des göttlichen Kaiserhauses. Dem Gotte Mercurius löste Felicio, des Seccius (Sklave), sein Gelübde gerne und freudig nach Gebühr.

Vgl. B. J. III. s. 88 n. 71. M. Z. I. s. 62 n. 7. Steiner II. 581. Orelli-Henzen 5692. Klein H. L. s. 46. Brambach 916.

37. Votivstein eines Mercurtempels in den Ruinen des h. Kreuzstiftes bei Mainz gefunden und ehemals an einem Bauernhause zu Hechtsheim eingemauert. Kalkstein. H. 37, B. 20, D. 10 cm.:

IN · H · D · D DEO MER CVRIO · TEMPLVM POS · EX · VOTO · T · IN DVTIVS · VICTOR L L M	In honorem domus divinae. Deo Mercurio templum posuit Titus Indutius Victor laetus lubens merito.	Zur Ehre des göttlichen Kaiserhauses. Dem Gotte Mercurius errichtete Titus Indutius Victor diesen Tempel in Folge eines Gelübdes gerne und freudig nach Gebühr.

Vgl. Lehne G. S. I. s. 251 n. 75. Steiner I. 318; II. 574. Brambach 931.

38. Votivaltar (Mercurius), i. J. 1844 zu Finthen bei Mainz in einem Brunnen gefunden und 1846 für das Museum erworben. Sandstein. H. 95, B. 44, D. 20 cm.:

I N · H · D · D
D E O · MERCV
R I O · L · SENLIV
D E C M A N V S · Q
C · C · R · M · NEG · MO
C·T·V·S·L·L·M·SAT
VRNIO·ET·GALLOCOS

In honorem domus divinae. Deo Mercurio Lucius Senilius Decmanus, quaestor, curator civium Romanorum Mogontiaci, negotiator Mogontiaci, civis Taunensis, votum solvit laetus lubens merito Saturni(n)o et Gallo consulibus.

Zur Ehre des göttlichen Kaiserhauses. Dem Gotte Mercurius löste Lucius Senilius Decmanus, Quästor (Kassier), Curator (Pfleger) der römischen Bürger zu Mogontiacum (Mainz), Grosshändler zu Mogontiacum, Taunensischer Bürger, sein Gelübde gerne und freudig nach Gebühr unter dem Consulate des Saturni(n)us und Gallus. (198 n. Chr.)

Vgl. M. Z. I. s. 211 n. 68. Jenaer Literaturzeitung 1818 s. 1187. Steiner II. 557. N. Annal. IV. s. 578 n. 122. Orelli-Henzen 7151. Brambach 956.

39. Votivaltar (Mercurius), i. J. 1844 zu Finthen bei Mainz in einem Brunnen gefunden und 1846 für das Museum erworben. Sandstein. H. 58, Br. 28, D. 17 cm.:

I N · H · D · D
D M E R
B Y T Y T R
A L · B I T I
V LEG · XXI
V · S · L · L · M

In honorem domus divinae. Deo Mercurio Bytytralis, Biti (filius), veteranus legionis vicesimae primae, votum solvit laetus lubens merito.

Zur Ehre des göttlichen Kaiserhauses. Dem Gotte Mercurius löste Bytytralis, des Bitus Sohn, Veteran der ein und zwanzigsten Legion, seine Gelübde gerne und freudig nach Gebühr.

Vgl. M. Z. I. s. 215 n. 69. Steiner II. 562. Rhein. Mus. f. Philol. N. F. XIX. s. 622. Brambach 955. vgl. N. Annal. VII, 1 s. 6.

40. Votivaltar (Mercurius), i. J. 1844 zu Finthen bei Mainz in einem Brunnen gefunden und 1846 für das Museum erworben. Sandstein. H. 63, B. 38, D. 26 cm.:

N · H · D · D
M E R C V .
L · I V L L O N .
V S · I V L L I N
V S · V · S · L · M

In honorem domus divinae. Mercurio Lucius Iullonius Iullinus votum solvit lubens merito.

Zur Ehre des göttlichen Kaiserhauses. Dem Mercurius löste Lucius Jullonius Jullinus sein Gelübde gern nach Gebühr.

Auf der rechten Seite:

M E R
L · I · F

Merlius fecit. (?)

Merlius machte (den Altar). (?)

Vgl. M. Z. I. s. 217 f. n. 72. Steiner II. 560. Brambach 959.

41. Votivaltar (Mercurius), i. J. 1844 zu Finthen bei Mainz in einem Brunnen gefunden und 1846 für das Museum erworben. Sandstein. H. 92, B. 60, D. 32 cm.:

M E R C V R I O
. E NE · M E R E N I
. I T V S · I V L I V S
I N G E N V S · V E
T E R . N V S · L E G
. . . .
. . . .

Mercurio bene merenti Titus Iulius Ingenu(u)s, veteranus legionis vicesimae secundae, primigeniae, votum solvit laetus lubens merito.

Mercurius dem wohlverdienten löste Titus Julius Ingenuus, Veteran der zwei und zwanzigsten Legion, der erstgeworbenen, sein Gelübde gerne und freudig nach Gebühr.

Vgl. M. Z. I. s. 217 n. 71. Steiner II. 559. Brambach 958.

42. Votivaltar (Mercurius), i. J. 1844 zu Finthen bei Mainz in einem Brunnen gefunden. Sandstein. H. 90, B. 51, D. 29 cm.; unter der Inschrift zwei Bäume; auf beiden Nebenseiten Pflanzenornamente, auf der Vorderseite:

M E R C V R O S A C D O N A T V S PVB · X · X · LIB SER · VILICVS V · S · L · L · M ·	Mercurio sacrum. Donatus, publici vicesimae libertatis servus vilicus, votum solvit laetus lubens merito.	Dem Mercurus geweiht. Donatus, bei der Abgabe des Zwanzigsten (von dem Werthe) der Freilassung (eines Sklaven) Verwalter, löste sein Gelübde gerne und freudig nach Gebühr.

Vgl. M. Z. I. s. 218 n. 73. Steiner II. 558. Orelli-Henzen 6647, vgl. 3334. Brambach 957.

43. Votivaltar (Mercurius), i. J. 1844 zu Finthen bei Mainz in einem Brunnen gefunden. Sandstein. H. 96, B. 54, D. 41 cm.:

M E R C V R O S A C R M I V L I V S C R E S C E N S VET · LEG · XXII P F V · S · L · L · M	Mercurio sacrum. Marcus Iulius Crescens, veteranus legionis vicesimae secundae, primigeniae, piae, fidelis, votum solvit laetus lubens merito.	Dem Mercurius geweiht. Marcus Julius Crescens, Veteran der zwei und zwanzigsten Legion, der erstgeworbenen, frommen, getreuen, löste sein Gelübde gerne und freudig nach Gebühr.

Vgl. M. Z. I. s. 216 n. 70. Steiner II. 561. Brambach 954.

44. Bruchstück eines **Votivaltars** (Mercurius), zu Finthen bei Mainz gefunden. Kalkstein. (Geschenk des Herrn Pfarrers Autsch zu Finthen an das Museum im Februar 1847):

MERCRIO V · S \ T V R N N V S) ∩ M T I A N	Mercurio votum solvit Saturninus Domitianus (?)	Dem Mercurius löste sein Gelübde Saturninus Domitianus (?) . . . . . .

Vgl. M. Z. I. s. 351 n. 83. Brambach 963.

45. Bruchstäck eines **Votivaltars** (Mercurius), i. J. 1844 zu Finthen bei Mainz gefunden. Kalkstein:

M E R CV I EX · VOTO · SV	Mercurio ex voto su(scepto)	Dem Mercurius in Folge eines gethanenen Gelübdes . . . .

Vgl. M. Z. I. s. 221 n. 74. Steiner II. 563. Brambach 961.

46. Bruchstück eines **Votivaltars** (Mercurius), zu Finthen bei Mainz gefunden. Kalkstein. (Geschenk des Herrn von Eck):

\ E R C R I . S E M .	Mercurio	Dem Mercurius . . . .

Vgl. M. Z. I. s. 358 n. 86. Brambach 965.

47. Bruchstück eines **Votivaltars** (Mercurius), i. J. 1844 zu Finthen bei Mainz gefunden. Kalkstein. H. 18, B. 22, D. 12 cm.:

R C v R I O \ E C I L I V S R R A N V S	Mercurio Caecilius . . . . rranus (?)	Dem Mercurius (löste) Caecilius . . . . rranus (sein Gelübde.)

Vgl. M. Z. I. s. 222 n. 76. Steiner II. 565. Brambach 960.

48. Bruchstück eines **Votivaltars** (Mercurius), zu Finthen bei Mainz gefunden. Kalkstein:

MEI T·FLI ↃPO	Mercurio Titus Flavius	Dem Mercurius (löste) Titus Flavius (sein Gelübde.)

Vgl. M. Z. I. s. 358 n. 85 u. III. s. 174 n. 229. Brambach 967.

49. Bruchstück eines **Votivaltars** (Mercurius), zu Finthen bei Mainz gefunden. Kalkstein. (Geschenk des Herrn von Eck):

R O V S	Mercurio	Dem Mercurius . . . .

Vgl. M. Z. I. s. 358 n. 87 u. II, 1 u. 2. s. 221 n. 75 u. III, 1. s. 71 n. 221, 8. N. Annal. VIII. s. 572 n. 11. g. Brambach 966 = 1045.

50. Votivaltar (Mercurius), im Juli 1844 zu Kastel, Mainz gegenüber, gefunden. Sandstein. H. 58, B. 26, D. 20 cm.:

M E R C V R M · S E P P I V S (IO) C R E O N . E X · I V S S V P O S V I T L · L	Mercurio Marcus Seppius Creon ex iussu posuit laetus lubens.	Dem Mercurius errichtete Marcus Seppius Creon (diesen Altar) auf Geheiss gerne und freudig.

Vgl. M. Z. I. s. 63 n. 8. Steiner II. 238. N. Annal. VII, 1. s. 36 n. 36. Brambach 1327.

51. Hausaltar (Mercurius), im September 1802 bei der Erbauung eines Hauses vor dem Frankfurter Thore zu Kastel, Mainz gegenüber, gefunden. Weisser Sandstein. H. 42, B. 21, D. 9 cm. Oben in einem mit zwei Säulen geschmückten Tempelhäuschen (aedicula) die Halbfigur des Mercurius in gallischer Tracht mit Flügelkappe, in der R. den Beutel:

MERCVRIVM DOMES TICVM · C · IVLIVS · SATTO	Mercurium domesticum Gaius Iulius Satto (posuit.)	Diesen Hausgott Mercurius liess Gajus Julius Satto aufstellen.

Vgl. Handschriftliche Fundnotiz nebst Abbildung von Bodmann in seinem Handexemplare des Joannis rer. mogunt. III. s. 328. auf der Stadtbibliothek zu Mainz. Lehne G. S. I. s. 258. n. 80. mit Abb. T. IV n. 9. Steiner I. 341; II. 258. Orelli-Henzen 5694. N. Annal. VII, 1. s. 35 n. 34. Brambach 1324.

52. Untertheil eines **Bildes** des Mercurius ohne Inschrift, am 27. April 1842 in der Ludwigsstrasse, unweit des Schillerplatzes (ehemaligen Thiermarktes) zu Mainz gefunden. Kalkstein. H. 16, B. 44, D. 34 cm. Von der Figur des Mercurius ist nur noch der r. Fuss mit dem Flügel vorhanden; r. die Reste einer Thierfigur (Bock) mit einer Klaue; l. der Hahn, vor demselben eine Schildkröte mit dem Rest des linken Fusses von Mercurius. (Geschenk des Herrn Gastwirths Gottschalk.)

Vgl. Mainzer Unterhaltungsblätter (Beilage zum Mainzer Wochenblatt) 1842 Nr. 130. Malten Bibliothek der neuesten Weltkunde 1842 II. s. 45. M. Z. I. s. 65 zu n. 12.

53. Rundfigur des Mercurius aus Mainz: fast ganze Figur; Kopf und vordere Brustseite fehlen; ebenso die unteren Theile der Beine. L. eine Thierfigur (Bock) ohne Kopf. Weisser Sandstein. H. 31, B. 15, D. 30 cm.

54. Votivaltar (Mars), i. J. 1832 im Garten des ehemaligen Bischofshofes am Dome zu Mainz gefunden. Sandstein. H. 1 m. 45 cm., B. 56, D. 26 cm. (Geschenk des Domcapitels):

D E O · M A R E M E R I T I V S V R S I N V S V O T V M S · L · L · M	Deo Marti Emeritius Ursinus votum solvit laetus lubens merito.	Dem Gotte Mars löste Emeritius Ursinus sein Gelübde gerne und freudig nach Gebühr.

Vgl. Quartalblätter des Vereins für Literatur u. Kunst zu Mainz 1832 III, 3. s. 27. M. Z. I. s. 63 n. 9. Steiner I. 448; II. 276. Brambach 997.

55. Votivaltar (Mars), i. J. 1832 im Garten des ehemaligen Bischofshofes am Dome zu Mainz gefunden. Sandstein. H. 15, B. 57, D. 29 cm. (Geschenk des Domcapitels):

DEO · MARTI · AR^{M} IVLIVS EMERI TVS · MIL · LEG · VIII AVG · SEVERIANÆ . . . Γ . . . N . . IAN . . . EXACTVS · COS DEDICATA / XIII · K · · MAIAS MAXIMO · ET AELIANO COS V · S · L · L · M	Deo Marti arm... (armigero? armato?) Iulius Emeritus, miles legionis octavae, augustae, Severianae, (Alexandrianae), exactus consularis; dedicata (est) ara tertio decimo Kalendas Maias Maximo et Aeliano consulibus: votum solvit laetus lubens merito.	Dem Gotte Mars ...... (dem waffentragenden? bewaffneten?) löste Julius Emeritus, Soldat der achten Legion, der Augustischen, Severianischen, (Alexandrinischen), wieder einberufen vom Consul, sein Gelübde gerne und freudig nach Gebühr. Dieser Altar wurde geweiht am dreizehnten Tage vor den Kalenden des Mai unter dem Consulate des Maximus und Aelianus. (19. April d. J. 223 n. Chr.)

Vgl. Quartalblätter des Vereins für Literatur u. Kunst zu Mainz 1832 III, 3. s. 31. M. Z. I. s. 560 n. 5. Steiner I. 385; II, 386. Orelli-Henzen 5668. vgl. 3131 u. 3343. Brambach 996.

56. Votivaltar (Mars) aus Mainz, in zwei Theile zerbrochen. Rother Sandstein. H. 47, B. 22, D. 18 cm.:

D E O M A R 1 O A D A T O L · M V C A T R ALIS · VET · LEG XXII · EXVOTO . . . / I T	Deo Marti .... Lucius Mucatralis, veteranus legionis vicesimae secundae, ex voto posuit.	Dem Gotte Mars.... ...errichtete Lucius Mucatralis, Veteran der zwei und zwanzigsten Legion, in Folge eines Gelübdes (diesen Altar.)

Vgl. M. Z. II, 1 u. 2. s. 189 n. 16. Steiner II. 3598. Brambach 1285.

57. Votivaltar (Mars), am 25. April 1842 auf dem Kästriche zu Mainz gefunden. Grauer Sandstein. H. 26, B. 17, D. 10 cm.:

N · H M A · R S V R I V S F E L I X V · S · L · L · M	In honorem (domus divinae). Marti Surius Felix votum solvit laetus lubens merito.	Zur Ehre des göttlichen Kaiserhauses. Dem Mars löste Surius Felix sein Gelübde gerne und freudig nach Gebühr.

Vgl. B. J. II. s. 95 n. 45, vgl. s. 158. M. Z. I. s. 64 n. 10. Malten Bibliothek der neuesten Weltkunde 1842 II. s. 30. Steiner II. 279. Abbildungen von Mainzer Alterthümern VI. s. 18 Anm. **. Brambach 1035.

58. Votivaltar (Mars; Victoria), am 18. Juni 1866 als Aussetzstein eines fränkischen Grabes etwa 6′ unter dem jetzigen Boden gleich am Eingange von Oberolm unweit Mainz gefunden. Gelbweisser Sandstein. H. 93, B. 48, D. 9 cm.:

MARTI · ET · VıC TORIAE · IN · Hо NOREM · DOM . . DIVINAE · L · BIT TIVS PAVLINvS ANVLAR VOTO SVSCEPTO POSIT	Marti et Victoriae in honorem domus divinae Lucius Bittius Paulinus anularius voto suscepto pos(u)it.	Dem Mars und der Victoria liess zur Ehre des göttlichen Kaiserhauses Lucius Bittius Paulinus Ringverfertiger (?) nach gethanenem Gelübde (diesen Altar) errichten.

Vgl. Mainzer Unterhaltungsblätter (Beiblatt zum Mainzer Wochenblatt) 1866 Nr. 146 v. 27. Juni s. 575. M. Z. 1866 Nr. 153. Heidelberger Jahrb. 1867 Nr. 11 s. 166. M. Z. III, 1. s. 67. n. 214. B. J. XLIV. s. 66 n. 15.

59. Votivaltar (Apollo), im Juli 1841 bei dem Baue des Hauses des Kaufmanns Lammert zwischen dem Höfchen und dem Gutenbergsplatze zu Mainz gefunden. Muschelkalkstein. H. 78, B. 31, D. 31 cm. (Geschenk des Herrn Fr. Roth):

A P O L I N I L · S E R T o R I V S I A N V A R I V S V · S · L · M	Apollini Lucius Sertorius Ianuarius votum solvit lubens merito.	Dem Apollo löste Lucius Sertorius Januarius sein Gelübde gern nach Gebühr.

Vgl. Z. f. d. A. 1841 s. 848. Malten Bibliothek der neuesten Weltkunde 1842 II. s. 43. B. J. I. s. 83 n. 6. M. Z. I. s. 62 n. 6. Steiner II. 296. Brambach 995.

60. Obertheil eines **Votivaltars** (Apollo), am 30. December 1867 in dem (abgelassenen) Altmünsterweiher vor dem Münsterthore zu Mainz gefunden. Auf den Nebenseiten r. Opfermesser und l. Opferausgusskanne. Sandstein. H. 19, B. 16, D. 12 m.:

A P O L L I N I S A C R C · IVLIVS S A B I N V S	Apollini sacrum Gaius Iulius Sabinus	Dem Apollo geweiht. Gaius Julius Sabinus (liess diesen Altar errichten.)

Vgl. Mainzer Wochenblatt 1868 Nr. 2 v. 3. Januar. B. J. XLIV u. XLV, s. 263. M. Z. III, 1. s. 66 n. 213.

61. Zwei Bruchstücke eines **Votivaltars** (Apollo), i. J. 1851 in der Philippsschanze zu Mainz gefunden. Weisser Sandstein. H. 66, B. 22, D. 19 cm.; auf der rechten Seite ein Blumenornament. (Geschenk der Militärbehörde):

. PPOLLN	(Ap)pollini sacrum.	Dem Apollo geweiht. Al-
. . C R V M	(A)lbani(us) (P)rima-	banius Primanus, Fah-
. L B A N I	(nus), sig(nifer) l(egio-	nenträger der zwei und
. R I M A .	nis) vicesimae secun-	zwanzigsten Legion, der
. . . . S I G	dae, primigeniae, (piae,	erstgeworbenen, (redli-
L . . . XII	fidelis), ex vo(to po-	chen, getreuen), errichtete
P R . . . E X	suit).	in Folge eines Gelübdes
V O		(diesen Altar).
Γ		

Vgl. Klein Ueber die Legionen, welche in Obergermanien standen, (Mainz 1853, 4.) s. 15. M. Z. II, 1 u. 2. s. 188. n. 15. Steiner II. 2375. Brambach 1135 u. Addenda p. XXXIV. n. 2081, 4.

62. Votivaltar (Vulcanus), zu Worms gefunden, mit fast ganz erloschenen Schriftzügen. Sandstein. H. 57, L. 39, D. 21 cm. (Ehemalige Bandel'sche Sammlung):

DEO · VV .	Deo Vulcano Servan-	Dem Gotte Vulcanus er-
C N O .	dius (?)	richtete Servandius(?) ...
SIIVAND		(diesen Altar).
. †IODO		

Vgl. M. Z. II. 3 s. 340 n. 184. Steiner II. 3676. Brambach 884.

63. Votivaltar (Hercules), im Juli 1844 zu Castel, Mainz gegenüber, gefunden. Sandstein. H. 58, B. 24, D. 20 cm.:

H E R C V L I	Herculi Mar-	Dem Hercules
M · SEPPIVS	cus Seppius	weihte Marcus
C R E O N	Creon donum	Seppius Creon
D · D	dedit.	(diesen Altar).

Vgl. M. Z. I. s. 65 n. 13. Steiner II. 237. N. Annal. VII, 1. s. 36 n. 37. Brambach 1326.

64. Votivaltar (Bonus Eventus), aus der alten Stadtmauer zu Mainz ausgebrochen. Weisser Sandstein. H. 60, B. 67, D. 24 cm.:

P R O · S A L V T E	Pro salute domino-	Für das Wohl unserer
DD · NN	nostrorum sanctis-	hochheiligen Herr-
SANCTISSIMORVM	simorum imperato-	scher, der Kaiser, er-
IMPP ·	rum Bono Eventu(i)	richtete dem guten
BONO · EVENTV · MIL	militum exercitus	Glücke der Soldaten
EXERCITVS · G · S · MAER	Germaniae superio-	des Heeres von Ober-
NIVS · PERLETVS · MIL	ris Maternius Per-	germanien Maternius
.EG. XII · PR · PF · STRATOR	letus, miles (l)egionis	Perletus, Soldat der
. . . . . . C N PC	vicesimae secundae,	zwei und zwanzigsten
	primigeniae, piae,	Legion, der erstge-
	fidelis, strator (con-	worbenen, redlichen,
	sularis ?)	getreuen, (consulari-
		scher ?) Strator (Stall-
		meister ?) (diesen Al-
		tar).

Vgl. Huttich coll. ant. fol. XHI, a, 1. Apian p. 477. Grut. p. 101, 7. Fuchs I. s. 60 ff. Lehne G. S. I. s. 398 n. 132. Steiner I. 383; II. 300. E. Gerhards Archäol. Anz. 1860. Nr. 137. 138 s. 75 *. Brambach 983.

65. Votivplatte (Bonus Eventus), zu Castel, Mainz gegenüber, in zwei Stücken aufgefunden. Weisser Sandstein. H. 33, B. 62, D. 9 cm.:

BONVM EVENTVM
EE·QQ·LEG·XXII·PR·P·F
ALBANIVS · AGRICoLA
ET MACRINIVS · IVLI
.NVSQQCIVES · SVMELo
.MPEIANoɪTPAELIGNAN
COS

Bonum eventum equitibus legionis vicesimae secundae, primigeniae, piae, fidelis, Albanius Agricola et Macrinius Iuli(a)nus, quaestores, cives Sumelocennenses, Pompeiano et Paeligniano consulibus.

Gutes Glück (wünschen) den Reitern der zwei und zwanzigsten Legion, der erstgeworbenen, frommen, getreuen, Albanius Agricola und Macrinius Julianus, Quästoren (städtische Einnehmer), Bürger von Sumelocenne (Sülchen bei Rottenburg in Würtemberg), unter dem Consulate des Pompeianus und Paelignianus. (231 n. Chr.)

Vgl. M. Z. II, 1 u. 2. s. 194 n. 21 u. s. 210 n. 43. Archiv für Frankfurts Geschichte und Kunst. N.F. I. s. 45 f. E. Gerhards Archäol. Anz. 1860 Nr. 137. 138 s. 74* ff. Revue archéol. N. S. II. ann. p. 212. M. Z. II, 3. s. 319 f. n. 159 u. s. 448 n. 1. Steiner II. 3597. Stälin in Würtemberg. Jahrbücher (Stuttgart 1860, 4.) Heft 2. p. 221. Philologns XVI. s. 551 und XVII s. 183. Brambach 1034.

66. Bruchstück eines **Votivaltars** (Mithras), im Juli 1864 in den Mauern eines Hauses auf dem Höfchen zu Mainz entdeckt. Weisser Sandstein. H. 32, B. 67, D. 16 cm. Neben den Resten der Votivinschrift zwei durch eine Art von Rahmen getrennte Felder: in dem ersten ein Mann im fliegenden Mantel und phrygischer Mütze mit einem Bogen nach einem Felsen schiessend (Sonnengott als Schütze), vor ihm eine knieende Figur, welche die Hände bittend emporstreckt; in dem zweiten Felde ein grösserer Kopf mit geschmücktem Haare (Windgottheit), deren Mund der Hauch entströmt; beides Darstellungen, die sich auf den bekannten Mithräen aus Heddernheim u. a. Orten wiederfinden. (Geschenk des Herrn Gödecker):

O
NG
N I
M ·

(Deo invict)o (Mithrae). . . . . . . merito.

Dem unbesiegbaren Gotte Mithras . . . . nach Gebühr.

Vgl. Mainzer Wochenblatt 1864. Nr. 84. Rhein. Blätter (Beiblatt zum Mainzer Journal) 1864 Nr. 165 s. 660. N. Annal. VIII. s. 569 f. n. 6. Brambach 1361. M. Z. III, 1. s. 61 f. n. 207.

67. Votivaltar (Genius), i. J. 1857 auf dem Kästriche zu Mainz gefunden. Sandstein. H. 75, B. 39, D. 25 cm.:

GENIO SANC	Genio sancto . . .	Dem heiligen Genius (Schutzgeiste)
TO Q SI . . . MI	. . . .	
INIDI . . . \ M	. . . .	. . . .
. . . PXXI	. . . .	. . . .
CI . . . AI	. . . .	. . . .
TIVS . . . . . . T.	. . . .	. . . .
. . . . V	. . . .	. . . .
TAV II	. . . .	. . . .
R	. . . .	. . . .

Vgl. M. Z. II, 1. u. 2. s. 186. n. 13. Steiner II. 3596. Brambach 1031.

68. Oben abgebrochener **Votivaltar** (unbekannte Gottheit und Genius), am 14. Mai 1842 vor dem ehemaligen Bischofshofe auf dem Höfchen zu Mainz gefunden. Grauer Sandstein. H. 78, B. 57, D. 22 cm. (Geschenk des Domcapitels):

. . . . Ǝ GENIO IVENT VTIS · VOBERG ENS·T·GENIALINIvS CRESCENS·V·S·L· L · M · ANVLLINO II Ǝ FRONTONE COS	. . . . et Genio i(u)ven- tutis Vobergensium Titus Genialinius Crescens votum sol- vit laetus lubens me- rito Anullino iterum et Frontone consuli- bus.	. . . . . und dem Genius (Schutzgeiste) der jun- gen Mannschaft der Vo- bergenser löste Titus Genialinius Crescens sein Gelübde gerne und freu- dig nach Gebühr unter dem zweiten Consulate des Anullinus und dem des Fronto. (199 n. Chr.)

Vgl. Malten Bibliothek der neuesten Weltkunde 1842 II. s. 41. B. J. II. s. 100. n. 58. M. Z. I. s. 58 n. 3. Steiner II. 298. Orelli-Henzen 5240. Brambach 1000.

69. Bruchstück eines **Votivaltars** (Genius einer Centurie), zu Mainz gefunden. Kalkstein. H. 79, B. 57, D. 35 cm.:

GENIO · PϽ ΛϽ . . . . 1 · P	Genio p . . . . centu- riae aram posuit (?)	Dem Genius (Schutz- geiste) . . . der Centu- rie (Zug von Soldaten) (errichtete . . . den Altar?)

Vgl. Steiner II. 1618. M. Z. II, 1 u. 2. s. 175. Brambach 1360.

70. **Votivplatte** (Genius einer Centurie), i. J. 1858 auf dem Kästriche zu Mainz gefunden. Sandstein. H. 13, B. 25, D. 12 cm.:

GENIO Ɔ CENTVRI VAL·MARTIVS Ɔ ET SECVNDI · MANS . . . V S · V · S · L · L.	Genio centuriae Va- lerius Martius et Se- cundius Mansuetus votum solverunt laeti lubentes (merito).	Dem Genius (Schutz- geiste) ihrer Centurie (Zug von Soldaten) lö- sten Valerius Martius u. Secundius Mansuetus ihr Gelübde gerne und freu- dig nach Gebühr.

Vgl. M. Z. II, 1 u. 2. s. 181 n. 9. Steiner II. 3595. Brambach 1028.

71. **Votivaltar** (Genius einer Centurie), i. J. 1858 auf dem Kästriche zu Mainz gefunden. Sandstein. H. 84, B. 47, D. 39 cm. Auf beiden Seitenflächen arabeskenartige Verzierungen:

GENIO · Ͽ C · MELL ONIVS SEVERVS Ͽ LEG XXII · PR V · S · L · L · M	Genio centuriae Ga- ius Mellonius Seve- rus, centurio legionis vicesimae secundae, primigeniae, votum solvit laetus lubens merito.	Dem Genius (Schutz- geiste) seiner Centurie (Zug von Soldaten) lö- ste Gaius Mellonius Se- verus, Centurio (Zugfüh- rer) der zwei und zwan- zigsten Legion, der erst- geworbenen, sein Gelübde gerne und freudig nach Gebühr.

Vgl. M. Z. II, 1 u. 2. s. 178 n. 7. Steiner II. 3593. Brambach 1026.

72. **Votivaltar** (Genius einer Centurie), i. J. 1872 zu Mainz gefunden. Sandstein. H. 89, B. 50, D. 31 cm. Auf den Nebenseiten r. Opferbeil und langstielige Opferschale, l. Ausgusskanne, Schöpfkelle und unbestimmbares dreieckiges oben ausgezahntes Opferinstrument; auf der Vorderseite:

GENIO > NIGIDI· CENSORN AEL·VERIN ARCHITEC GEMINIV PRIMVSC·A EXVOTOSVSCEPTPOSVER	Genio centuriae Nigidii Censorini AeliusVerinus, architectus, GeminiusPrimus, custos armorum, ex voto suscepto posuerunt.	Dem Genius (Schutzgeiste) der Centurie (Zug von Soldaten) des Nigidius Censorinus liessen Aelius Verinus, Ingenieur, und Geminius Primus, Waffenwart, in Folge eines gethanenen Gelübdes (diesen Altar) errichten.

73. Votivaltar (Genius einer Centurie), i. J. 1858 auf dem Kästriche zu Mainz gefunden. Sandstein. H. 80, B. 37, D. 36 cm.:

IN·H·D·D GENIO Ↄ VOLVSI·VERI HONORATV CLEMENS·MIL·LEG XXII·P·P·F V·S·L·L·M CILONE ET LIBONE COS	In honorem domus divinae. Genio centuriae Volusii Veri Honoratius Clemens, miles legionis vicesimae secundae, primigeniae, piae, fidelis, votum solvit laetus lubens merito Cilone et Libone consulibus.	Zur Ehre des göttlichen Kaiserhauses. Dem Genius (Schutzgeiste) der Centurie (Zug von Soldaten) des Volusius Verus löste Honoratius Clemens, Soldat der zwei und zwanzigsten Legion, der erstgeworbenen, redlichen, getreuen, sein Gelübde gerne und freudig nach Gebühr unter dem Consulate des Cilo und Libo. (204 n. Chr.)

Vgl. M. Z. II, 1 u. 2.s. 178 n. 6. Steiner II. 3592. Brambach 1025.

74. Votivaltar (Genius einer Centurie), i. J. 1804 auf dem Kästriche zu Mainz, unweit des runden Pulverthurmes, gefunden. Gelber Sandstein. H. 59, B. 33, D. 15 cm. Ueber der Inschrift das Reliefbild des Genius in langem Gewande, dessen Zipfel z. L. über Schulter und Vorderarm herabfallen; Brust und Leib sind unbedeckt; an den Füssen eine Art von Halbstiefeln, in der L. das oben als Blumenkelch gestaltete Füllhorn, mit der R. die Opferschale über einem flammendem Altärchen ausgiessend:

.N·H·D·D·GENIO·ↃS. .VII·T·QVIAETIVS·PERP. ..A·V·S·L·L·M·PROBATVS MAXIMO·ET·VRBANO...	In honorem domus divinae. Genio centuriae Servii Titus Quiaetius Perperna (?) votum solvit laetus lubens merito. Probatus Maximo et Urbano (consulibus).

Zur Ehre des göttlichen Kaiserhauses. Dem Genius (Schutzgeiste) der Centurie (Zug von Soldaten) des Servius löste Titus Quiaetius Perperna (?) sein Gelübde gerne und freudig nach Gebühr, als er (als Soldat) bewährt erfunden worden war unter dem Consulate des Maximus und Urbanus. (234 n. Chr.)

Vgl. Lehne G. S. I. s. 330 n. 111 mit Abb. T. IV, 10. Steiner I. 508; II. 368 u. IV. s. 692. M. Z. II, 1 u. 2. s. 182 n. 10. Orelli-Henzen 6823; vgl. 3494. 3512. 3589. 6817. 6824. Brambach 1029.

75. Oben verstümmeltes **Hochreliefbild** eines Genius mit tief herabhängendem Gewande, Füllhorn in der L., mit der R. die Opferschale über einem säulenartigen Altärchen ausgiessend, ohne Inschrift, i. J. 1872 zu Alzey in Rheinhessen gefunden. Weisser Sandstein. H. 61, B. 25, D. 15 cm.

76. Votivaltar (Minerva), am 22. April 1865 in dem ehemaligen Dienheimer Hofe auf der Mitternachtsgasse zu Mainz, 18 Fuss unter dem jetzigen Boden gefunden. Gelblichgrauer Kalkstein. H. 75, B. 40, D. 28 cm. Auf der r. Nebenseite Opfermesser und langstieliges Opfergefäss, auf der l. gehenkelte Ausgusskanne und kurzstielige Schöpfkelle. (Geschenk der Herrn Bauunternehmer Köhl und Wisger):

M I NE R VA E FL · SEXTIN STR · LEG V · S · L · L · M	Minervae Flavius Sextinus, secutor tribuni legionis, votum solvit lubens laetus merito.	Der Minerva löste Flavius Sextinus, Secutor (Adjutant) des Tribunen (Befehlshabers) der Legion, sein Gelübde gerne und freudig nach Gebühr.

Vgl. Mainzer Wochenblatt 1865 Nr. 96. B. J. XXXIX. XL. s. 353, 2. Verhandlungen der Heidelberger Philologenversammlung von 1865 (Leipzig 1866) s. 149. E. Gerhards Archäol. Anz. 1865 Nr. 263 s. 120. N. Annal. VIII. s. 568 n. 3. Brambach Addenda p. XXX n. 2059. M. Z. III, 1. s. 62 n. 208.

77. Bruchstück eines **Votivaltars** (Fortuna), am 22. April 1865 in dem ehemaligen Dienheimer Hofe auf der Mitternachtsgasse zu Mainz, 18 Fuss unter dem jetzigen Boden gefunden. Grobkörniger Sandstein mit grossen Quarzkörnern. H. 39, B. 30, D. 32 cm. (Geschenk der Herrn Bauunternehmer Köhl und Wisger):

F O R T V	Fortunae . . .	Der Fortuna geweiht . . .
N A E	. . . .	. . . .
. P I V C M O	. . . .	. . . .
I V S C A	. . . .	. . . .

Vgl. Mainzer Wochenblatt 1865 Nr. 96. N. Annal. VIII. s. 569. n. 4. Brambach Addenda p. XXX n. 2060. M. Z. III, 1 s. 63 n. 209.

78. Votivaltar (Fortuna), am 27. April 1842 in der Ludwigsstrasse zu Mainz, in der Nähe des Schillerplatzes (Thiermarkt), 16 Fuss unter der jetzigen Oberfläche des Bodens auf einer Unterlage von Steinen festgemauert aufgefunden. Grauer Sandstein. H. 1 m., B. 49 D. 41 cm. (Geschenk des Herrn Gastwirths Gottschalk):

F O R T V N A E A V G · S A C · C · NE M O NI V S · S E NE CIO · C · V · ET · T · TERTI VS · FELIX · Q · ET · C · ATI VS · VERE C V ND V S · A C T · D · S · P ·	Fortunae augustae sacrum. Gaius Nemonius Senecio, curator viarum, et Titus Tertius Felix, quaestor, et Gaius Atius Verecundus, actor, de suo posuerunt.	Der hehren Fortuna geweiht. Gaius Nemonius Senecio, Weginspector, und Titus Tertius Felix, Quästor (städtischer Einnehmer), und Gaius Atius Verecundus, Actor (öffentlicher Sachwalter), liessen (diesen Altar) auf ihre Kosten errichten.

Vgl. Mainzer Unterhaltungsblätter (Beilage zum Mainzer Wochenblatt) 1842 Nr. 130. Malten Bibliothek der neuesten Weltkunde 1842 II. s. 44. B. J. II. s. 97. n. 47. und XXIX. XXX. s. 167. M. Z. I. s. 64. n. 12. Steiner II. 295. Orelli-Henzen 7183. Brambach 1049.

79. Votivaltar (Fortuna), am 1. November 1819 aus der i. J. 1200 erbauten Stadtmauer von Mainz ausgebrochen. Kalkstein. H. 70, B. 95, D. 57 cm. R. ein Füllhorn und ein Ruder gekreuzt. (Attribut der Fortuna), l. ein Adler mit einem Lorbeerkranze im Schnabel; eine Guirlande von Reben mit Laub und Trauben um die Inschrift:

F O R T V N A M S V P E R A M · H O N O R I · A Q V I L A E LEG·XXII·PR·P·F·M M I N V C I V S · M ·FIL Q V I R · L I N D O ·MAR P T I G I	Fortunam superam honori aquilae legionis vicesimae secundae, primigeniae, piae, fidelis, Marcus Minucius, Marci filius, Quirina (tribu), Lindo, Martialis (. . . . . . . posuit).	Das Bild Fortunas, der oberen (?), errichtete zur Ehre des Adlers der zwei und zwanzigsten Legion, der erstgeworbenen, redlichen, getreuen, Marcus Minucius Martialis, des Marcus Sohn, aus der Quirinischen Tribus (Bürgerklasse) von Lindus (Stadt auf der Insel Rhodus) . . . .

Vgl. Mainzer Zeitung 1819 Nr. 132. Lehne G. S. I. s. 296 n. 98. Wiener p. 118 n. 47 mit Abb. T. II. Steiner I. 427; II. 370. Orelli-Henzen 5793. 1768 = 1886. 5792. Grotefend Imp. Rom. p. 125 u. 146. Brambach 1033.

80. Votivaltar (Luna), i. J. 1809 vor dem Raimundithor zu Mainz gefunden. Weisser Sandstein. H. 76, B. 36, D. 21 cm. Auf der r. Nebenseite eine unbestimmbare Verzierung, auf der l. Ausgusskanne und Schöpfkelle:

IN · H · D · D D A E · L V N E MARCELLINIvs P L A C I D I N V S D · C · R · MOG E · MRTINIA MR T I N A M E EX VOTO P·L·L TACITO E AEMI L I A N O · C O S . . . A I . . . I A N	In honorem domus divinae. D(e)ae Lunae Marcellinius Placidinus, decurio, civis Romanus, Mogontiacus, et Martinia Martiname ex voto posuerunt laeti lubentes Tacito et Aemiliano consulibus. . . .	Zur Ehre des göttlichen Kaiserhauses. Der Göttin Luna errichteten Marcellinius Placidinus, Gemeinderath, römischer und mogontiakischer (mainzischer) Bürger, und Martinia Martiname in Folge eines Gelübdes (diesen Altar) gerne und freudig unter dem Consulate des Tacitus und Aemilianus. (276 n. Chr.) . . . . . .

Vgl. Lehne Rhein. Archiv I. s. 139. Ders. G. S. I. s. 242 n. 70. u. III. s. 107. Orelli 4980. Steiner I. 452; II. 371. N. Annal. VII, 1. s. 127 n. 4. Brambach 1130.

81. Kleiner **Votivaltar** (Bellona), i. J. 1841 auf dem Höfchen zu Mainz gefunden. Kalkstein. H. 48, B. 38, D. 23 cm. Auf beiden Nebenseiten kleine Lorbeerbäume. (Geschenk des Herrn Materialisten Lammert):

B E L L O N A E T E R E N T I A M A R T I A V · S · L · M	Bellonae Terentia Martia votum solvit lubens merito.	Der Bellona löste Terentia Martia ihr Gelübde gerne nach Gebühr.

Vgl. Z. f. d. A. 1841 s. 848. B. J. I. s. 83 n. 7. M. Z. I. s. 64 n. 11. Steiner II. 278. Brambach 998.

82. Gedenktafel der Wiederherstellung eines Baues zu Ehren der Göttin Virtus Bellona, im Juli 1809 vor dem Wiesbadener Thore zu Kastel, Mainz gegenüber, gefunden. Sandstein. H. 60, B. 77, D. 12 cm.:

I N · H · D · D · D E A E · V I R T V T I · B E L L O
N E · M O N T E M · V A T I C A N V M
V E T V S T A T E · C O N L A B S V M
R E S T I T V E R V N · H A S T I F E R I · C I

V I T A T I S · M A T T I A C O R · X · K A L
S E P · I M P ///////////////////////////////////////
E T A F R I C A N O · C O S · H I · Q V O R W · N O
M I N A · I · S · T A · S V N T
G · M E Ð Ð I G N A T I V S · S E V E R V S · C R · B I S
L · L E V I N I V S · Q V E T V S · T E R T I N I V S · A B R O S V S
M A C R I N I V S · P R I S . V S
T · VITALINIVS · PEREGRINVS ATRECTIVS · CVPITIANVS
COSTANTIVS · MARCIANVS PERRIVS · IVSTINVS
CRIXSIVS · ADNAMATVS ATTONIVS · ASCLEPIVS
GIAMILLIVS · CRESCENS VRSIVS · MATVRVS
TITIVS · BELATVLLVS STATVTIVS · SECVNDINVS
. . . . . V S · S E V E R V S SERVANDIVS · SENVDVS
. . . . T I . . V S · C O S T A S
. . . . S · V I C T O R

In honorem domus divinae. Deae Virtuti Bellonae montem Vaticanum vetustate conlabsum restituerunt hastiferi civitatis Mattiacorum decimo (die) Kalendas Septembres imperatore (Iulio Maximino) et Africano consulibus: hi quorum nomina infra scripta sunt:

Gaius Meddignatius Severus curator bis.

Lucius Levinius Qu(i)etus. Tertinius Abrosus.
Macrinius Pris(c)us.
Titus Vitalinius Peregrinus. Atrectius Cupitianus.
Co(n)stantius Marcianus. Perrius Iustinus.
Crixsius Adnamatus. Attonius Asclepius.
Giamillius Crescens. Ursius Maturus.
Titius Belatullus. Statutius Secundinus.
. . . us Severus. Servandius Senudus.
. . . ius Co(n)stans.
. . . . . s Victor.

Zur Ehre des göttlichen Kaiserhauses. Der Göttin Virtus Bellona stellten den von Alter zerfallenen Vaticanischen Berg wieder her die Schaftträger des Gemeinwesens der Mattiaker, deren Namen unten geschrieben stehen, am 10. Tage vor den Kalenden des September unter dem Consulate des Kaisers (Julius Maximinus) und des Africanus. (23. August d. J. 236 n. Chr.)

Gaius Meddignatius Severus zweimaliger Curator (Pfleger der frommen Genossenschaft dieser Schaft- oder Baumträger), Lucius Levinius Quietus u. s. w. wie oben steht.

Vgl. Lehne Rhein. Archiv I. s. 142. Ders. N. Annal. I, 2. s. 18—21. Ders. G. S. I. s. 280 n. 90 u. III. s. 111 f. Orelli 4983. Steiner I. 351; II. 239; Maingau s. 132. Zell 337. Ring I. p. 318. Schaab I. s. 143. N. Annal. IV. s. 575 n. 119 u. VII, 1. s. 44 n. 46. Brambach 1336.

83. Votivaltar (Hygia), in Mainz gefunden und vormals im Backhause zur Rose als Eckstein am Thore eingemauert. Sandstein. H. 83, B. 36, D. 30 cm.:

N V M . . .
Y G I A . . .
. A L · A . . .
. . P I . . . .
L · L · I . . .
QVI · E . . .
M V L A . . .

Num(ini H)ygia(e) Valerius Albin(us?) (votum solvit) laetus lubens (merito), qui et . . . mula (?) . .

Der Göttin Hygia (Göttin der Gesundheit) löste Valerius Albinus(?) (sein Gelübde) gerne und freudig nach Gebühr; er heisst auch(?) . . . .

Vgl. Lehne G. S. I. s. 299 n. 99. Steiner I. 309; II. 386. B. J. XXIX. XXX. s. 168 n. 2. Brambach 1058.

84. Bruchstück eines **Votivaltars** (Sulis), i. J. 1872 zu Alzey in Rheinhessen gefunden. Rother Sandstein. H. 63, B. 30, D. 24 cm.:

DEA · SVLI ATTONIS (V über I) LVCANVS	Dea(e) Suli Attonius Lucanus (?).	Der Göttin Sulis (liess) Attonius Lucanus (?) (diesen Altar errichten).

Vgl. Archiv für Frankfurts Geschichte und Kunst. N. F. III. s. 17 f.

85. Votivaltar (Hausgötter), i. J. 1839 auf der Eisgrube zu Mainz gefunden. Sandstein. H. 92, B. 50, D. 34 cm. Auf beiden Nebenseiten gewächsartiges Ornament mit drei Blättern. (Geschenk der Militärbehörde):

IN · H · D · D · LARIBVS · STRA COS · LEG XXII P · P · F · VETERN M · H · M · MENENIVS ADV.OR · C · AP PVL S...RNNVS BL ..O......VS A.............D	In honorem domus divinae. Laribus stratores consularis legionis vicesimae secundae, primigeniae, piae, fidelis, veterani missi honesta missione, Menenius Adiutor, Gaius Appuleius Saturninus ... aram de suo dedicaverunt. (?)	Zur Ehre des göttlichen Kaiserhauses. Den Hausgöttern (weihten diesen Altar auf ihre Kosten) die consularischen Stratoren (Stallmeister?) der zwei u. zwanzigsten Legion, der erstgeworbenen, redlichen, getreuen, mit ehrenvollem Abschiede entlassene Veteranen, Menenius Adiutor, Gaius Appuleius Saturninus . . . .

Vgl. B. J. VIII. s. 164 n. 127; XI. s. 79 f.; XV. s. 94 n. 89. M. Z. I. s. 205 n. 64. Steiner II. 388. Brambach 976.

86. Votivaltar (Nymphen), am 11. Mai 1813 bei den Festungsarbeiten zu Kastel, Mainz gegenüber, gefunden. Sandstein. H. 61, B. 31, D. 21 cm. Auf den Nebenseiten l. ein dreieckiges oben ausgezahntes Opferinstrument, r. ein unbestimmbarer Gegenstand, auf der Vorderseite:

IN · H · D · D · DEABVSNM PHISSIGNÆT ARAM · G · CA RANTINIV. MATERN. S · PRÆFECT VS · AQVE V · S · I	In honorem domus divinae. Deabus Nimphis signa et aram Gaius Carantinius Maternus, praefectus aqu(a)e, votum solvens laetus (lubens merito posuit).	Zur Ehre des göttlichen Kaiserhauses. Den göttlichen Nymphen (liess) Gaius Carantinius Maternus, Vorsteher der Wasserleitung, Bilder und Altar errichten, sein Gelübde (gerne und freudig nach Gebühr) lösend.

Vgl. Lehne G. S. I. s. 306 n. 102. Steiner I. 338; II. 256. de Wal Moedergod. CXCIII. Ring I. p. 327. Orelli-Henzen 7148, vgl. 7149. N. Annal. VII, 1. s. 38 n. 39. Brambach 1329.

87. Bruchstück eines **Votivaltars** (Nymphen), i. J. 1856 zu Kastel, Mainz gegenüber, bei dem Baue eines Felsenkellers an der s. g. Witz mit vielen grossen durch Eisenklammern unter einander verbundenen Quadern nebst vielen tiefen Wasserkändeln (wahrscheinlich Reste einer in Nr. 86 erwähnten Wasserleitung, vielleicht nach dem etwa $1/4$ Stunde entfernt liegenden Ochsenbrunnen) gefunden. Sandstein. H. 35, B. 35, D. 14 cm. Auf der einen Seite Anfang einer viereckigen Nische, in welcher Theile einer Figur zu sehen sind; zur Seite der Nische die Inschrift:

IN · H · D · D D E A B V S N Y M F I S N T I O C V S A P O L L I N A R I S	In honorem domus divinae. Nymphis Antioc(h)us Apollinaris.	Zur Ehre des göttlichen Kaiserhauses. Den göttlichen Nymphen (liess) Antiochus Apollinaris (Altar und Bilder errichten.)

Vgl. Mainzer Wochenblatt 1856 Nr. 85. Bericht über die Wirksamkeit des Mainzer Vereins in dessen Generalversammlung am 11. Juni 1856 s. 13. Z. f. d. A. 1857 Nr. 6 s. 42. M. Z. II, 1 u. 2. s. 18 f. n. 17. N. Annal. VII, 1. s. 37 n. 38. Steiner II. 3624. Brambach 1328.

88. Votivaltar (Kreuzweggottheiten), i. J. 1802 von dem Pfarrer Bichmann zu Mainbischofsheim auf einem nach der Hochheimer Mainüberfahrt führenden Scheideweg in der Erde gefunden, von dem Finder dem Pfarrer Dahl im St. Johannisstifte zu Mainz überlassen und später ins Museum gelangt. Sandstein. H. 50, B. 26, D. 16 cm. Auf beiden Nebenseiten kleine Bäume, am oberen Rande Laubwerkornamente:

B I V I S T R I V I S Q V A D R V I S · A E L · D E M E R I VS · Ͻ · LEG X X II · P R V · S · L · L · M	Bivi(i)s, Trivi(i)s, Quadrivi(i)s Aelius Demetrius, centurio legionis vicesimae secundae, primigeniae, votum solvit laetus lubens merito.	Den Schutzgöttern von zwei, drei, vier Kreuzwegen löste Aelius Demetrius, Centurio (Zugführer) der zwei und zwanzigsten Legion, der erstgeworbenen, sein Gelübde gerne und freudig nach Gebühr.

Vgl. Wiener p. 131 n. 82. Lehne G. S. I. s. 313 n. 105 mit Abb. T. IV. n. 11. Steiner I. 260; II. 194. de Wal Moedergod. XCVII. M. Z. I. s. 484 n. 2. Ring I. p. 317. S. Chr. Wagener Handbuch der Alterthümer aus heidnischer Zeit (Weimar 1842, 8) s. 131. Klein Inscriptiones latinae provinciarum Hassiae transrhenanarum. (Mogontiaci 1858, 4) p. 2. n. 6. Brambach 1383.

89. Votivplatte (Kreuzweggottheiten), i. J. 1847 aus der Festungsmauer innerhalb der Wälle zwischen dem Neuthore und der Citadelle zu Mainz ausgebrochen. Kalkstein. H. 26, B. 50, D. 11 cm.:

BIBIS · TRIBIS · QVADRVI I IVL · BELLICVS · VET RA · LEG · XXII · P · P · F · V · S · L · L · M ·	Bibis (Biviis), Tribis (Triviis), Quadruvis (Quadruviis), Iulius Bellicus, veteranus legionis vicesimae secundae, primigeniae, piae, fidelis, votum solvit laetus lubens merito.	Den Schutzgöttern von zwei, drei, vier Kreuzwegen löste Julius Bellicus, Veteran der zwei und zwanzigsten Legion, der erstgeworbenen, redlichen, getreuen, sein Gelübde gerne und freudig nach Gebühr.

Vgl. M. Z. I. s. 481 f. n. 88. Steiner II. 1678. Brambach 1107.

90. Untersatz eines **Götterstandbildes**, i. J. 1793 zu Kastel, Mainz gegenüber, gefunden. Sandstein. H. 1 m. 12 cm., B. 43, D. 40 cm. Auf viereckiger Basis erhebt sich ein kleines Achteck, dessen sieben Seitenflächen die Reliefbüsten der Gottheiten der sieben Wochentage schmücken, nämlich Saturnus mit der Sichel, Sol mit der Strahlenkrone, Luna mit dem Monde, Mars mit Schild und Speer, Mercurius mit Flügelkappe und Schlangenstab, Juppiter mit Herrscherstab und Donnerkeil, Venus mit Spiegel. Die viereckige Basis zeigt Mercurius, Juno mit Herrscherstab und Opferschale vor dem flammenden Altare, Minerva und Hercules; über dem Bilde der Juno die Inschrift:

I N H D · D	In honorem do- mus divinae.	Zur Ehre des gött- lichen Kaiserhauses.

Vgl. Lehne G. S. I. s. 341 n. 116 mit Abb. T. I. n. 2. Steiner I. 340; II. 255. N. Annal. VII, 1. s. 34 f. n. 33. Brambach 1323.

91. Untertheil eines **Votivaltars** aus Mainz, mit den Beinen eines stehenden Genius oder Mercurius, zu dessen R. vielleicht die Reste eines liegenden Bockes. Sandstein:

NHDI	In honorem domus divinae.	Zur Ehre des göttlichen Kaiserhauses.

Vgl. Brambach 1326.

92. Bruchstück eines **Votivaltars**, i. J. 1858 zu Mainz gefunden. Weisser Sandstein:

IN · H · I T O R I A T E	In honorem (do- mus divinae).	Zur Ehre des gött- lichen Kaiserhauses. . . . .

Vgl. M. Z. II, 1 u. 2. s. 196 n. 25. Steiner II. 3606. Brambach 1282.

93. Oben verstümmelter **Votivaltar** (unbekannte Gottheit), am 12. Juli 1866 im ehemaligen Kapuzinerkloster zu Mainz, 14 Fuss unter dem jetzigen Boden gefunden. Kalkstein. H. 65, B. 44, D. 31 cm. Auf der r. Nebenseite Opfermesser und Wedel (?), auf der l. eine Rosette. Vorn unter einer noch erkennbaren Leisteneinfassung die am Schlusse der drei ersten und der letzten Zeile verstümmelte Inschrift. (Geschenk des Herrn Fabrikanten Wagner):

M · VAL · PVD. . . . L · ANO · PLACDV. M · BIRACVS · INDTVS C · SILVIVS SENECO PLATIODANNI VIC · NOVI · SVB CVRA · SVA · D · S	Marcus Valerius Pu- d(ens), Lucius Anto- nius Placidu(s), Mar- cus Biracius Indutius, Gaius Silvius Senc- cio, platiodanni Vici Novi, sub cura sua de suo (posuerunt).	Marcus Valerius Pudens, Lucius Antonius Placidus, Marcus Biracius Indutius, Gaius Silvius Senecio, Strassenaufseher (?) von Neudorf (Weisenau?) haben diesen Altar unter ihrer Obsorge auf ihre Kosten errichten lassen.

Vgl. Mainzer Unterhaltungsblätter (Beilage zum Mainzer Wochenblatt) 1866 Nr. 137 v. 28. Juli s. 683. Heidelberger Jahrbücher 1867 Nr. 11. s. 166. B. J. XLIV. s. 68. M. Z. III, 1. s. 65. n. 212.

94. Kleiner **Votivaltar** (unbekannte Gottheit), i. J. 1848 bei Mainz auf der Strasse nach Weisenau gefunden. Kalkstein. H. 16, B. 10, D. 10 cm. Als Spuren einer früheren, bei der Wiederherstellung, wie es scheint, ausgetilgten Inschrift findet sich über Z. 1: CENTVM; Z. 1 zwischen dem ersten TI ein S und zwischen

SS ein I; Z. 2 zwischen TV, RI und OC senkrechte Striche; Z. 3 zwischen ST ein S; Z. 4 hat R oben einen Querstrich wie T; Z. 5 zwischen RE ein senkrechter Strich; Z. 6 zwischen VI ein S und hinter T am Schlusse ein M, wie es scheint; endlich unter TVIT in der Mitte des Steines FECIT. Die bei der Wiederherstellung eingemeisselte Inschrift ist:

TITIVSSA TVRIOCV STOS · ARM ORVM DE SVO RESTI TVIT	Titius Saturio, custos armorum, de suo restituit.	Titius Saturio, Waffenwart, stellte (diesen Altar) auf seine Kosten wieder her.

Vgl. M. Z. I. s. 496 n. 91. Steiner II. 1680. Klein H. L. s. 36. Brambach 942.

95. Untertheil eines achteckigen **Votivaltars** (unbekannte Gottheit) aus Mainz, ehemals Eckstein an einem Hause auf der Gaugasse. Kalkstein (weisser Marmor). H. 53 (32), B. 28, D. 28 cm.:

. . . . IıR · I IAVVAR · ORVI VALERI$^{s}_{v}$ FAVST . S LAMBRE MODESTVS ᴧ ΓSTOR VALERVs ALBANVS \ CTOR POSVERVN · D · S	. . . . ValeriusFaust(u)s, Lambreus Modestus, quaestor, Valerius Albanus, actor, posuerunt de suo.	. . . . Valerius Faustus, Lambreus Modestus, Quästor (städtischer Einnehmer), Valerius Albanus, Actor (öffentlicher Sachwalter), setzten (diesen Altar) auf ihre Kosten.

Vgl. Lehne G. S. I. s. 351 n. 119. B. J. II. s. 98 zu n. 47 u. XXIX. XXX. s. 166 n. 1. Steiner II. 294. Brambach 984.

96. Votivaltar (unbekannte Gottheit), im Juli 1841 auf dem Höfchen zu Mainz gefunden. Kalkstein (grauer Marmor). H. 71, B. 36, D. 30 cm. (Geschenk des Herrn Materialisten Lammert durch Herrn Baumeister J. Wetter):

A M TIB · ADN · SEQVENS · PRO · SALVE · SVA · ET · SEN . ΙCIAΓCO	(Aram?) Tiberius Adnamatius Sequens pro salute sua et Senicetae coniugis (?)	(Diesen Altar) haben Tiberius Adnamatius Sequens für das Wohl seiner selbst und seiner Gattin Senicetae . . . .
EI T. . . . . RNIN AVRLI . . PRO · SALVTE SVA · ET IVNIAE · LVCILLAE CONIVG · ET · TITIAVR APOLLINARIS · FILI HARVSPICIB · COL · D · D	et Titus Saturninus Aurelius pro salute sua et Iuniae Lucillae coniugis et Titi Aurelii Apollinaris filii haruspicibus coloniae donum dederunt.	und Titus Aurelius Saturninus für das Wohl seiner selbst und seiner Gattin Junia Lucilla und seines Sohnes Titus Aurelius Apollinaris den Opferschauern der Colonie zum Geschenke gewidmet.

Vgl. Z. f. d. A. 1841 s. 848. B. J. II. s. 84 n. 8. Malten Bibliothek der neuesten Weltkunde 1842 II. s. 44 n. 2. M. Z. I. s. 66 n. 14. Steiner II. 293. Orelli-Henzen 6024. Brambach 1002.

97. Untertheil eines **Votivaltars** (unbekannte Gottheit), im Juni 1842 im ehemaligen Dominikanerkloster zu Mainz gefunden. Sandstein. H. 91, B. 67, D. 45 cm. (Geschenk des Herrn Baumeisters J. Wetter):

. . . . C M R . . . . THRAC · MOES · SVP · RAE GERM · SVP · ET · BRITT ET · MODESTIANA EIVS ET · CAERELLII MAR CIANVS ET GERMA NILLA · FILII	(. . . . . Caerellius, legatus Augusti pro praetore provinciarum) Thraciae, Moesiae superioris, Raetiae, Germaniae superioris et Brittanniae et Modestiana eius (sc. coniux) et Caerellii Marcianus et Germanilla filii.	(. . . . . . Caerellius Legat des Augustus mit Oberfeldherrnrang in den Provinzen) Thracien, Obermösien, Rätien, Obergermanien und Britannien und seine (Gattin) Modestiana und seine Kinder Caerellius Marcianus und Caerellia Germanilla.

Vgl. B. J. II. s. 102 n. 66 u. III. s. 87. M. Z. I. s. 67 n. 16. Steiner II. 291. Brambach 1003.

98. Untertheil eines **Votivaltars** (unbekannte Gottheit), am 28. April 1842 am Dome vor dem ehemaligen Bischofshofe zu Mainz gefunden. Grauer Sandstein. H. 75, B. 51, D. 28 cm. (Geschenk des Domcapitels):

MAMMILIANVS VICTORINVSE V · S · V · S · L · L · M	. . . . . . Mammilianus Victorinus ex voto suscepto votum solvit laetus lubens merito.	. . . . Mammilianus Victorinus löste in Folge eines gethanenen Gelübdes sein Gelübde gerne und freudig nach Gebühr.

Vgl. B. J. II. s. 98 n. 48. Malten Bibliothek der neuesten Weltkunde 1842 II. s. 36 n. 2. M. Z. I. s. 67 n. 15. Steiner II. 292. Brambach 1004.

99. Untertheil eines **Votivaltars** (unbekannte Gottheit), i. J. 1844 zu Finthen bei Mainz gefunden. Kalkstein. H. 40, B. 30, D. 20 cm. (Geschenk des Herrn Pfarrers Autsch zu Finthen im Februar 1847):

ELG · ALAE C A NNE N A F A T I V M V · S · L · L · M	. . . . . decurio alae Cannenafatium, votum solvit laetus lubens merito.	. . . . . Decurio (Befehlshaber von zehn Reitern) der Ala (Geschwader) der Cannenafaten (im jetzigen Holland), löste sein Gelübde gerne und freudig nach Gebühr.

Vgl. M. Z. I. s. 352 n. 84. B. J. XV. s. 101 ff. VII. Brambach 968.

100. Votivaltar (unbekannte Gottheit), zu Worms gefunden. Sandstein. H. 53, B. 30, D. 20 cm. (Ehemalige Bandel'sche Sammlung):

. . . . V S · Q V R · T V S V · S · L · L	. . . . us Quartus (?) votum solvit laetus lubens	. . . . us Quartus (?) löste sein Gelübde gerne und freudig.

Vgl. M. Z. II, 3. s. 340 n. 185. Steiner II. 3677. Brambach 885.

101. Zwei zusammengehörige Bruchstücke eines **Votivaltars** (unbekannte Gottheit), zu Mainz gefunden. Kalkstein. H. 21, B. 29, D. 16 cm.:

)MQ ETI\	. . . .	. . . .
MAN E VS·D	. . . . votum,	. . . .
VOTVM Q V C . . .	quod vovebat, sol-	das Gelübde, wel-
OVEBAT S O L \	vit	ches er gethan, löste
·I· I		er . . . .

Vgl. N. Annal. VIII. s. 569 n. 5. M. Z. III, 1. s. 72 n. 9. Brambach 1370.

102. Unbestimmbares Bruchstück eines **Votivaltars** (unbekannte Gottheit), als Stufenstein vor der Hausthüre des Valentin Flick zu Rheinzabern (Rheinbaiern) gefunden, die Inschrift unten durch Betreten ganz abgeschliffen und verwischt. Kalkstein. H. 43, B. 27, D. 14 cm.:

L C I A V	. . . .	. . . .
C O M ME M	. . . .	. . . .
ΓNVS·T·M/	. . Titus Maternus	. . . (löste) Titus Ma-
E R N \	. . . . votum (solvit	ternus sein Gelübde
V	lubens merito.)	(gerne nach Gebühr.)

Vgl. M. Z. II, 1 u. 2. s. 161 u. s. 211 n. 44. Steiner II. 3610. Brambach 1815.

103. Bruchstück eines **Votivaltars** (unbekannte Gottheit), i. J. 1844 in einem Brunnen zu Finthen bei Mainz gefunden. Sandstein. H. 50, B. 20, D. 29 cm.:

G O I	. . . . (ne)got(iatori)	. . ., . Grosshändler
A R T I	arti(s . . . . .) tari(ae)	der . . . . . . kunst
T A R I I	(votum solvit) lae-	(löste sein Gelübde)
L	tus (lubens merito.)	gerne (und freudig nach Gebühr).

Vgl. M. Z. I. s. 222 n. 77. B. J. XV. s. 93 f. Steiner II. 566. u. Bd. II. s. 372. Brambach 971.

104. Bruchstück eines **Votivaltars** (unbekannte Gottheit), am 18. Juni 1866 zu Oberolm unweit Mainz als Aussetzstein eines fränkischen Grabes gefunden. Sandstein. H. 55, B. 10, D. 54 cm.:

. . . . R I S
. . . . N B
. . . . C A
. . . . V N
. . . . M

Vgl. M. Z. III, 1. s. 68 n. 216. B. J. XLIV. XLV. s. 67 f.

105. Zwei Bruchstücke muthmasslich eines grossen **Votivaltars** (unbekannte Gottheit), im Sommer d. J. 1852 zu Klein-Winternheim unweit Mainz gefunden und zwar wurde das Bruchstück unter b. nach einer handschriftlichen Notiz des Herrn Oberst A. von

Cohausen südlich von Klein-Winternheim im Flur „im Füllkeller“ aus einer langen Mauer ausgebrochen. Sandstein.

a. H. 64, B. 73, D. 16 cm.:

/C E I I O	Lucetio (?) . . . . ulla	Dem Lucetius (?) . . . .
/L L A · F O N	fon . . . . (ob conser-	. . . .
O N E M · S V A	vati)onem sua(m)	wegen seiner Erhaltung (?)
A R E S A C Γ	(coron)are sacr(ificare?)	. . . . bekränzen, opfern (?)

b. H. 1 m. 10 cm., B. 69, D. 30 cm.:

L · IVLIVS · E	Lucius Iulius	Lucius Julius liess den
TEM · ET · IT	templum (?) et itum (?)	Tempel und den Zugang
M · AD · TEM	ad templum publice	zum Tempel auf öffentliche
PVBLICE · F	fecit (?).	Kosten machen (?).

Vgl. B. J. XXIX. XXX. s. 169, 3. M. Z. II, 3. s. 322 n. 161. Steiner II. 3649. Brambach 925.

106. Oben verstümmelter **Votivaltar** (unbekannte Gottheit), i. J. 1852 im Stadthause zu Mainz gefunden. Sandstein. H. 28, B. 22, D. 41 cm.:

. . . .	. . . . . . Titus Florius	. . . . Titus Florius Saturninus, Veteran und gewesener Fahnenträger der zwei und zwanzigsten Legion, der erstgeworbenen, redlichen, getreuen, der Alexandrinischen, ehrenvoll aus dem Dienste verabschiedet, in den Gemeinderath gewählt, römischer und mogontiakischer (mainzischer) Bürger, errichtete (diesen Altar) in Folge eines Gelübdes.
T · FLORIVS · SA	Saturninus, vetera-	
TVRNINVS · VET	nus ex signifero legio-	
EX · SIG · LEG · XXII	nis vicesimae secundae, primigeniae, piae,	
PR · P · F · ALEXANDR	fidelis, Alexandria-	
ANAE · M · H · M · AD	nae, missus honesta	
LECTVS · IN · ORD	missione, adlectus in	
. EM · C · R · II · MOG	ordinem, civis Romanus et Mogontiacus,	
EX VOTO P(	ex voto posuit.	

Vgl. Klein Ueber die Legionen, welche in Obergermanien standen. (Mainz 1843, 4) s. 16. Mainzer Wochenblatt 1854 Nr. 107 u. Nr. 111 s. 972. Periodische Blätter 1854 Nr. 2 s. 65. Steiner II. 2376 u. Bd. III. s. 400. M. Z. II, 1. u. 2 s. 190 n. 18. Mommsen in E. Gerhards Archäol. Anz. 1860 Nr. 137. 138 s. 76 * A. 2. N. Annal. VII, 1. s. 126 n. 3. Brambach 1067.

107. Votivaltar (unbekannte Gottheit), zu Worms gefunden. Sandstein. H. 46, B. 29, D. 19 cm. (Ehemalige Bandel'sche Sammlung):

. . . . V E O	. . . .	. . . .
. . . . T V S	. . . .	. . . .
. . . . S E X	. . . .	errichtete (diesen Altar) in Folge eines Gelübdes.
V o T O P O S V I T	ex voto posuit.	

Vgl. M. Z. II, 3. s. 340 n. 186. Steiner II. 3675. Brambach 886.

108. Bruchstück eines **Votivaltars** (Viergötteraltar: Juno (?), Fortuna, Mars, unbekannte Gottheit), zu Mainz gefunden. Kalkstein. H. 26, B. 35, D. 31 cm. Auf der einen Nebenseite sind die Füsse einer weiblichen Figur nebst einem Rade übrig als Reste eines Reliefbildes der Fortuna; auf der zweiten zwei Beine mit Soldatenstiefelchen bekleidet, als Reste eines Reliefbildes des Mars; die dritte mit dem Bilde einer unbestimmbaren Gottheit ist völlig abgeschlagen; die vierte zeigt die Füsse einer weiblichen

Figur mit langherabgehendem Gewande, wahrscheinlich Juno, sowie die Reste einer Inschrift:

....)NIVS ADORATV.	....(Ant)onius Adoratu(s et)....amma coniunx in suo posuerunt.	(Ant)onius Adoratus und seine Gattin ... amma liesen (diesen Altar) auf ihrem Eigenthume errichten.
.... \MMA · CONIVNX		
.... IN SVO · P ·		

Vgl. Steiner II. 1619. Brambach 1369.

109. Bruchstück eines **Votivaltars** (unbekannte Gottheit), i. J. 1854 auf der Terrasse des Kästrichs zu Mainz gefunden; die Oberfläche ist durch Feuersgewalt schwarz und roth gefärbt und abgeblättert. Sandstein. H. 41, B. 35, D. 25 cm.:

LEG XXII OSE	.....legio vicesima secunda...danae ex voto (posuit) Gaius Antonius (?).... tianus.....(dedicat)ione die sexto Kalendas ....(Vale)riano tertium et G(allieno iterum consulibus).	.....zwei und zwanzigste Legion ....(errichtete) in Folge eines Gelübdes Gaius Antonius (?).....tianus durch Weihung am sechsten Tage vor den Kalenden des...unter dem dritten Consulate des Valerianus und (dem zweiten) des Gallienus. (225 n. Chr.)
DANAE IXV		
TOI..........		
CAN.........		
TIAN........		
IONE · VI · KAL		
RIANo III ƎT C		

Vgl. Abbildungen von Mainzer Alterthümern VI. s. 18. M. Z. II, 1. u. 2. s. 193. n. 20. Steiner II. 3603. Brambach 1039.

110. Bruchstück eines **Votivaltars** (unbekannte Gottheit), i. J. 1858 auf dem Kästriche zu Mainz gefunden. Rother Sandstein. H. 35, B. 14, D. 18 cm.:

AT	..... At(tico et) Pre(texta)to (consulibus die) tertio Kalendas	Unter dem Consulate des Atticus und Pretextatus (242 n. Chr.) am dritten Tage vor den Kalenden des .....
PRE		
TO		
III · K		

Vgl. M. Z. II, 1 u. 2. s. 195 n. 24. Steiner II. 3604. Brambach 1040.

111. Bruchstück eines **Votivaltars** (unbekannte Gottheit), i. J. 1855 beim Baue eines Felsenkellers an der s. g. Witz zu Kastel, Mainz gegenüber, gefunden. Kalkstein. H. 59, B. 88, D. 25 cm.:

—ALKANO	.......Laterano et Rufino consulibus.	Unter dem Consulate des Lateranus und Rufinus. (197 n. Chr.)
RVFINO · COS		

Vgl. Mainzer Wochenblatt 1855 Nr. 85. Bericht über die Generalversammlung des Mainzer Alterthumsvereins vom 11. Juni 1856 s. 13. Z. f. d. A. 1857 Nr. 6 s. 42. M. Z. II, 1 u. 2. s. 195 n. 23. Steiner II. 3638. N. Annal. VII, 1. s. 43 n. 45. Brambach 1335.

112. Bruchstück eines **Votivaltars** (unbekannte Gottheit), i. J. 1844 in einem Brunnen zu Finthen bei Mainz gefunden. Weisser Sandstein. H. 60, B. 85, D. 20 cm.:

I\H. RNo CoS	....no consulibus.	....unter dem Consulate des....

Vgl. M. Z. I. s. 222 n. 78. Steiner II. 567. Brambach 969.

113. Bruchstück eines **Votivaltars** (unbekannte Gottheit), i. J. 1854 an einem Pfeiler der ehemaligen Rheinbrücke Karls des Grossen bei Mainz gefunden. Weisser Sandstein. H. 46, B. 22, D. 38 cm. H. des Sockels 15 cm.:

. . . . . . X V	. . . .	. . . .
. . . . . . X C V	. . . .	. . . .
R S V L A	Ursula	Ursula . . . .
H I I M	. . . .	unter dem Consulate des
R V N	. . . . (Torqua)to et	(Torquatus und Julia-
I O E T I	I(uliano consulibus?)	nus (? 148 n. Chr.)

Vgl. Abbildungen von Mainzer Alterthümern VI. s. 9. M. Z. II, 1 u. 2. s. 194 n. 22. N. Annal. VII, 1. s. 54. n. 48. Steiner II. 3605. Brambach 1306.

114. Zwei Bruchstücke eines **Votivaltars** (unbekannte Gottheit), i. J. 1854 auf dem Kästriche zu Mainz gefunden. Sandstein. H. 50, B. 76, D. 24 cm.:

P R I M I · C . . .
C O H · P R I . . .
A M M A N · V R . . .
Q · VAL · CATVL
. . . . L V I S · P R . . . . L O R E N
. . . . M A . . R N — V O L V S · V E R
VAL · ALEXAND — I V L · H I S P A N
VAL · ALEXAND
D E D I C A T A E · C I

Primi o(rdines ?) . . . .
cohors pri(ma) . . . .
Ammianus Ur(sulus) . . . .
Quintus Valerius Catul(us) . . . .
(Ca)lvisius Pr(imus). . . . . . (F)lorentinus
. . . . . Maternus. Volusius Verus.
Valerius Alexander. Iulius Hispanus.
Valerius Alexander.
Dedicatae (sunt arae) Ci(lone et Libone consulibus).

Die ersten Rangklassen (? der Centurionen)
die erste Cohorte . . . .
Ammianus Ursulus. . . . .
Quintus Valerius Catulus. . . . .
Calvisius Primus. . . Florentinus . .
. . . . . Maternus. Volusius Verus.
Valerius Alexander. Julius Hispanus.
Valerius Alexander.
Geweiht (wurden die Altäre) unter dem Consulate des Cilo und Libo. (204 n. Chr.)

Vgl. M. Z. II, 1 u. 2. s. 192 f. n. 19. Steiner II. 3599. Brambach 1038.

115. **Votivaltar** (unbekannte Gottheit), i. J. 1858 auf dem Kästriche zu Mainz gefunden. Die Aufschriften sind auf drei Seiten fast ganz zerstört und nur in einzelnen theilweise unsicheren Buchstaben übrig. Sandstein. H. 95, B. 60, D. 40 cm.:

1. Vorderseite: 2. Nebenseiten:

CONS · APO . . OOSEN · IIAI . links: rechts:
ꟼNAIAICNNVSES · EX . . . . S . . . VRSVS
. V . . . . LVSTRATINII · VSII . . . . I . . . . A P
I . . . VPLI QVORVM No . . . I . . . . N
. . . . II SVNT . . . . . . S . . . .
. . . . IIV I I . . . .
IIV . . . . ON . . . . I I . . . . AV V
AOV II VM IIIOIAI . . . . . ERVINC . . . .
S · INI · ICTOR · OC · IVS . . . . IATERNV . . . .
VI . . . . I . . . . IM . . . . IMS . . . . . RDOIIV . . . .
. . . . , . . . O..PPCTEIV..O. . . . .
. . . . S . . III . . . S . . V . . . .
SVCIVS . . VO . . . . N . . . .
IISTVT . . . I CVS . . . I . . . .
COSIV . . . CVV . . . IVIA . . . .
PA . . . II . . . . . I O I . . . .
SEV . . . . V . . . . V . . . . . . OS
R . . . . ECI N N I I R
VC . . . . AVGVST . . . . OM A NIVVENALIS
DED · IIII . . . . LM B R . . . . < V I I I VIS

Vgl. M. Z. II, 1 u. 2. s. 171 ff. n. 2. Steiner II. 3586. Brambach 1021.

116. Votivaltar (unbekannte Gottheit), zu Mainz gefunden. Sandstein. H. 1 m. 4 cm., B. 44, D. 28 cm.; von 9—10 Zeilen Inschrift nur noch wenig erkennbar:

I . . . .
. . . . Λ I M . . . .
I . . . .
Λ . . . , ...
I V S N \ I Λ . . . . ƆI V
V S E . . . . I . . . . . .
D E . . . I . . . . \ Λ . . . . .
A . . . . \ . . S . . . . . .
M O T A I I . . \ . . . .
C O .

Vgl. Brambach 1363.

117. Votivaltar (unbekannte Gottheit), i. J. 1832 am Dome im Garten des ehemaligen Bischofshofes zu Mainz gefunden. Gelbweisser Sandstein. H. 90, B. 52, D. 22 cm.; von der ganzen Inschrift ist nur die letzte Zeile erhalten:

C O S consulibus. unter dem Consulate.

Vgl. Quartalblätter des Vereins für Literatur u. Kunst zu Mainz 1832 III, 3. s. 32. IV. M. Z. I. s. 71 n. 27. Brambach 1016.

118. Bruchstück eines **Votivaltars** (unbekannte Gottheit), i. J. 1847 am ersten jenseits der Mühlen im Rheine bei Mainz stehenden Pfeiler der ehemaligen Brücke Karls des Grossen gefunden. Kalkstein. H. 52, L. 75, D. 57 cm.:

. . . . IH · M · C	. . . .	. . . .
. . . . . . VG=ETSE	et se merito lubens	und sich nach Gebühr
. ⅃ERITO · LIBEI	. . . . pro piis com-	und gerne für seine Ver-
ЬvS · PRoPIS · COM ͻ	paribus (?)	wandten (?) . . . .

Vgl. M. Z. I. s. 494 f. n. 90. Steiner II. 1684. N. Annal. VII, 1. s. 53. n. 47. Brambach 1307.

119. Votivaltar (unbekannte Gottheit), oben theilweise abgeschlagen, zu Mainz gefunden. Sandstein. H. 83, B. 50, D. 40 cm. Auf den Nebenseiten: r. kurzstielige Schöpfkelle, Opferausgusskanne und Hackmesser (?); l. Opferbeil und langstielige Schöpfkelle nebst kleinerem Opfermesser oder Schöpfkelle und unbestimmbares dreieckiges oben ausgezahntes Opferinstrument; die Inschrift ist grösstentheils zerstört:

. . . .
. . . .
. . . .
I . . . .
C . . . . VS
T R ı Ь V S

120. Votivaltar (unbekannte Gottheit), i. J. 1846 im s. g. Kattenloche zu Worms gefunden. Sandstein. H. 39, B. 30, D. 15 cm.; die Inschrift ist gänzlich zerstört. (Ehemalige Bandel'sche Sammlung).

Vgl. M. Z. II, 3. s. 341 Anm.

121. Votivaltar (unbekannte Gottheit), zu Mainz gefunden. Weisser Kalkstein. H. 78, B. 65, D. 30 cm.; die Inschrift ist gänzlich zerstört.

122. Votivaltar (unbekannte Gottheit), zu Mainz gefunden. Sandstein. H. 96, B. 74, D. 35 cm.; von der Inschrift sind nur einige Buchstaben an der Seite übrig.

123. Obertheil eines **Votivaltars** (unbekannte Gottheit), zu Mainz gefunden. Sandstein. H. 36, B. 25, D. 38 cm.; ohne Inschrift.

124. Votivaltar (unbekannte Gottheit), zu einem Sarge ausgehöhlt, zu Mainz gefunden. Rother Sandstein. H. 1 m. 4 cm., B. 49, D. 39 cm.; ohne Inschrift.

125. Votivaltar (unbekannte Gottheit), ausgehöhlt, zu Mainz gefunden. Rother Sandstein. H. 42, B. 37, D. 38 cm.; ohne Inschrift.

126. Sieben aneinander passende Bruchstücke einer **Votivnamentafel,** i. J. 1856 bei dem Baue eines Felsenkellers an der s. g. Witz zu Kastel, Mainz gegenüber, gefunden. Marmor:

vƎ·	C·C·M·T/		
TVS	FIRMIVS	VS	RV
ATVS	MARTIVS	MARC..LVS	QV
LV S	MAERNIVS	VICTOR..VS	SA
TONIS	VITALINIVS	STABILIS	
NVS	SEXTI. S	GENIALIS	
OTINVS	MAR.. NVS	SENOCONDV	
MV S	RE..../S	MAERNVS	
LIANVS	Q....../S	VICTOPI·	
TVRI O		PROV	
RSV S	S	COMC	
EGALI	S	MMMI	
PRI	S	PLACI	
/RSI	I S	CAT	
›RIVA	RIVS	VIT	
FRV	TIVS	PRIM	
SSF	NTIVS	SAT	
S\	/IVS	PATER	
	IVS	NONI	

.... (pro sal)ute civium civitatum Mattiacorum, Taunensium .....

.... tus	Firmius	...... us	Ru .....
.... atus	Martius	Marcellus	Qu .....
.... lus	Maternius	Victorinus	Sa .....
.... tonis	Vitalinius	Stabilis	
.... nus	Sextius	Genialis	
.... (Ser)otinus	Mar(ti)nius	Senocondus	
.... mus	Re(gini)us	Maternus	
.... (Ju)lianus	Q(uincti)us	Vict(or)in(us)	
.... (Sa)turio	......	Prov(idens)	
..........(U)rsus	......	Comc....	
.... (R)egali(s)	......	Mammi(lianus)	
.... Pri(vatus)	..... s	Placi(dus)	
.... Ursi(nus)	.... i s	Cat(ulus)	
.... Priva(tus)	... rius	Vit(alis)	
.... Fru	... tius	Prim(us)	
.... s Se	... ntius	Sat(urninus)	
.... s V	.... ius	Pater(nus)	
	.... ius	Noni(anus)	

.... für das Wohl der Bürger der Gemeinwesen der Mattiaker und Taunenser (folgen die oben stehenden Namen).

Vgl. M. Z. II, 1 u. 2. s. 207 f. n. 37. N. Annal. VII, 1. s. 39 f. n. 40. Steiner II. 3635. Brambach 1330; vgl. Mommsen in E. Gerhards Archäol. Anz. 1860 Nr. 137. 138. s. 76 * A.

127. Drei Bruchstücke einer **Votivnamentafel**, i. J. 1856 bei dem Baue eines Felsenkellers an der s. g. Witz zu Kastel, Mainz gegenüber, gefunden. Marmor.

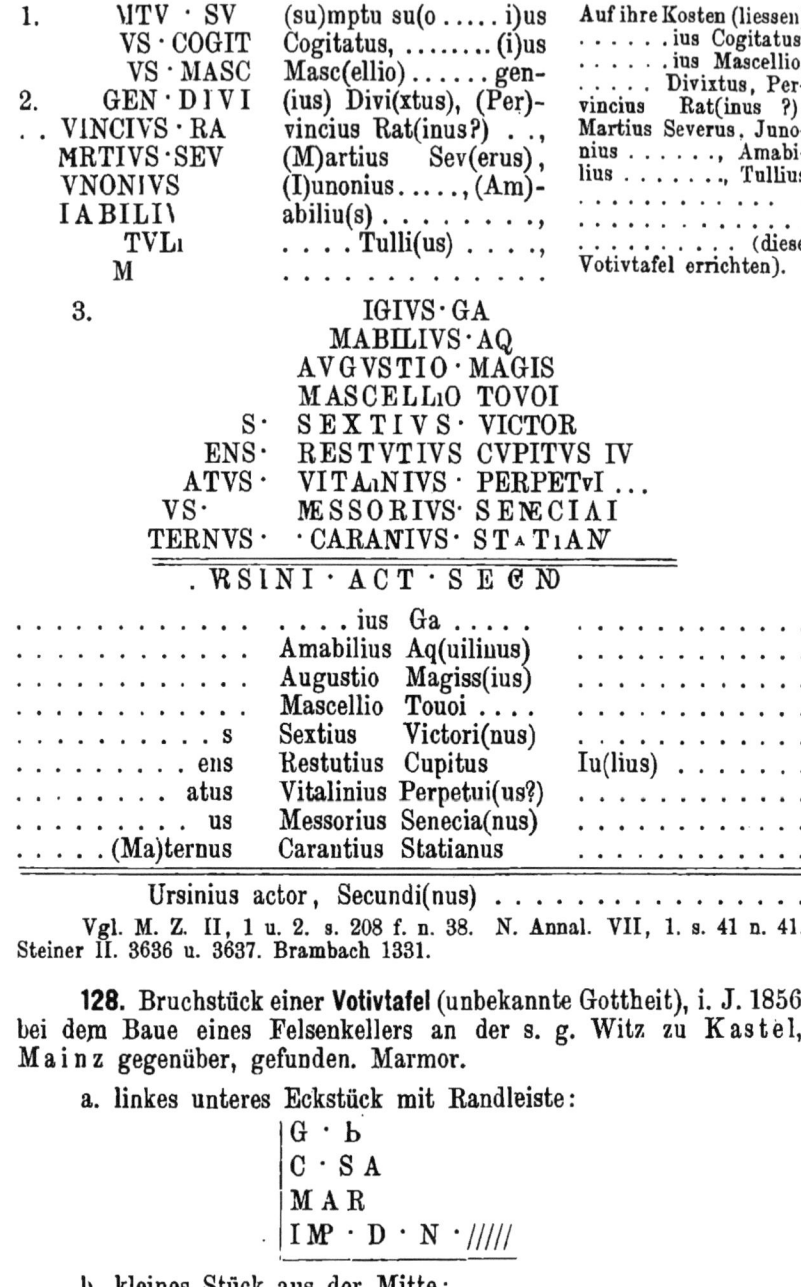

1.	MTV · SV	(su)mptu su(o . . . . . i)us	Auf ihre Kosten (liessen)
	VS · COGIT	Cogitatus, ... (i)us	. . . . . . ius Cogitatus,
	VS · MASC	Masc(ellio) . . . . . . gen-	. . . . . . ius Mascellio,
2.	GEN · DIVI	(ius) Divi(xtus), (Per)-	. . . . . Divixtus, Per-
	. . VINCIVS · RA	vincius Rat(inus?) . . ,	vincius Rat(inus ?),
	MRTIVS · SEV	(M)artius Sev(erus),	Martius Severus, Juno-
	VNONIVS	(I)unonius . . . . . , (Am)-	nius . . . . . . , Amabi-
	IABILIV	abiliu(s) . . . . ,	lius . . . ., Tullius
	TVLI	. . . . Tulli(us) . . . . ,	. . . .
	M	. . . .	. . . . (diese Votivtafel errichten).

3.

	IGIVS · GA
	MABILIVS · AQ
	AVGVSTIO · MAGIS
	MASCELLIO TOVOI
S ·	SEXTIVS · VICTOR
ENS ·	RESTVTIVS CVPITVS IV
ATVS ·	VITALINIVS · PERPETVI . . .
VS ·	MESSORIVS · SENECIAI
TERNVS ·	· CARANTIVS · STATIAN

. VRSINI · ACT · SECND

. . . .	. . . . ius	Ga	. . . .
. . . .	Amabilius	Aq(uilinus)	. . . .
. . . .	Augustio	Magiss(ius)	. . . .
. . . .	Mascellio	Touoi	. . . .
. . . . s	Sextius	Victori(nus)	. . . .
. . . . ens	Restutius	Cupitus	Iu(lius) . . . .
. . . . atus	Vitalinius	Perpetui(us?)	. . . .
. . . . us	Messorius	Senecia(nus)	. . . .
. . . . . (Ma)ternus	Carantius	Statianus	. . . .

Ursinius actor, Secundi(nus) . . . .

Vgl. M. Z. II, 1 u. 2. s. 208 f. n. 38. N. Annal. VII, 1. s. 41 n. 41. Steiner II. 3636 u. 3637. Brambach 1331.

128. Bruchstück einer **Votivtafel** (unbekannte Gottheit), i. J. 1856 bei dem Baue eines Felsenkellers an der s. g. Witz zu Kastel, Mainz gegenüber, gefunden. Marmor.

a. linkes unteres Eckstück mit Randleiste:

G · L
C · S A
M A R
IMP · D · N · /////

b. kleines Stück aus der Mitte:

S Q
O
)

Vgl. M. Z. II, 1 n. 3. s. 209 n. 39. N. Annal. VII. s. 42 f. n. 42. Steiner II. 3642. Brambach 1332.

129. Bruchstück einer (muthmasslichen) **Votivnamentafel**, i. J. 1856 bei dem Baue eines Felsenkellers an der s. g. Witz zu Kastel, Mainz gegenüber, gefunden. Marmor.

I R A /
E S ❦ E
\ I V A T

Vgl. M. Z. II, 1 u. 2. s. 209 f. n. 40. N. Annal. VII, 1. s. 43 n. 43. Steiner II. 3643. Brambach 1333.

II. Oeffentliche Denkmäler.

130. Gedenkstein zu Ehren des Tiberius Claudius Nero Drusus Germanicus, i. J. 1808 von Lehne über dem Brunnen im Gasthofe zum Römischen Kaiser in Mainz aufgefunden und i. J. 1820 in das Museum verbracht. Sandstein. H. 90, B. 50, D. 16 cm. Vordere Hälfte eines muthmasslich römischen Denkmals (Viergötteraltars?), auf dessen Nebenseiten nicht recht erkennbare Reliefsculpturen, etwa zu einem Drittel ihrer ursprünglichen Breite, übrig sind; davon ist l. noch erkennbar ein Opferaltar mit darüber ausgestrecktem Wulste, vielleicht Arm einer Figur (Juno?), neben welcher oben r. ein Gegenstand, der einem umgekehrten Pinienapfel (?) gleicht; Auf der r. Nebenseite beginnt oben eine wulstartige Erhöhung (Arm?), daneben vielleicht eine Vogelklaue, unten vielleicht Stück der Löwenhaut mit Klaue. Diese ehemaligen Reliefdarstellungen der beiden Nebenseiten sind so stark abgeschlagen, dass der Stein auf der Rückseite um die Hälfte schmäler als auf der Vorderseite erscheint; der Winkel an der unteren Seite lässt vermuthen, dass der Stein einst auf dem Giebel eines Thores oder Gebäudes aufsass. Die oberen Ecken des Steins sind abgerundet. Auf der Vorderseite das Reliefbild des Drusus Germanicus mit der Lanze in der R., den Schild zur L. haltend, das Haupt von einem Helme bedeckt, der mit aufgeschlagenen (anscheinend hörnerartigen) Wangenbändern versehen ist, mit dem auf der l. Schulter geknüpften Feldherrnmantel (paludamentum) bekleidet. Rohe, wahrscheinlich von einem nicht römischen (frühmittelalterlichen?) Künstler gefertigte Nachbildung einer älteren bildlichen Darstellung des Helden. Auf dem Rande ringsum steht:

IN MEMORIAM D RVSI GERMANI..	In memoriam Drusi Germanici.	Zum Andenken an Drusus Germanicus.

Vgl. N. Serarii Rer. Mogunt. lib. V. (Moguntiae 1604, 4) lib. I. c. 15. §. 4. p. 64. ed. II. G. Chr. Joannis (1722) I. p. 42. Christoph. Brower Antiquitatum et Annalium Trevirensium lib. XXV. (Leodii 1670, fol.) p. 132 sq. Joh. Crafto Hiegell Collectanea naturae, artis et antiquitatis (Moguntiae 1697, 4) spec. I. p. 7. Murat. p. CCXXV, 1. Fuchs I. s. 70—73 mit Abb. class. I. t. IX. n. XXXIII. Lehne G. S. I. s. 355 f. n. 120 mit Abb. T. V. n. 13. Schaab I. s. 67 f. Steiner I. 450; II. 367. B. J. XVII. s. 27. (Mainzer Wochenblatt 1851 s. 795). Klein Abbildungen von Mainzer Alterthümern II. s. 16. Ders. H. L. s. 20 f. Ders. Mainzer Wochenblatt 1857 Nr. 51. s. 443. Ders. Röm. Denkm. s. 3. A. 2. N. Annal. VII, 1. s. 144. A. 6. Brambach Inscriptionum in Germaniis repertarum censura (Bonnae 1864, 8) p. 12. B. J. XXXIX. XL. s. 178. Westermanns Monatshefte Bd. 17. s. 248 ff. Brambach p. 362 sq.

131. Bruchstück eines wahrscheinlich auf Kaiser Trajan (97—117 n. Chr.) sich beziehenden **öffentlichen Denkmals** nach einer handschriftlichen Notiz Bodmanns am 3. Juni 1803 mit anderen behauenen Steinen ohne Inschrift als Theile eines fränkischen Grabes bei Anlegung des jetzigen Friedhofes von Mainz gefunden. Kalkstein. H. 42, B. 32, D. 7 cm.:

GI ∪ I	..... tribunicia po-	...... seiner tribu-
B · P O T · Ɩ	testate decimum ...	nicischen Gewalt zum zehntenmale, Imperator
P · $\overline{\text{IIX}}$ · C	imperator octavum,	zum achtenmale, ...
ꓶ. S V S ·	consul	Consul ....

Vgl. Handschriftliche Fundnotiz Bodmanns in seinem Handexemplare von Joannis rer. mogunt. III. p. 328, auf der Stadtbibliothek zu Mainz. Lehne G. S. I. s. 359 n. 121. Steiner I. 506; II. 539. Brambach 1262.

132. Bruchstück eines grossen **Quaders** aus weissem Sandsteine, im März 1858 an einem Pfeiler der ehemaligen Rheinbrücke Karls des Grossen bei Mainz gefunden, wahrscheinlich Theil einer Steinurkunde über die Wiederherstellung eines grösseren von der 22. Legion zu Mainz errichteten Bäderbaues (opus thermarum) durch den Kaiser Caracalla (211—217 n. Chr.) H. 64, B. 68, D. 46 cm.:

....TIFEX · MAX · T...	.... (pon)tifex maximus t(ribunicia potestate....	.... Oberpriester (im Jahre ... seiner tribunicischen Gewalt)....
....OS · OPVS · THE...	pro)consul opus the(rmarum vetustate conlaps)-	Proconsul (stellte) den von Alter zerfallenen
....VM LEG $\overline{\text{XXII}}$ A...	um legioni vicesimae secundae A(ntonianae de-	Bäderbau der zwei und zwanzigsten Legion, der Antoninischen, (der)
.... NVMINI SVO	votae) numini suo (restituit).	seiner Gottheit (ergebenen wieder her).

Vgl. M. Z. II, 1 u. 2. s. 96 mit Facsimile u. s. 198 n. 28 u. III, 1. s. 77 n. 243. Rheinische Blätter (Beiblatt zum Mainzer Journal) 1862 Nr. 130. s. 518—520. N. Annal. VII, 1. s. 59 f. n. 50. Steiner II. 3640. Brambach 1305.

133. Bruchstück eines **Meilensteins** unbekannten Fundorts. Sandstein. H. 68, Durchm. 52 cm.:

P I O · G	..... pio ..... augusto,	.... dem frommen ..... dem erhabenen, dem
P O N T M	pontifici maximo, (tribu-	Oberpriester, im zweiten
II · COS · II · I · I · I	nicia potestate) iterum, consuli iterum, (patri pa-	Jahre seiner tribunicischen Gewalt, in seinem zweiten Consulate, dem
C O S · C · V · T	triae, pro)consuli	Vater des Vaterlandes, dem Proconsul .....

Vgl. M. Z. II, 4 s. 443 f. n. 200. Brambach lapp. mil. p. XVIII sq. n. XLII. Brambach 1966.

134. Ehrendenkmal eines kaiserlichen Oberbeamten, am 31. Mai 1825 in dem Hofe eines Hauses auf der Gaugasse zu Mainz gefunden. Kalkstein. H. 1 m. 28 cm., B. 93, D. 46 cm.:

CL · AELIO POLLIONI LEG · AVG PR · PR · G · S PRAESIDI· INTEGERRIMO BB · FF · COS G · S	Claudio Aelio Pollioni, legato Augusti pro praetore Germaniae superioris, praesidi integerrimo, beneficiarii consularis Germaniae superioris.	Dem Claudius Aelius Pollio, kaiserlichen Legaten und Proprätor von Obergermanien, dem tadellosesten Vorstande, die consularischen Beneficiarier (Begünstigten) von Obergermanien.

Vgl. Lehne G. S. I. s. 392 n. 129. Allg. Schulzeitung 1826 II. s. 22. Steiner I. 446; II. 309. (vgl. 300 u. 741). Orelli 182. Orelli-Henzen 5783. Brambach 982; vgl. 1791.

III. Grabsteine und Särge.

135. Grabstein eines römischen Soldaten, i. J. 1806 zu Zahlbach bei Mainz gefunden. Kalkstein. H. 95, B. 43, D. 14 cm. Ueber der mit einem ornamentierten Rande eingefassten Inschrift das Bild des Verstorbenen als Medaillon, umgeben von einem Lorbeerkranze.

TIT · VAI MON . . N SAVA . . M IL · LEG Ī ADIVT R ANN·XXXII· STIP · XI H C E	Titus Valerius Montanus, Savaria, miles legionis primae, adiutricis, annorum triginta duorum, stipendiorum undecim, hic conditus est.	Titus Valerius Montanus aus Savaria (bei Stein am Anger in Ungarn), Soldat der ersten Legion, der Helferin, alt 32 Jahre, im Dienste 11 Jahre, liegt hier begraben.

Vgl. Lehne G. S. II. s. 81 n. 143 mit Abb. T. VIII. n. 30. Steiner II. 536. Brambach 1146.

136. Grabstein eines römischen Soldaten, i. J. 1806 zu Zahlbach bei Mainz aufgefunden und bis 1866 dort aufgestellt. Kalkstein. H. 1 m. 65 cm., B. 58, D. 25 cm. In dem Giebelfelde mehrere Rosetten:

C · CASSI VS · C · F · CLA LONGINVS SAV · MIL · LEG Ī · ADI · N · XXX STIP · X · H · S · E H · F · C	Gaius Cassius, Gai filius, Claudia(tribu), Longinus, Savaria, miles legionis primae, adiutricis, annorum triginta, stipendiorum decem, hic situs est: heres faciendum curavit.	Gaius Cassius Longinus, des Gaius Sohn, aus der Claudischen Tribus (Bürgerklasse), von Savaria (bei Stein am Anger in Ungarn), Soldat der ersten Legion, der Helferin, alt 30 Jahre, im Dienste 10 Jahre, liegt hier. Sein Erbe liess (ihm diesen Grabstein) setzen.

Vgl. Lehne G. S. II. s. 76 n. 139. Steiner II. 537. Mainzer Wochenblatt 1857 Nr. 100 s. 880 n. 6. Grotefend Imp. Rom. p. 131. Brambach 1143.

137. Grabstein eines römischen Soldaten, i. J. 1806 zu Zahlbach bei Mainz gefunden. Sandstein. H. 1 m. 50 cm., B. 60, D. 19 cm. In dem mit Stirnziegeln bekleideten und durch Leisten eingefassten Giebelfelde als Füllung eine Rosette auf einem Blätterornamente:

L · APPVLEIVS
L · F · SERGIA
IADSTINVS
IADR · MIL ·
LEG · Ī · ADIVT
AN · XXV · STIP
VI · H · S · E · H · F · C

Lucius Appuleius, Lucii filius, Sergia (tribu), Jadestinus, Jadera, miles legionis primae, adiutricis, annorum viginti quinque stipendiorum sex, hic situs est: heres faciendum curavit.

Lucius Appulejus Jadestinus, des Lucius Sohn, aus der Sergischen Tribus (Bürgerklasse) von Jadera (Zara in Dalmatien), Soldat der ersten Legion, der Helferin, alt 25 Jahre, im Dienste 6 Jahre, liegt hier. Sein Erbe liess (ihm diesen Grabstein) setzen.

Vgl. Lehne G. S. II. s. 72 n. 137 mit Abb. T. VIII n. 31. Steiner II. 526. Grotefend Imp. Rom. p. 136. Brambach 1141.

138. Grabstein eines römischen Soldaten, i. J. 1804 an der Treppe eines Kellers der ehemaligen Dechanei des St. Victorstiftes zu Weisenau bei Mainz gefunden. Kalkstein. H. 96, B. 65, D. 30 cm. Die Inschrift sehr verwischt:

C · ANTONIVS
C · F · . L · RVFVS
APRO · MIL · LEG
. Ī · ADI · AI XXI · ST
XVII · H · S · L · H · F · X · T · F · C

Gaius Antonius, Gai filius, Claudia (tribu), Rufus, Apro, miles legionis primae, adiutricis, annorum triginta unius, stipendiorum septendecim, hic situs est: heres ex testamento faciendum curavit.

Gaius Antonius Rufus, des Gaius Sohn, aus der Claudischen Tribus (Bürgerklasse) von Apros (Arhun in der Türkei), Soldat der ersten Legion, der Helferin, alt 31 Jahre, im Dienste 17 Jahre, liegt hier. Sein Erbe liess (ihm) nach der Bestimmung des Testamentes (diesen Grabstein) setzen.

Vgl. Lehne G. S. II. s. 70. n. 136. Steiner II. 545. Klein H. L. s. 33. B. J. XXIX. XXX. s. 159 f. Grotefend Imp. Rom. p. 140. Brambach 938.

139. Grabstein eines römischen Soldaten, i. J. 1806 zu Zahlbach bei Mainz gefunden und bis 1866 dort aufgestellt. Kalkstein. H. 1 m. 32 cm., B. 57, D. 16 cm. In dem Giebelfelde eine Rosette auf einem Blätterornamente; die Inschrift ist jetzt fast ganz zerstört:

. . . . TIVS
. . . IIE . . · RV
. . . . . . AE . . .
. . . . IIL . . . Ī
. . . I · AN · XXX
. . . I · IX · H · S
. . . H · F · C ·

(Quintus At)tius (Quinti filius, Tromentina tribu), Ru(fus), Ae(quo), mil(es) leg(ionis) primae, (adiutricis), an(norum) triginta, (stipendiorum) novem, hic situs (est): heres faciendum curavit.

Quintus Attius, des Quintus Sohn, aus der Tromentinischen Tribus (Bürgerklasse) von Aequum (Han in Dalmatien), Soldat der ersten Legion, der Helferin, alt 30 Jahre, im Dienste 9 Jahre, liegt hier. Sein Erbe liess (ihm diesen Grabstein) setzen

Vgl. Lehne G. S. II. s. 73 n. 138. Steiner II. 534. Brambach 1142.

140. Bruchstück des **Grabsteins** eines römischen Soldaten am 24. April 1840 in der s. g. Clubbistenschanze zu Zahlbach bei Mainz gefunden und im Juni 1845 als Geschenk der Militärbehörde aus dem Genie-Directionsgebäude ins städtische Museum verbracht. Gelber Sandstein.

M I L ·	. . . . . mil(es legionis	. . . . Soldat (der ersten
A D I	primae), adi(utricis) . . .	Legion), der Helferin,
ST	st(ipendiorum).	. . . . im Dienste . . . .

Vgl. Malten Bibliothek der neuesten Weltkunde 1842 II. s. 19 n. 7. B. J. II. s. 94 n. 42. M. Z. I. s. 73 n. 29 u. s. 201 f. Steiner II. 439. Brambach 1148.

141. Grabstein eines römischen Soldaten zu Bretzenheim bei Mainz gefunden, woselbst ihn P. Fuchs i. J. 1769 am Rathhause vorfand. Kalkstein. H. 1 m. 52 cm., B. 59, D. 18 cm.:

C · I V L I V S · C · F · V O L
C A R C · N I G E R · M I
L E S · L E G · II · A N N o R
X X X X V · A E R · X V I I
H S E
HOSPES · ADES · PAVCIS · ET · PERLECE · VER
SIBVS · ACTA · AETERNVM · PATRIAE · HIC ·
ERIT · IPSA · DOMVS · HIC · ERIT · INCLVSVS · TVMV
LO · HIC · IVLIVS · IPSE · HIC · CINIS · ET · CARO · COR
PORE · FACTVS · ERIT · CVM · MEAIVCVNDE ·
AETAS · FLOREBAT · AB · ANNIS · ADVENIT · FATIS
TERMINVS · IPSE · MEIS · VLTIMVS · IPSE · FVIT
XXXXV · ANNVS · CVM · MIHI · FATALIS · VE
NIT · ACERBA · DILS · HIC · ECO · NVNC · COCOR
STYCIAS · TRANSIRE · PALVDES · SEDIBVS · AETER
NIS · ME · MEA · FATI · TENENT · ME · MEMINI · CAE
LIA · NATVM · CAROQ · IAREIIS · ET MILES · CoLLO
FORTITER · ARM . . VLI · NIIA · CRVDELIS · TRI
BVIT · MIHI · NV . . . . IICVLTOS · ARTVS · TER
RA · CINISQ . . . . OCNATVS
MILES · LEG · II · P . . . . \ IQ\ERII
EIVS . . . . EST

Gaius Iulius, Gai filius, Voltinia (tribu), Carcasone, Niger, miles legionis secundae, annorum quadraginta quinque, aerorum septendecim, hic situs est.

Hospes, ades paucis et perlege versibus acta:
 Aeternum patriae hic erit ipsa domus.
Hic erit inclusus tumulo hic Iulius ipse,
 Hic cinis et (ex?) caro corpore factus erit.
Cum mea iucunde aetas florebat ab annis,
 Advenit fatis terminus ipse meis.
Ultimus ipse fuit quintus quadragesimus annus,
 Cum mihi fatalis venit acerba dies.
Hic ego nunc cogor Stygias transire paludes:
 Sedibus aeternis me mea fati tenent.
Me memini Caelia natum Caroque parente (?)
 Et miles collo fortiter arma tuli.
Gaudia (?) crudelis tribuit mihi nu(lla iuventus?)
 Incultos artus terra cinisque (tenent?)

Gaius . . . Iulius . . . . cognatus, miles legionis secundae, ... qui eres (?) eius . . . . est.

Gaius Julius Niger, des Gaius Sohn, aus der Voltinischen Tribus. (Bürgerklasse), von Carcaso (Carcassonne, Provinz Languedoc, in Frankreich), Soldat der zweiten Legion, alt 45 Jahre, im Dienste 17 Jahre, liegt hier.

Fremdling weile und liess was in wenigen Zeilen gesagt ist: für die ewige Zeit ist hier mein heimisches Haus. Hier wird Julius selbst sein, hier in dem Grabhügel verschlossen, hier aus dem theuern Leibe wieder zu Asche geworden sein. Da mir fröhlich in den Jugendjahren erblühte das Alter, kam meinem Geschicke selber das Ziel. Zum letzten ist mir geworden das fünf und vierzigste Jahr: da nahte mir der verhängnissvolle, bittere Tag. Hier nun bin ich gezwungen jenseits der Stygischen Sümpfe zu wandeln; an ewigen Sitzen hält mich mein Geschick gebannt. Wohl erinnere ich mich von Caclia geboren zu sein und meinem Vater Carus und als Soldat habe ich mit muthiger Ausdauer die Waffen getragen. Genüsse gewährte mir keine die grausame Jugendzeit (?) und die entstellten Glieder umfängt Staub und Asche. Gaius Julius, sein Verwandter, Soldat der zweiten Legion, welcher sein Erbe . . . . . (liess ihm den Grabstein setzen).

Vgl. Fuchs I. s. 116—120 mit Abb. T. XV, class. IIII. n. X. lat. p. 120 n. 10. Lehne G. S. II. s. 83. n. 144. B. J. V. VI. s. 325 n. 106. Steiner I. 315; II. 551. Dilthey in Künzels Geschichte von Hessen s. 89. Mainzer Wochenblatt 1858 Nr. 79. s. 707. Becker Metr. Grabschriften n. 4. Orelli-Henzen 6841. B. J. XXIX. XXX. s. 150 ff. Grotefend Imp. Rom. p. 118. Herzog Gall. Narb. p. 55 n. 266 a. Brambach 946.

142. Bruchstück des **Grabsteins** eines römischen Oberoffiziers, i. J. 1821 bei Mainz oberhalb der neuen Anlage in einem Wasserkanale von der ehemaligen Favorite nach der Karthause gefunden. Granit, wahrscheinlich aus römischen Steinbrüchen am Melibokus im Odenwalde. H. 45, B. 79, D. 8 cm.:

. . . .	. . . legionis octavae, au-	. . . . der achten Legion,
LEG·VIII·AVG·II..IL	gustae, tribunus (?) le-	der Augustischen, Tribun (?) der zweiten Le-
LEG · II · TROIANE	gionis secundae Troianae	gion, der Trajanischen
T·FL·AETERNVS·ET	(Traianae) Titus Flavius	(liessen) Titus Flavius
TF L · ALBINVS · ET	Aeternus et Titus Fla-	Aeternus und Titus Fla-
T·FL·VERECVNDVS	vius Albinus et Titus	vius Albinus und Titus
I IIITIIP I ES	Flavius Verecundus. . . .	Flavius Verecundus (diesen Grabstein setzen).

Vgl. Quartalblätter des Vereins für Literatur und Kunst zu Mainz I. s. 26. Lehne G. S. II. s. 86 n. 145. Steiner I. 386; II. 351. Klein H. L. s. 25. Brambach 1116.

143. Bruchstück des **Grabsteins** eines römischen Soldaten, am 8. Mai 1842 am Dome vor dem ehemaligen Bischofshofe zu Mainz gefunden. Muschelkalkstein:

IVG G IƆIT	. . . . . . coniugi	. . , dem Gatten . . . .
G VIII AVG	legionis octavae, au-	der achten Legion, der Augustischen, (liess Cin)
T V G E N A	gustae . . . . (Cin) tu-	tugena seine (Gattin die-
E I V S	gena (coniux) eius.	sen Grabstein setzen).

Vgl. Mainzer Unterhaltungsblätter (Beilage zum Mainzer Wochenblatt) 1842 Nr. 103. Malten Bibliothek der neuesten Weltkunde 1842 II. s. 39 n. 9. B. J. II. s. 100 n. 57. M. Z. I. s. 69. n. 18. Steiner II. 289. Brambach 1007.

144. **Grabstein** eines römischen Soldaten, in der Umgegend von Mainz gefunden, zuerst in dem Hausgarten des Herrn

Weinhändlers Victor Salm aufgestellt und von letzterem im October 1865 geschenkt. Sandstein. H. 57, B. 59, D. 17 cm.:

L · C A T T O N I V
S · L · F · SECVND
VS · CLAVD · VIRV
M·LEG·IIII·AN·XXIv
STI·IIII·H·S·E·HERE
DES·COTTI·F C

Lucius Cattonius, Lucii filius, Secundus, Claudia (tribu), Viruno, miles legionis quartae, annorum viginti quattuor, stipendiorum quattuor, hic situs est: heredes Cotti faciendum curaverunt.

Lucius Cattonius Secundus, des Lucius Sohn, aus der Claudischen Tribus (Bürgerklasse) von Virunum (Zollfeld bei Klagenfurt in Kärnthen), Soldat der vierten Legion, alt 24 Jahre, im Dienste 4 Jahre, liegt hier. Seine Erben, die Cottier, liessen (ihm diesen Grabstein) setzen.

Vgl. Mainzer Unterhaltungsblätter (Beilage zum Mainzer Wochenblatt) 1865 Nr. 239 v. 13. October. B. J. XL. s. 354. N. Annal. VIII. s. 570 n. 7. Brambach 2058. M. Z. III, 1. s. 64 n. 211.

145. Grabstein eines römischen Soldaten, i. J. 1806 zu Zahlbach bei Mainz gefunden und bis 1866 dort aufgestellt. Kalkstein. H. 1 m. 38 cm., B. 66, D. 15 cm. In dem Giebelfelde eine grosse Rosette:

M · L V T A T I V S
M · F · S E R
A L B A N · V S
D O M O · C O R
MIL · LEG · IIII
M A C
ANNoR·XL·STIP·XX
VINCELATOR · H · FECIT

Marcus Lutatius, Marci filius, Sergia (tribu), Albanus, domo Corfinio, miles legionis quartae, Macedonicae, annorum quadraginta, stipendiorum viginti: Vincelator heres fecit.

Marcus Lutatius Albanus, des Marcus Sohn, aus der Sergischen Tribus (Bürgerklasse), gebürtig aus Corfinium (San Perino in Mittelitalien), Soldat der vierten Legion, der Macedonischen, alt 40 Jahre, im Dienste 20 Jahre. Sein Erbe Vincelator liess (ihm diesen Grabstein) setzen.

Vgl. Lehne G. S. II. s. 109 n. 159. Steiner II. 523. Mainzer Wochenblatt 1857 Nr. 100 s. 879 n. 5. Klein Röm. Denkm. s. 11 n. 5. Grotefend Imp. Rom. p. 48. B. J. XLIV. XLV. s. 70. Brambach 1162.

146. Grabstein eines römischen Soldaten, i. J. 1806 zu Zahlbach bei Mainz gefunden und bis 1866 dort aufgestellt. Sandstein. H. 1 m. 56 cm., B. 60 cm., D. 15 cm. In dem Giebelfelde eine grosse Rosette:

G · V A L E R I V
L · F · POLL · TE
RTIVS · HAS
TA · MIL · LEG
IIII · MAC · AN
XXX · STIP · X
H · S · E · H · F · C

Gaius Valerius, Lucii filius, Pollia (tribu), Tertius, Hasta, miles legionis quartae, Macedonicae, annorum triginta, stipendiorum decem, hic situs est: heres faciendum curavit.

Gaius Valerius Tertius, des Lucius Sohn, aus der Pollischen Tribus (Bürgerklasse) von Hasta (Asti in Ligurien), Soldat der vierten Legion, der Macedonischen, alt 30 Jahre, im Dienste 10 Jahre, liegt hier. Sein Erbe liess (ihm diesen Grabstein) setzen.

Vgl. Lehne G. S. II. s. 118 n. 165. Steiner II. 517. Dahl im Darmstädter Gymnasialprogramme von 1831 s. 81 n. I. R. Smith p. 57 n. 4. Mainzer Wochenblatt 1857 Nr. 100 s. 880 n. 6. Grotefend B. J. XXVI s. 120 f. u. Imp. Rom. p. 33. Klein B. J. XXVIII s. 75 f. u. Röm. Denkm. s. 12 n. 6. Brambach 1166.

147. Grabstein eines römischen Soldaten, i. J. 1806 zu Zahlbach bei Mainz gefunden und bis 1866 dort aufgestellt. Kalkstein. H. 1 m. 5 cm., B. 63, D. 28. In dem Giebelfelde eine kleine Rosette:

G · MINICIVS · G · F STELATINA · ASPER AVGVTA · TAVRIN ORV · MIL · LEG IIII · MC . ANN VL · STIP · XXV · H · S · E FRATER · DE · SVO	Gaius Minicius, Gai filius, Stellatina (tribu), Asper, Augu(s)ta Taurinorum, miles legionis quartae, Macedonicae, annorum quadraginta quinque, stipendiorum viginti quinque, hic situs est: frater de suo (fecit).	Gaius Minicius Asper, des Gaius Sohn, aus der Stellatinischen Tribus (Bürgerklasse) von Augusta Taurinorum (Turin), Soldat der vierten Legion, der Macedonischen, alt 45 Jahre, im Dienste 25 Jahre, liegt hier. Sein Bruder liess (ihm) aus eignen Mitteln (diesen Grabstein) setzen.

Vgl. Lehne G. S. II. s. 111 n. 160. Steiner II. 522. R. Smith p. 56 n. 3. Mainzer Wochenblatt 1857 Nr. 100 s. 879 n. 4. Klein Röm. Denkm. s. 11 n. 4. Grotefend Imp. Rom. p. 36. Brambach 1163.

148. Grabstein eines römischen Soldaten, i. J. 1806 zu Zahlbach bei Mainz gefunden. Kalkstein. H. 1 m. 40 cm., B. 61, D. 26 cm. Das mit Leisten umränderte, mit einer Füllung von Blätterornamenten und einer runden Frucht gezierte Giebelfeld trägt auf beiden Seiten je drei schneckenartig gewundene Bekrönungen auf ähnlichem Blätterornamente; unter der Inschrift eine Cypresse als Todessymbol:

T · CLODIVS T · F · SE · OPTATVS AVG · TAVR · MIL LEG · IIII · MC AN · XXV · STIP · V · H · S · E · T · N C · H · F · C	Titus Clodius, Titi filius, Stellatina (tribu), Optatus, Augusta Taurinorum, miles legionis quartae, Macedonicae, annorum viginti quinque, stipendiorum quinque, hic situs est: Titi nepos Clodius heres faciendum curavit.	Titus Clodius Optatus, des Titus Sohn, aus der Stellatinischen Tribus (Bürgerklasse) von Augusta Taurinorum (Turin), Soldat der vierten Legion, der Macedonischen, alt 25 Jahre, im Dienste 5 Jahre, liegt hier. Des Titus Enkel Clodius, sein Erbe, liess (ihm diesen Grabstein) setzen.

Vgl. Lehne G. S. II. s. 102 n. 153. mit Abb. T. VIII n. 35. Steiner II. 481. Grotefend Imp. Rom. p. 36. B. J. XXXVIII. s. 102. Brambach 1156.

149. Grabstein eines römischen Soldaten, i. J. 1806 zu Zahlbach bei Mainz gefunden. Kalkstein. H. 1 m. 40 cm., B. 63, D. 28 cm. In dem Giebelfelde eine Rosette auf einem Blätterornamente; unten eine Guirlande:

Q · CASTRIC IVS · Q · F · PAP SEVERVS · TIC INI · MIL · LEG · IIII · MAC · AN · XXX · STI · XI H · S · E · H · F · C ·	Quintus Castricius, Quinti filius, Papiria (tribu), Severus, Ticini, miles legionis quartae, Macedonicae, annorum triginta, stipendiorum undecim, hic situs est: heres faciendum curavit.	Quintus Castricius Severus, des Quintus Sohn, aus der Papirischen Tribus (Bürgerklasse) von Ticinum (Pavia), Soldat der vierten Legion, der Macedonischen, alt 30 Jahre, im Dienste 11 Jahre, liegt hier. Sein Erbe liess (ihm diesen Grabstein) setzen.

Vgl. Lehne G. S. II. s. 100 n. 152. Steiner II. 530. Grotefend Imp. Rom. p. 81. Brambach 1155.

150. Grabstein eines römischen Soldaten, i. J. 1806 zu Zahlbach bei Mainz gefunden. Kalkstein. H. 1 m. 63 cm., B. 62, D. 15 cm.:

M · IVLIVS · MA RC · F · ANIENSIs FORO · IVLI MACRINVS MILES · LEG · IIII MAC · AN · XXVI STIP · VI . H S E	Marcus Iulius, Marci filius, Aniensis, Foro Iulii, Macrinus, miles legionis quartae, Macedonicae, annorum viginti sex, stipendiorum sex, hic situs est.	Marcus Julius Macrinus, des Marcus Sohn, aus der Aniensischen Tribus (Bürgerklasse) von Forum Julii (Cividale oder Zugliano in Friaul), Soldat der vierten Legion, der Macedonischen, alt 26 Jahre, im Dienste 6 Jahre, liegt hier.

Vgl. Lehne G. S. II. s. 104 n. 155. Steiner II. 524. Grotefend Imp. Rom. p. 56. Herzog Gall. Narb. p. 62 n. 298. Brambach 1159.

151. Grabstein eines römischen Soldaten, i. J. 1806 zu Zahlbach bei Mainz aufgefunden und bis 1866 dort aufgestellt. Kalkstein. H. 1 m. 25 cm., B. 32, D. 20 cm. In dem Giebelfelde eine einfache Rosette; unten eine Guirlande mit einer Urne:

L · LICTAVIVS L F AN · VERV S · FORO · IVLI MIL · LEG · IIII MAC · AN · XXVI STIP · VIII H S E	Lucius Lictavius, Lucii filius, Aniensi (tribu), Verus, Foro Iulii, miles legionis quartae, Macedonicae, annorum viginti sex, stipendiorum octo, hic situs est.	Lucius Lictavius Verus, des Lucius Sohn, aus der Aniensischen Tribus (Bürgerklasse), von Forum Julii (Cividale oder Zugliano in Friaul), Soldat der vierten Legion, der Macedonischen, alt 26 Jahre, im Dienste 8 Jahre, liegt hier.

Vgl. Lehne G. S. II. s. 106 n. 157. Steiner II. 525. R. Smith p. 56 n. 1. Mainzer Wochenblatt 1857 Nr. 99 s. 87 n. 1. Klein Röm. Denkm. s. 10 n. 1. Grotefend Imp. Rom. p. 56. Herzog Gall. Narb. p. 62 n. 299. Brambach 1161.

152. Grabstein eines römischen Soldaten, i. J. 1806 zu Zahlbach bei Mainz aufgefunden und bis 1866 dort aufgestellt. Kalkstein. H. 1 m. 30 cm., B. 30, D. 20 cm. In dem Giebelfelde eine kaum mehr erkennbare Rosette:

M · SVLLI VS · M · F · VoL VIA · CAM PANVS MIL · LEG · IIII MAC · AN XXV STIP · VI · H · S · E	Marcus Sullius, Marci filius, Voltinia (tribu), Viana, Campanus, miles legionis quartae, Macedonicae, annorum viginti quinque, stipendiorum sex, hic situs est.	Marcus Sullius Campanus, des Marcus Sohn, aus der Voltinischen Tribus (Bürgerklasse) von Viana (Stadt in Rätien), Soldat der vierten Legion, der Macedonischen, alt 25 Jahre, im Dienste 6 Jahre, liegt hier.

Vgl. Lehne G. S. II. s. 114 n. 162. Steiner II. 520. Mainzer Wochenblatt 1867 Nr. 99 s. 871 n. 2. B. J. XXVI. s. 129 f. u. XXVIII. s. 75. Klein Röm. Denkm. s. 10 n. 2. Grotefend Imp. Rom. p. 127. Brambach 1165.

153. Grabstein eines römischen Soldaten, nach einer handschriftlichen Notiz Bodmanns i. J. 1795 am Abhange des Berges hinter dem Kloster Dalheim zu Zahlbach bei Mainz gefunden. Kalkstein. H. 40, B. 49, D. 20 cm.:

L · VINICIVS · L · F · GAL · DOMO · MODESTvS
LVGVD · MIL · LEG · IIII · MAC ·
ANNOR · XXXV · STIP · XII ·
H · PRO · PIETAE

Lucius Vinicius, Lucii filius, Galeria (tribu), Modestus, domo Lugduno, miles legionis quartae, Macedonicae, annorum triginta quinque, stipendiorum duodecim: heres pro pietate (fecit).

Lucius Vinicius Modestus, des Lucius Sohn, aus der Galerischen Tribus (Bürklasse), gebürtig aus Lugdunum (Lyon in Frankreich), Soldat der vierten Legion, der Macedonischen, alt 35 Jahre, im Dienste 12 Jahre (liegt hier). Sein Erbe (liess ihm) aus Liebe (diesen Grabstein setzen).

Vgl. Bodmann a. a. O. p. 329. Lehne G. S. II. s. 119 n. 166 mit Abb. T. VIII n. 33. Steiner II. 507. Grotefend Imp. Rom. p. 123. Brambach 1169.

154. Grabstein eines römischen Soldaten, nach einer handschriftlichen Notiz Bodmanns i. J. 1795 am Abhange des Berges hinter dem Kloster Dalheim zu Zahlbach bei Mainz gefunden. Kalkstein. H. 70, B. 32, D. 12 cm.:

C·VALERIVS·C·F·PAP·
NARB · TAVRVS·
M.L · LEG · IIII MC·
ANNO · XXX ·
STIP · X ·
EX · T ·

Gaius Valerius, Gai filius, Papiria (tribu), Narbone, Taurus, miles legionis quartae, Macedonicae, annorum triginta, stipendiorum decem, ex testamento.

Gaius Valerius Taurus, des Gaius Sohn, aus der Papirischen Tribus (Bürgerklasse) von Narbo (Narbonne in Frankreich), Soldat der vierten Legion, der Macedonischen, alt 30 Jahre, im Dienste 10 Jahre (liegt hier). Nach Vorschrift des Testamentes (gesetzt).

Vgl. Bodmann a. a. O. p. 329. Lehne G. S. II. s. 117 n. 164. Steiner II. 518. Grotefend Imp. Rom. p. 119 (vgl. M. Z. II. s. 446 n. 205). Herzog Gall. Narb. p. 14 n. 40. Brambach 1167.

155. Grabstein eines römischen Soldaten, i. J. 1806 zu Zahlbach bei Mainz gefunden. Kalkstein. H. 1 m. 12 cm., B. 50, D. 12 cm.:

G · IVLIVS · G ·
F · VOL · PRISC
VS · TOL · MILEs
LEG · IIII · MAC
AN · XXX ·
STI·X·H·S·ES·TES
F · I · H · F · C

Gaius Iulius, Gai filius, Voltinia (tribu), Priscus, Tolosa, miles legionis quartae, Macedonicae, annorum triginta, stipendiorum decem, hic situs est: testamento fieri iussit, heres faciendum curavit.

Gaius Julius Priscus, Sohn des Gaius, aus der Voltinischen Tribus (Bürgerklasse) von Tolosa (Toulouse in Frankreich), Soldat der vierten Legion, der Macedonischen, alt 30 Jahre, im Dienste 10 Jahre, liegt hier. Durch sein Testament ordnete er die Errichtung (dieses Grabsteines) an; sein Erbe liess (ihn) setzen.

Vgl. Lehne G. S. II. s. 105 n. 156. Steiner II. 538. Grotefend Imp. Rom. p. 121. Herzog Gall. Narb. p. 56 n. 273. Brambach 1158.

156. Grabstein eines römischen Soldaten, i. J. 1806 zu Zahlbach bei Mainz gefunden. Kalkstein. H. 1 m. 8 cm., B. 35, D. 15 cm.:

HAVE · CAE
CILI · C · CAE
CILIVS · C · F ·
PVP · PARRA
DOM · BAE ·
MIL · LEG · IIII
MC · Ͻ · Q · AEM
ILI · AN · XIIX
ST · II · H · S · E
M · ANTONI
VS · FLACCV
S · D · S · D ·

Have Caecili! Gaius Caecilius, Gai filius, Pupinia (tribu), Parra, domo Baeterris, miles legionis quartae, Macedonicae, centuriae Quinti Aemilii, annorum duodeviginti, stipendiorum duorum, hic situs est: Marcus Antonius Flaccus de suo dedit.

Lebe wohl, Cäcilius! Gaius Cäcilius Parra, des Gaius Sohn, aus der Pupinischen Tribus (Bürgerklasse), gebürtig von Baeterrae (Beziers in Frankreich), Soldat der vierten Legion, der Macedonischen, aus der Centurie (dem Zuge) des Quintus Aemilius, alt 18 Jahre, im Dienste 2 Jahre, liegt hier. Marcus Antonius Flaccus liess (ihm) auf seine Kosten (diesen Grabstein) setzen.

Vgl. Lehne G. S. II. s. 98 n. 151 mit Abb. T. VIII n. 32. Steiner II. 531. Grotefend Imp. Rom. p. 117. Herzog Gall. Narb. p. 21 n. 86. Brambach 1153; vgl. 218, 277, 347.

157. Bruchstück des **Grabsteins** eines römischen Soldaten, i. J. 1804 zu Zahlbach bei Mainz gefunden. Sandstein. H. 54, B. 51, D. 10 cm.:

. . . . E C I . . .
. . . . A E E · A V S . . .
MIL · LEG · IIII · / . .
Ͻ · MVNATI · AI . . . . .
XXXVII · AER · X . .
HIC · SITVS · EST · L · SEI . . . .
ONIVS · AVSO · Ͻ · IVLI · M . . . .
TIALIS · EXS · TESTAME . . . .
FECIT · VIVITE · FELICES · VIBVS · EST
DATA · VITA · FRVEN . I · NAM · M . H .
NON · FATO · DATVM · EST · FELICE ·
MORARI · HIC · EGO · NVNC · IAC . .
FATIS · COMPOSTVS · . IIQV . . . .
CRVDELES · SVPERI NI . . . .
FORTVNA · INIQV . . . .
MEA · IAM · . . . .
NON . . . .

. . . . eci . . . Galeria (tribu), Auso, miles legionis quartae, (Macedonicae), centuriae Munatii, annorum triginta septem, aerorum decem . . . hic situs est: Lucius Sempronius Auso, centuria Iulii Martialis, exs testamento fecit.

Vivite felices, quibus est data vita fruendi:
Nam mihi non fato datum est felice morari.
Hic ego nunc iaceo fatis compostus iniquis:
Crudeles superi ni(mis et) fortuna iniqua!
. . . . . . mea iam . . . . non . . . .
. . . .

. . . . . Auso . . . aus der Galerischen Tribus (Bürgerklasse) Soldat der vierten Legion, der Macedonischen, von der Centurie des Munatius, alt 37 Jahre, im Dienste . . . Jahre, liegt hier. Lucius Sempronius Auso, von der Centurie des Julius Martialis, liess (ihm) nach Vorschrift des Testamentes (diesen Grabstein) machen. Lebet glücklich, denen das Leben zu geniessen vergönnt ist; denn mir war es vom Geschick versagt, glücklich zu leben: hier nun liege ich von feindlichem Geschicke gebannt: allzu grausam waren die Götter und zu feindlich das Geschick!

Vgl. Lehne G. S. II. s. 96 n. 150. Steiner II. 428. Orelli-Henzen 6843. vgl. Bücheler Jahrb. f. class. Philol. 77, 1 s. 68. B. J. XXIX. XXX s. 155 f. Becker Metr. Grabschr. n. 5. Brambach 1154.

158. Bruchstücklicher **Grabstein** eines römischen Soldaten, i. J. 1806 zu Zahlbach bei Mainz gefunden und bis 1866 dort aufgestellt. Kalkstein. H. 1 m. 50 cm., B. 71, D. 30 cm. In dem Giebelfelde eine kaum noch erkennbare Rosette. Die Inschrift war früher vollständig:

Q · ATIVS · Q · F GAL · QVIETvS .. M O N E R T ...... \IL · LEG .... V · V .... S E H EXS · T · F · C	Quintus Atius, Quinti filius, Galeria(tribu), Quietus, (do)mo Nert(obriga), miles legionis (quartae, Macedonicae, annorum quadraginta) quinque,(stipendiorum viginti quinque, hic) situs est: heres exs testamento faciendum curavit.	Quintus Atius Quietus, des Quintus Sohn, aus der Galerischen Tribus (Bürgerklasse), gebürtig von Nertobriga (Valera la vieja bei Frejenal in Spanien), Soldat der vierten Legion, der Macedonischen, alt 45 Jahre, im Dienste 25 Jahre, liegt hier. Sein Erbe liess (ihm diesen Grabstein) nach der Bestimmung des Testamentes setzen.

Vgl. Lehne G. S. II. s. 93 n. 148. Steiner II. 527. R. Smith p. 56 n. 2. Mainzer Wochenblatt 1857 Nr. 100 s. 879 n. 3. Klein Röm. Denkm. s. 11 n. 3. Grotefend Imp. Rom. p. 111. Brambach 1150.

159. Grabstein eines römischen Soldaten, im Herbste 1837 auf dem jetzigen Begräbnissplatze von Mainz gefunden. Kalkstein. H. 1 m. 36 cm., B. 56, D. 33 cm. Ueber der zwischen zwei Säulen eingeschlossenen Inschrift im Halbkreise eine Rosette, darüber in dem Giebelfelde gleichfalls eine Rosette:

P · VRVINVS P · F · POL · FOR FVLVI · SPEC VLATOR · LEG XIII · STIPEND XIIX · ANORV XXXV · H · S · E M · ARVNTIV S · COSOB · CVR E G I	Publius Urvinus, Publii filius, Pollia (tribu), Foro Fulvii, speculator legionis tertiae decimae, stipendiorum duo deviginti, an(n)orum triginta quinque, hic situs est: Marcus Aruntius consobrinus curam egi.	Publius Urvinus, des Publius Sohn, aus der Pollischen Tribus (Bürgerklasse) von Forum Fulvii (Valenza in Ligurien), Späher der dreizehnten Legion, im Dienste 18 Jahre, alt 35 Jahre, liegt hier. Ich Marcus Arruntius sein Vetter habe (für diesen Grabstein) Sorge getragen.

Vgl. Lehne G. S. II. s. 134 n. 172. Lersch Centralmuseum I. s. 30. Z. f. d. A. 1842 s. 313. Steiner II. 450. Orelli-Henzen 5110. Mainzer Wochenblatt 1858 Nr. 78 s. 699. Grotefend Imp. Rom. p. 55. Brambach 1171.

160. Grabstein eines römischen Soldaten, i. Juli 1844 in der s.g. Clubbistenschanze zu Zahlbach bei Mainz gefunden. Weisser Sandstein. H. 1 m. 68 cm., B. 60, D. 18 cm. In dem Giebelfelde eine Rosette:

Q · G A V I V S M · F · A R N I E N S H I S T O N I O MIL · LEG · XIIII G E M · A N N O · XIIX · S T I P · I H · S · E F R A T E R · P R O PIETATE · D · SVO	Quintus Gavius, Marci filius, Arniensi (tribu), Histonio, miles legionis quartae decimae, geminae, annorum duodeviginti, stipendii unius, hic situs est: frater pro pietate de suo (posuit).	Quintus Gavius, des Marcus Sohn, aus der Arniensischen Tribus (Bürgerklasse) von Histonium (Vasto d'Ammone in Neapel), Soldat der vierzehnten Legion, der gedoppelten, alt 18 Jahre, im Dienste 1 Jahr, liegt hier. Sein Bruder (liess ihm) aus Liebe (diesen Grabstein) auf seine Kosten (setzen).

Vgl. M. Z. I. s. 76 n. 32. Steiner II. 441. Mainzer Wochenblatt 1857 Nr. 77 s. 679 n. 3. Grotefend Imp. Rom. p. 59. Brambach 1176.

161. Grabstein eines römischen Soldaten, i. J. 1804 zu Zahlbach bei Mainz gefunden. Kalkstein. H. 2 m. 28 cm., B. 63, D. 27 cm. In dem Giebelfelde eine Rosette:

T · QVINTIVS ·
T · F · POLLIA · VAR ·
MIL · LEG · XIIII · GM
ANNO · XXXXIIII ·
STIPEN · XXIII ·
H · S · E ·
FRATER · POSII
TITVLVM·EX·TESTAM·
PRO · PIETATE ·

Titus Quintius, Titi filius, Pollia (tribu), Varia, miles legionis quartae decimae, geminae, annorum quadraginta quattuor, stipendiorum viginti trium, hic situs est: frater pos(u)it titulum ex testamento pro pietate.

Titus Quintius, des Titus Sohn, aus der Pollischen Tribus (Bürgerklasse) von Varia. (Vico-Varo in Mittelitalien), Soldat der vierzehnten Legion, der gedoppelten, alt 44 Jahre, im Dienste 23 Jahre, liegt hier: sein Bruder liess (ihm diesen Grabstein) nach Vorschrift des Testamentes aus Liebe setzen.

Vgl. Lehne G. S. II. s. 164 n. 191. Steiner II. 496. Mainzer Wochenblatt 1857 Nr. 77 s. 680 n. 6. Grotefend Imp. Rom. p. 85. Brambach 1189.

162. Grabstein eines römischen Soldaten, i. J. 1804 zu Zahlbach bei Mainz gefunden. Kalkstein. H. 98, B. 41, D. 23 cm. In dem Giebelfelde eine Rosette:

L · STATIVS
L · F
POLI · POLE
MILES · LEG ·
XIIII · GEM ·
ANNO · XXXIIX ·
STIP · XIII
H · S E

Lucius Statius, Lucii filius, Pollia (tribu), Polentia, miles legionis quartae decimae, geminae, annorum duodequadraginta, stipendiorum tredecim, hic situs est.

Lucius Statius, des Lucius Sohn, aus der Pollischen Tribus (Bürgerklasse) von Polentia (Dorf Polenza in Ligurien), Soldat der vierzehnten Legion, der gedoppelten, alt 38 Jahre, im Dienste 13 Jahre, liegt hier.

Vgl. Lehne G. S. II. s. 148 n. 182. Steiner II. 501. Mainzer Wochenblatt 1857 Nr. 85 s. 748 n. 12. Grotefend Imp. Rom. p. 71. Brambach 1188.

163. Grabstein eines römischen Soldaten, im vorigen Jahrhunderte (um 1770) bei dem Kloster Dahlheim zu Zahlbach bei Mainz gefunden. Kalkstein. H. 1 m., B. 32, D. 19 cm. In dem Giebelfelde eine Rosette:

QV · METTIVS ·
C · F · STEI · FOR ·
VIBI · MIL · LEG ·
XIIII · GEM · ANN ·
XXX · STIP · VII ·
H · S · E · FRATREs
PRO · PIETATE
D · D · S

Quintus Mettius, Gai filius, Stellatina (tribu), Foro Vibii, miles legionis quartae decimae, geminae, annorum triginta, stipendiorum septem, hic situs est: fratres pro pietate dederunt de suo.

Quintus Mettius, des Gaius Sohn, aus der Stellatinischen Tribus (Bürgerklasse) von Foro Vibii (bei Pignerolo unweit der Quellen des Po in Ligurien), Soldat der vierzehnten Legion, der gedoppelten, alt 30 Jahre, im Dienste 7 Jahre, liegt hier. Seine Brüder liessen (ihm) aus Liebe (diesen Grabstein) auf ihre Kosten setzen.

Vgl. Fuchs I. s. 150 mit Abb. T. XVII. class. IIII. n. XXVIII. lat. p. 153 n. 28. Reuter Albansgulden s. 7. Donat. inscr. p. 469, 3. Lehne G. S. II. s. 156 n. 185. Steiner I. 394; II. 499. Orelli-Henzen 5109. Mainzer Wochenblatt 1857 Nr. 77 s. 679 n. 4. Grotefend Imp. Rom. p. 57. Brambach 1182.

164. Grabstein eines römischen Soldaten, i. J. 1804 zu Zahlbach bei Mainz gefunden. Kalkstein. H. 1 m. 12 cm., B. 38, D. 31 cm. Ueber der mit Leistenrand eingeschlossenen Inschrift in einer nischenartigen Vertiefung das bis zum Halse bekleidete Brustbild des Verstorbenen, an den beiden Ecken des von Randleisten eingefassten Giebelfeldes eine Rosette:

L · N A E V I V S
P · F · STEL · TAVRI
MIL · LEG · XIIII · GEM
ANNOR · XLV · SIP ·
XXIII·H·S·E·FRATER
POSVIT

Lucius Naevius, Publii filius, Stellatina (tribu), Taurinis, miles legionis quartae decimae, geminae, annorum quadraginta quinque, stipendiorum viginti trium, hic situs est: frater posuit.

Lucius Naevius, des Publius Sohn, aus der Stellatinischen Tribus (Bürgerklasse) von Taurini (Turin), Soldat der vierzehnten Legion, der gedoppelten, alt 45 Jahre, im Dienste 23 Jahre, liegt hier. Sein Bruder liess (ihm diesen Grabstein) setzen.

Vgl. Lehne G. S. II. s. 159 n. 188 mit Abb. T. IX. n. 36. Steiner II. 498. Mainzer Wochenblatt 1857 Nr. 77 s. 679 n. 5. Grotefend Imp. Rom. p. 36. Brambach 1184.

165. Oben und unten abgebrochener **Grabstein** eines römischen Soldaten, i. J. 1804 zu Zahlbach bei Mainz gefunden. Kalkstein. H. 37, B. 41, D. 23 cm.:

. . IIVS · MA
CCONIS · F · POL
EPOREDIA · MIL
LEG · XIIII · GEM ·
ANN · XXIIX · STIP
VII · H · S · E · CVRA·
. . . FIRMVS · VAL

(Vir)ius, Macconis filius, Pollia (tribu), Eporedia, miles legionis quartae decimae, geminae, annorum duodetriginta, stipendiorum septem, hic situs est: cura(m egi) Firmus Valerius . . . .

Virius, des Macco Sohn, aus der Pollischen Tribus (Bürgerklasse) von Eporedia (Ivrea in Oberitalien), Soldat der vierzehnten Legion, der gedoppelten, alt 28 Jahre, im Dienste 7 Jahre, liegt hier. (Für diesen Grabstein) (habe ich) Firmus Valerius Sorge (getragen).

Vgl. Lehne G. S. II. s. 168 n. 194. Steiner II. 495. Mainzer Wochenblatt 1857 Nr. 77 s. 680 n. 8. Grotefend Imp. Rom. p. 50. Brambach 1192; vgl. Nr. 159.

166. Grabstein eines römischen Soldaten, i. J. 1804 zu Zahlbach bei Mainz gefuuden. Kalkstein. H. 1 m. 40 cm., B. 52, D. 23 cm. In dem Giebelfelde ein Blätterornament:

C · ALLIVS · C · F ·
A N I E S · C R E M
O N A · M I L · L E G
XIIII · GEM · ANNOR ·
XXX·STIP·XV · HI·S·E
F R A T E R · O B ·
P I E T A T

Gaius Allius, Gai filius, Aniensi (tribu), Cremona, miles legionis quartae decimae, geminae, annorum triginta, stipendiorum quindecim, hic intus situs est: frater ob pietatem.

Gaius Allius, des Gaius Sohn, aus der Aniensischen Tribus (Bürgerklasse) von Cremona (Cremona in Oberitalien), Soldat der vierzehnten Legion, der gedoppelten, alt 30 Jahre, im Dienste 15 Jahre, liegt hier innen. Sein Bruder (liess ihm) aus Liebe (diesen Grabstein setzen).

Vgl. Lehne G. S. II. s. 136 n. 173. Steiner II. 506. Mainzer Wochenblatt 1857 Nr. 71 s. 627 n. 1. Grotefend Imp. Rom. p. 49. B. J. XXXVIII. s. 98. Brambach 1172.

167. Grabstein eines römischen Soldaten, i. J. 1851 zu Kleinwinternheim bei Mainz gefunden. Kalkstein. H. 2 m.

36 cm., B. 72, D. 22 cm. Oben Löwenköpfe als Todessymbole; über der Inschrift das Bild des Verstorbenen im Waffenrocke und Kriegskleide (sagum), mit der L. den im Futteral über den Rücken hängenden Schild an einem Riemen haltend, in der R. den jetzt völlig abgebrochenen langen Wurfspiess (pilum), am (doppelten) Gürtel r. das Schwert, l. ein Dolchmesser:

P · FLAVOLEIVS · P · F · POL·
MVTINA · CORDVS · MIL·
LEG · XIIII · GEM · H · S · E·
ANN · XLIII · STIP · XXIII ·
C·VIBENNIVS·L·F·EX·T·FEC

Publius Flavoleius, Publii filius, Pollia (tribu), Mutina, Cordus, miles legionis quartae decimae, geminae, hic situs est, annorum quadraginta trium, stipendiorum viginti trium: Gaius Vibennius, Lucii filius, ex testamento fecit.

Publius Flavolejus Cordus, des Publius Sohn, aus der Pollischen Tribus (Bürklasse) von Mutina (Modena in Oberitalien), Soldat der vierzehnten Legion, der gedoppelten, liegt hier, alt 43 Jahre, im Dienste 23 Jahre: Gaius Vibennius, des Lucius Sohn, liess (ihm) nach Vorschrift des Testamentes (diesen Grabstein) setzen.

Vgl. Darmstädter Zeitung 1851. Nr. 51. Rheinische Blätter (Beiblatt zum Mainzer Journal) 1851 Nr. 36 s. 143. Wanderer (Beiblatt zur Nass. Allg. Zeitung) 1851 Nr. 57 u. 85. M. Z. II, 1 u. 2. s. 200 n. 30. Mainzer Wochenblatt 1857 Nr. 86 s. 757 n. 14. Grotefend Imp. Rom. p. 65. Steiner II. 1687. Lindenschmit Heidn. Vorz. H. IV. T. 4, 1. 2. 3. B. J. XVI. s. 136 n. 424. Brambach 923. A. Müller Das Cingulum militiae, (Ploen 1873, 4) s. 10 ff. n. 3.

168. Grabstein eines römischen Soldaten, i. J. 1804 zu Zahlbach bei Mainz gefunden. Kalkstein. H. 1 m., B. 52, D. 19 cm. In dem Giebelfelde ein Blätterornament; r. u. l. je drei Stirnziegeln:

M ❦ VALERIVS
L❦F❦PVB❦VER❦
MIL❦LEG❦XIIII·
GEM ❦ AN · XXXV
STIP ❦ XVI ❦
H · S · E·
FRATRES ❦ POSV·
A V

Marcus Valerius, Lucii filius, Publilia (tribu), Verona, miles legionis quartae decimae, geminae, annorum triginta quinque, stipendiorum sedecim, hic situs est: fratres posuerunt: ave! vale!

Marcus Valerius, des Lucius Sohn, aus der Publilischen Tribus (Bürgerklasse) von Verona (Verona in Oberitalien), Soldat der vierzehnten Legion, der gedoppelten, alt 35 Jahre, im Dienste 16 Jahre liegt hier. Seine Brüder liessen (ihm diesen Grabstein) setzen. Lebe wohl! Lebe wohl!

Vgl. Lehne G. S. II. s. 165. Steiner II. 519. Mainzer Wochenblatt 1857 Nr. 77 s. 680 n. 7. Grotefend Imp. Rom. p. 88. Brambach 1191.

169. Grabstein eines römischen Legionsadlerträgers, am 15. April 1831 auf dem Begräbnissplatze von Mainz gefunden. Körniger Kalkstein. H. 2 m. 15 cm., B. 94, D. 29 cm. Oben eine tempelartig gebildete Nische, deren in der Mitte gewölbte Bedachung, mit schneckenartig gewundenen Stirnziegeln und zwei abwärtssteigenden Delphinen als Grabessymbolen geschmückt, auf zwei am Schafte unten palmstammartig geschuppten, oben gewundenen Säulen ruht, deren aus zweifacher Blätterreihe, mit Schnecken, bestehenden Capitelle der korinthischen Ordnung angehören. In der Nische die Figur des Verstorbenen im vollen Waffenschmucke. Hals, Kopf, Arme und Beine sind unbedeckt: am Halse zeigt sich zunächst das wollene oder leinene Hemd durch die viereckigen Ausschnitte einer Art von Wamms von feinem Leder, über welchen sich der Ringpanzer (lorica ex annulis, tunica ferrea) anlegt, dessen Aermel an den Oberarmen und die Schürze an den Schenkeln sichtbar sind. Auf das Panzerhemd folgt der Waffenrock von Leder, an den Achseln in, der Beweglichkeit des Oberarms wegen, kürzere, gegen den Leib zu zum Schutze der Achselkehle des gehobenen Arms längere, senkrecht abfallende Streifen ausgeschnitten, wie auch unten an der Schürze: die Achsel selbst hat noch eine weitere Deckung aus Leder oder Metall. Ueber die Brust legt sich ein Lederriemenwerk von vielleicht bunten Streifen, woran oben die beiden offenen, an ihren Enden geknöpfelten Ringe (armillae), darunter, in drei Reihen aufgeheftet, runde Schmukplatten (phalerae) als militärische Ehrenzeichen befestigt sind: dazu gehören noch die zwei auf der Höhe der Schulter sichtbaren metallenen Buckeln. Der Gürtel besteht aus einem breiten mit Metallplatten beschlagenen Lederbande, an dessen der Schnalle entgegengesetztem Ende vier mit Metallspitzen, s. g. Riemenzungen, beschlagene Riemen befestigt sind, von denen einer den Gürtel hält, die andern zum Rückhalte bei Beschädigung dienen: dieser Gürtel trägt allein das nach hintenzu gerichtete Schwert an der rechten Seite, von dem leider nur der beschädigte Griff sichtbar ist. Die Handwurzel des rechten Arms ist mit vier offenen, neben einanderliegenden Ringspangen geschmückt und geschützt, an den Füssen ist nur das Schnürwerk des Lederzeuges der Sohle sichtbar. Die Linke hält den Schild, mit dem auf viereckiger Platte sich erhebenden Buckel (umbo) in der Mitte, dessen Spangenbeschläge in der Form des geflügelten Blitzes auslaufen. Die Rechte hält das Legionszeichen, den Adler auf einer Stange: der Adler, in schwebender, wagrechter Haltung des Körpers mit emporgerichteten, von einem Kranze umwundenen Flügeln, hält eine Eichel im Schnabel und den Blitzstrahl in den Fängen; von diesem Bildwerke reicht ein mit demselben zusammengegossenes Beschläg weit über die Stange herab, welche weiter abwärts einen Haken zum Herausziehen (signum evellere) des mit der unten befindlichen Metallspitze in den Boden gestossenen Zeichens oder zum Schutze der Hand hat. Unter dem Bilde in einem viereckigen von Leisten umrandeten Felde die Inschrift:

C N · M V S I V S · T · F · GAL · V E L E I A S · A N XXX I I · S T I P · X V AQVILIF · LEG · $\overline{\text{XIIII}}$ · GEM · M · MVSIVS · Ͻ · FRATER · POSVIT	Gnaeus Musius, Titi filius, Galeria (tribu), Veleias, annorum triginta duorum, stipendiorum quindecim, aquilifer legionis quartae decimae, geminae. Marcus Musius centurio frater posuit.

Gnaeus Musius, des Titus Sohn, aus der Galerischen Tribus (Bürgerklasse) von Veleia (Dorf Villoe unweit Mazinesso in Oberitalien), alt 32 Jahre, im Dienste 15 Jahre, Adlerträger der vierzehnten Legion, der gedoppelten, (liegt hier). Sein Bruder Marcus Musius, Legionszugführer, liess (ihm diesen Grabstein) setzen.

Vgl. Mainzer Zeitung 1831 Nr. 115. Lehne G. S. II. s. 150 n. 184 mit Abb. T. XV n. 58. Quartalblätter des Vereins für Literatur und Kunst zu Mainz 1831. H. II. s. 39 ff. de Caumont Bullet. monum. I. (1834) pl. VI mit Abb. III. p. 420; IV. (1838) p. 535 ff. Z. f. d. A. 1838 Nr. 64 s. 522 n. 55. Steiner I. 900; II. 449. Mainzer Wochenblatt 1857 Nr. 85 s. 748 n. 13. Lindenschmit Heidn. Vorz. H. IV. T. VI n. 1. Grotefend Imp. Rom. p. 86. Brambach 1183. A. Müller a. a. O. s. 10 ff. n. 2.

170. Grabstein eines römischen Soldaten, nach einer handschriftlichen Notiz Bodmanns im April 1794 zu Zahlbach (s. g. Hohl) bei Mainz gefunden. Kalkstein. H. 2 m., B. 60, D. 22 cm. In dem Giebelfelde eine Rosette:

C · D O N V S V A V I S · C · V I R V N o VIXIT · ANOS · xL MIL · LEG · XIIII · G E M · S T I P · XV · L · DONVS · A L B A N V S · F R A T E R · F A C I V N D V M · C V R A V I T H · I · S · T	Gaius Donius Suavis, Claudia (tribu), Viruno, vixit annos quadraginta, miles legionis quartae decimae, geminae, stipendiorum quindecim. Lucius Donius Albanus frater faciundum curavit: hic intus situs est (?)	Gaius Donius Suavis, aus der Claudischen Tribus (Bürgerklasse) von Virunum, (Zollfeld bei Klagenfurt in Kärnthen); er lebte 40 Jahre; Soldat der vierzehnten Legion, der gedoppelten, im Dienste 15 Jahre liegt hier innen. Sein Bruder Lucius Donius Albanus liess (ihm diesen Grabstein) setzen.

Vgl. Bodmann a. a. O. Tab. XXXII. Lehne G. S. II. s. 141 n. 177 mit Abb. T. IX n. 37. Steiner II. 504. Mainzer Wochenblatt 1857 Nr. 77 s. 679 n. 2. Grotefend Imp. Rom. p. 129. Archiv f. vaterl. Gesch. u. Topogr. herausg. v. d. Geschichtsvereine f. Kärnthen. 9. Jahrg. (1864) s. 53. B. J. XXXVIII. s. 100. Brambach 1174.

171. Oben abgebrochener **Grabstein** eines römischen Soldaten (Reiters), wahrscheinlich i. J. 1804 zu Zahlbach bei Mainz gefunden. Kalkstein. H. 88, B. 72, D. 34 cm.:

Q · . . . VIVS · Q · F VOLT · TOLOSA · EQVL LEG · XIIII · GEM ANO X X X V · STI XII · H S E	Quintus . . . vius, Quinti filius, Voltinia (tribu), Tolosa, eques legionis quartae decimae, geminae, annorum triginta quinque, stipendiorum duodecim, hic situs est.	Quintus . . . vius, des Quintus Sohn, aus der Voltinischen Tribus (Bürgerklasse) von Tolosa (Toulouse in Frankreich), Reiter der vierzehnten Legion, der gedoppelten, alt 35 Jahre, im Dienste 12 Jahre, liegt hier.

Vgl. Lehne G. S. II. s. 171 n. 197. Steiner II. 491. Mainzer Wochenblatt 1857 Nr. 77 s. 680 n. 10. Grotefend Imp. Rom. p. 121. Herzog Gall. Narb. p. 57 n. 275. Brambach 1196.

172. Oben abgebrochener **Grabstein** eines römischen Soldaten, am 2. Mai 1842 in der s. g. Clubistenschanze zu Zahlbach bei Mainz gefunden und im Juli 1845 als Geschenk der Militärbehörde aus dem Genie-Directionsgebäude in das städtische Museum verbracht. Muschelkalkstein. H. 63, B. 31, D. 14 cm.:

A I V G E M STI · IIX · H · S · E · C · ENI V S · M V N I C EPS · D O N A T	. . . (miles legionis) quartae decimae, geminae, stipendiorum octo, hic situs est: Gaius Enius municeps donat.	. . . Soldat der vierzehnten (Legion), der gedoppelten, im Dienste 8 Jahre, liegt hier. Sein Mitbürger Gaius Enius widmet (ihm diesen Grabstein).

Vgl. Malten Bibliothek der neuesten Weltkunde 1842 II. s. 21 n. 10. B. J. II. s. 99 n. 50 u. VIII s. 165 n. 128. M. Z. I. s. 79 n. 36 u. s. 202. Steiner II. 446. Mainzer Wochenblatt 1857 Nr. 85 s. 748 n. 11. Brambach 1193.

173. Oben abgebrochener **Grabstein** eines römischen Soldaten, am 13. Juni 1842 zu Zahlbach bei Mainz gefunden. Weisser Muschelkalk. H. 78, B. 47, D. 16 cm. (Geschenk der Militärbehörde):

. . . . MIL · LEG · I . . I GEM · ANN · XXX STIP · IV · H · S · E FRATRES · PRO PIETATE · POSVER ·	. . . . miles legionis quartae decimae, geminae, annorum triginta, stipendiorum quattuor, hic situs est: fratres pro pietate posuerunt.	. . . . Soldat der vierzehnten Legion, der gedoppelten, alt 30 Jahre, im Dienste 4 Jahre, liegt hier. Seine Brüder liessen (ihm diesen Grabstein) aus Liebe setzen.

Vgl. Malten Bibliothek der neuesten Weltkunde 1842 II. s. 22 n. 12. B. J. II s. 103 n. 67. M. Z. I. s. 79 n. 37. Steiner II. 429. Mainzer Wochenblatt 1857 Nr. 77 s. 680 n. 9. Brambach 1267.

174. Grabstein eines römischen Soldaten, i. J. 1806 zu Zahlbach bei Mainz gefunden. Kalkstein. H. 2 m., B. 58, D. 24 cm. Ueber der mit Leistenrand eingeschlossenen Inschrift zunächst ein rechteckiges Feld mit einer Sternblume in der Mitte zwischen zwei Blätterornamenten und Rosetten: darüber in dem halbrunden Giebelfelde eine grössere Rosette auf Blätterschmuck; unter der Inschrift eine aus zwei ringförmigen Oeffnungen herabhängende Blätterguirlande mit flatternden Bandstreifen:

T · IVLIVS · T · F SAB · SECN DVS · FIRMo MIL · LEG · XIIII · GM · MR VIC · N · XXXv STP · IX · HSE · T · F · I · H · F · C ·	Titus Iulius, Titi filius, Sabatina (tribu), Secundus, Firmo, miles legionis quartae decimae, geminae, Martiae, victricis, annorum triginta quinque, stipendiorum novem, hic situs est: testamento fieri iussit, heres faciendum curavit.	Titus Julius Secundus, des Titus Sohn, aus der Sabatinischen Tribus (Bürgerklasse) von Firmum (Fermo in Italien?), Soldat der vierzehnten Legion, der gedoppelten, Martischen, siegreichen, alt 35 Jahre, im Dienste 9 Jahre. Durch sein Testament ordnete er die Errichtung (dieses Grabsteines) an; sein Erbe liess (ihn) setzen.

Vgl. Lehne G. S. II. s. 145 n. 180 mit Abb. T. IX. n. 38. Steiner II. 493. Grotefend Imp. Rom. p. 53. Brambach 1179.

175. Bruchstück des **Grabsteins** eines römischen Soldaten, i. J. 1804 zu Zahlbach bei Mainz gefunden. Kalkstein. H. 27, B. 42, D. 15 cm.:

. . . . . FIR · MIL . . . . LEG · XIIII . . . 1 · V · AN · . . . STIP	. . . . Firmo, miles legionis quartae decimae, (geminae), Martiae, victricis, annorum . . . . stipendiorum . . . (hic situs est).	. . . . . aus Firmum (Fermo in Italien?) Soldat der vierzehnten Legion, der gedoppelten, Martischen, siegreichen, alt . . . Jahre, im Dienste . . . . (liegt hier).

Vgl. Lehne G. S. II. s. 170 n. 196. Steiner II. 492. Brambach 1195.

176. Grabstein eines römischen Soldaten (Fahnenträgers), i. J. 1804 zu Zahlbach bei Mainz gefunden. Kalkstein. H. 1 m. 85 cm., B. 66. D. 23 cm. Oben in einer einfachen Nische das Bild des Verstorbenen: Kopf, Hals, Arme und Beine von den Knieen abwärts unbedeckt, nur die Füsse mit geschlossenen, bis über die Knöchel reichenden Halbstiefeln bekleidet, welche blos die Zehen frei lassen. Bemerkbar ist zunächst der am Halse sich in einem kleinen Wulste anschliessende Waffenrock von Leder, welcher an den Oberarmen in den Aermeln und an der Schürze in breite Streifen ausgeschnitten ist. Die Achseln bedecken breite, an dem innern Rande umgeschlagene und unten ausgeschnittene Platten von Leder oder

Metall. Bemerkenswerth sind die beiden Gürtel, deren zwei Schnallen grade untereinander auf der rechten Seite, bei dem Schwerte, zum Vorschein kommen: der obere trägt das Schwert, dessen Griff am Knauf und bei dem Ansatz der Klinge zwei grosse Knöpfe zeigt; an der linken Seite hängt der Dolch mit ähnlichem Griffe, die Scheidenbeschläge beider Waffen haben Kuppelringe. Der Schwertgürtel hat fünf Schnallenriemen, von denen einer durch die Schnalle gezogen ist, die andern durch den Gürtel geschoben, in der Mitte des Leibes zum Schutze herabfallen. Ueber die Brust quer herüber geht das Tragband des Schildes, welchen die Linke so hält, dass die Rückseite mit der innern Gestalt des Buckels (umbo) mit dem Schildgriffe sichtbar ist. Auf der linken Achsel ist der geschlossene Visirhelm, dessen breite, unten ausgefranzte Bänder über die linke Brust herabhängen. Die Rechte hält das Feldzeichen (signum) mit seinen vielen Schmuckscheiben, dem Capricorn auf einer Kugel und mit grossen Quasten so, dass jene Scheiben, auf vorragenden Stiften befestigt, das Anfassen der Stange an allen Theilen ermöglichten: letztere hat unten einen metallenen Dorn zum Einstossen in die Erde: der obere Theil unter der Spitze des Zeichens ist bis zur Unkenntlichkeit zerstört. Die ganze Arbeit ist roh und bekundet eine völlige Unkenntniss der menschlichen Körperverhältnisse. Ueber der Figur und zum Theil neben dem untern Ende des Zeichens (signum) steht die Inschrift:

Q · L V C C I V S · Q · F · P O L L I A · FAVSTVS · POLE NTIA · MIL · LEG · XIIII · GEM · MAR · VIC · AN · XXXV · STIP XVII · H · S · E HEREDES · F · C ·	Quintus Luccius, Quinti filius, Pollia(tribu), Polentia, Faustus, miles legionis quartae decimae, geminae, Martiae, victricis, annorum triginta quinque, stipendiorum septendecim, hic situs est: heredes faciendum curaverunt.	Quintus Luccius Faustus, des Quintus Sohn, aus der Pollischen Tribus (Bürgerklasse) von Polentia (Polenza in Ligurien), Soldat der vierzehnten Legion, der gedoppelten, Martischen, siegreichen, alt 35 Jahre, im Dienste 17 Jahre, liegt hier. Seine Erben liessen (ihm diesen Grabstein) setzen.

Vgl. Lehne G. S. II. s. 146 n. 181 mit Abb. T. VII. n. 29. Steiner II. 502. Lindenschmit Heidn. Vorz. H. IV, T. VI. n. 2. Grotefend Imp. Rom. p. 71. Brambach 1180. A. Müller a. a. O. n. 7.

177. Grabstein eines römischen Soldaten, zu Ende April 1843 oberhalb des Begräbnissplatzes von Mainz gefunden; der Stein lag auf einem Grabsarge, welcher zwei grosse Löcher im Boden hatte. Kalkstein. H. 64, B. 59, D. 18 cm. In dem Giebelfelde eine Rosette auf Blätterschmuck. (Geschenk der Militärbehörde):

M · G E L L I V S M · F · CA SEC N D V S · A R A · MIL · LEG · . . . . G · M · V · N · XXIV STIP IIII · H · S · E · H · F · C ·	Marcus Gellius, Marci filius, Claudia (tribu), Secundus, Ara (Agrippinensium), miles legionis (quartae decimae), geminae, Martiae, victricis, annorum viginti quattuor, stipendiorum quattuor, hic situs est: heres faciendum curavit.	Marcus Gellius Secundus, des Marcus Sohn, aus der Claudischen Tribus (Bürgerklasse) von Ara (Agrippinensium, Cöln am Rhein), Soldat der vierzehnten Legion, der gedoppelten, Martischen, siegreichen, alt 24 Jahre, im Dienste 4 Jahre, liegt hier. Sein Erbe liess (ihm diesen Grabstein) setzen.

Vgl. B. J. III. s. 89 n. 72. M. Z. I. s. 77 n. 33. Steiner II. 273. Grotefend Imp. Rom. p. 124. Brambach 1177.

178. Oben verstümmelter **Grabstein** eines römischen Veteranen, i. J. 1804 zu Zahlbach bei Mainz gefunden. Kalkstein. H. 47, B. 45, D. 16 cm.:

I F · P A P · P .
F V S · V E T E R A
EX · LEG · XIIII·
G · M · V · A NN
XLV · H · S · E · HE
R E D E S · F C

.... Papiria, Rufus, veteranus ex legione quarta decima, gemina, Martia, victrici, annorum quadraginta quinque, hic situs est: heredes faciendum curaverunt.

.... Rufus, aus der Papirischen Tribus (Bürgerklasse), Veteran von der vierzehnten Legion, der gedoppelten, Martischen, siegreichen, alt 45 Jahre, liegt hier. Seine Erben liessen (ihm diesen Grabstein) setzen.

Vgl. Lehne G. S. s. 169 n. 195. Steiner II. 494. Brambach 1194.

179. Bruchstück des **Grabsteins** eines römischen Soldaten, in Mainz gefunden. Sandstein. H. 1 m. 35 cm., B. 53, D. 22 cm.:

...... · P · F ·
.... MAN ·
.... LEG · XIIII
.... XXV
STIP · . I · H · S · E

...... Publii filius, Primanus, (miles) legionis quartae decimae, (geminae, Martiae, victricis), annorum viginti quinque, stipendiorum . . . hic situs est.

..... Primanus, des Publius Sohn, (Soldat) der vierzehnten Legion, (der gedoppelten, Martischen, siegreichen), alt 25 Jahre, im Dienste ... Jahre, liegt hier.

Vgl. Brambach 1365.

180. **Grabstein** eines römischen Soldaten, i. J. 1804 zu Zahlbach bei Mainz gefunden. Kalkstein. H. 83, B. 34, D. 19 cm. Zu beiden Seiten des mit Leistenrändern umgebenen und mit einfacher Rosette verzierten Giebelfeldes sind durch schneckenförmige Stirnziegeln gebildete Bekrönungen:

MILES · LEG
XVI · > · VIATo
R I S · S E X
L A R T I D I V S
S E X · F · V E L ·
P I S T O R I S
A N N O ·
X X V I · S T I P
IV · H · S · E

Miles legionis sextae decimae, centuriae Viatoris, Sextus Lartidius, Sexti filius, Velina, Pistoriis, annorum viginti sex, stipendiorum quattuor, hic situs est.

Der Soldat der sechszehnten Legion, von der Centurie (Zug) des Viator, Sextus Lartidius, des Sextus Sohn, aus der Velinischen Tribus (Bürgerklasse) von Pistoriä (Pistoja in Toskana), alt 26 Jahre, im Dienste 4 Jahre, liegt hier.

Vgl. Lehne G. S. II. s. 178 n. 202 mit Abb. T. IX. n. 41. Steiner II. 489. Mainzer Wochenblatt 1858 Nr. 67 s. 598 n. 4. Grotefend in B. J. XXVI. s. 124 u. Imp. Rom. p. 70. Brambach 1200.

181. **Grabstein** eines römischen Soldaten, i. J. 1804 zu Zahlbach bei Mainz gefunden. Kalkstein. H. 1 m. 53 cm., B. 50, D. 23 cm. Oben Blätterzweig und Rosette:

T · VICCIVS · T · F ·
V o T · P L A C ·
M I L · E X · LEG ·
XVI · A N · L ·
S T I P · XXIIII ·
H · S · E
H · E X · T · P

Titus Viccius, Titi filius, Voturia (tribu), Placentia, miles ex legione sexta decima, annorum quinquaginta, stipendiorum viginti quattuor, hic situs est: heres ex testamento posuit.

Titus Viccius, des Titus Sohn, aus der Voturischen Tribus (Bürgerklasse) von Placentia (Piacenza in Oberitalien), Soldat aus der sechszehnten Legion, alt 50 Jahre, im Dienste 24 Jahre, liegt hier. Sein Erbe liess (ihm) nach Vorschrift des Testamentes) (diesen Grabstein) setzen.

Vgl. Lehne G. S. II. s. 174 n. 199. Steiner II. 425. Mainzer Wochenblatt 1858 Nr. 70 s. 621 n. 8. Grotefend Imp. Rom. p. 70. Brambach 1204.

182. Grabstein eines römischen Soldaten, i. J. 1804 zu Zahlbach bei Mainz gefunden. Kalkstein. H. 87, B. 39, D. 20 cm. In dem Giebelfelde eine einfache Rosette; neben je ein Stirnziegel:

T · POMPEIVS
T · F · VOL · VI
A N · M I L ·
L E G · X V I ·
AN · XXXX · STIP
XIX · H · S · E ·
E R E S · P O S
I T · M V N I C
E P S ·

Titus Pompeius, Titi filius, Voltina (tribu), Viana, miles legionis sextae decimae, annorum quadraginta, stipendiorum undeviginti, hic situs est: (h)eres posuit municeps.

Titus Pompeius, des Titus Sohn, aus der Voltinischen Tribus (Bürgerklasse) von Viana (Stadt in Rätien), Soldat der sechszehnten Legion, alt 40 Jahre, im Dienste 19 Jahre, liegt hier. Sein Erbe und Mitbürger liess (ihm diesen Grabstein) setzen.

Vgl. Lehne G. S. II. s. 181 n. 204. Steiner II. 487. Mainzer Wochenblatt 1858 Nr. 70 s. 621 n. 6. Grotefend Imp. Rom. p. 127. Brambach 1202.

183. Grabstein eines römischen Soldaten, nach einer handschriftlichen Notiz Bodmanns i. J. 1795 am Abhange des Berges hinter dem Kloster Dahlheim zu Zahlbach bei Mainz aufgefunden. Kalkstein. H. 1 m. 23 cm., B. 50, D. 29 cm. Die Inschrift steht zwischen Säulen, über deren Querbalken sich ein mit Leistenrand umgebenes Giebelfeld tempelartig erhebt, dessen Mitte eine einfache Rosette ziert; auf beiden Seiten mit schneckenartig gewundenen Stirnziegeln geschmückte Bekrönungen:

C · IVLIVS · C · F · GAL · LVG ·
OPTATVS · MILES · LEG · XVI
> S E I · A N N O R V M
X X X V · S T I P
XVI · Q V O D
HEREDES · P O S VE
R E
H · S · E

Gaius Iulius, Gai filius, Galeria (tribu), Luguduno, Optatus, miles legionis sextae decimae, centuriae Sei, annorum triginta quinque, stipendiorum sedecim: quod heredes posuere: hic situs est.

Gaius Julius Optatus, des Gaius Sohn, aus der Galerischen Tribus (Bürgerklasse) von Lugudunum (Lyon in Frankreich), Soldat der sechszehnten Legion, von der Centurie (Zug) des Seius, alt 35 Jahre, im Dienste 16 Jahre, liegt hier. (Diesen Grabstein) liessen (ihm) seine Erben setzen.

Vgl. Bodmann a. a. O. Tab. XXIX. Lehne G. S. II. s. 177 n. 201 mit Abb. T. IX. n. 39. Steiner II. 490. Mainzer Wochenblatt 1858 Nr. 67 s. 598. n. 3. Grotefend Imp. Rom. p. 123. Brambach 1198.

184. Oben und unten verstümmelter **Grabstein** eines römischen Soldaten, nach einer handschriftlichen Notiz Bodmanns i. J. 1795 am Abhange des Berges hinter dem Kloster Dahlheim zu Zahlbach bei Mainz gefunden. Kalkstein. H. 90, B. 60, D. 20 cm. In dem Giebelfelde Rest einer kleinen Guirlande:

C · SATRIVS · C · F · VOL · CABALIO NE · MIL · LEG · XVI ANN · XLV · STIP XX · H · S · E EREDES · EX · TEST / . . NTO · P	Gaius Satrius, Gai filius, Voltinia (tribu), Cabalione, miles legionis sextae decimae, annorum quadraginta quinque, stipendiorum viginti, hic situs est. (h)eredes ex testamento posuerunt.	Gaius Satrius, des Gaius Sohn, aus der Voltinischen Tribus (Bürgerklasse) von Cabalio (Cavaillon in Frankreich), Soldat der sechszehnten Legion, alt 45 Jahre, im Dienste 20 Jahre, liegt hier. Seine Erben liessen (ihm) nach Vorschrift des Testamentes (diesen Grabstein) setzen.

Vgl. Bodmann a. a. O. p. 329. Lehne G. S. II. s. 182 n. 205. Steiner II. 486. Mainzer Wochenblatt 1858 Nr. 70 s. 621 n. 7. Grotefend Imp. Rom. p. 117. Herzog Gall. Narb. p. 84 n. 400. Brambach 1203.

185. Bruchstück des **Grabsteins** eines römischen Soldaten, i. J. 1804 zu Zahlbach bei Mainz gefunden. Kalkstein. H. 40, B. 48, D. 14 cm.:

P I A A LVCO · ANOhV MILES · LEG · XVI HIC · SITVS · EST · DE SVO · SIBI · TITVL	.... Luco, an(n)orum ... miles legionis sextae decimae, hic situs est: de suo sibi titulum (faciendum curavit).	... von Lucus (Luc en Die in Frankreich), alt.. Jahre, Soldat der sechszehnten Legion, liegt hier: aus eigenen Mitteln (liess er) sich (diesen Grabstein setzen).

Vgl. Lehne G. S. II. s. 188 n. 209. Steiner II. 485. Mainzer Wochenblatt 1858 Nr. 70 s. 621 n. 9. Grotefend Imp. Rom. p. 119. Brambach 1205.

186. Grabstein eines römischen Soldaten, am 9. April 1842 in der s. g. Clubistenschanze zu Zahlbach bei Mainz gefunden. Feiner weisser Muschelkalkstein. H. 1 m. 38 cm., B. 56, D. 26 cm. In dem Giebelfelde eine Rosette. (Geschenk der Militärbehörde):

C · IVLIVS · C · F VOL · ANDIC CVS · MIL · LEG XVI · ANNO · XLV STIP · XXI · H · S · E HERES · POS ·	Gaius Iulius, Gai filius, Voltinia (tribu), Andiccus, miles legionis sextae decimae, annorum quadraginta quinque, stipendiorum viginti unius, hic situs est: heres posuit.	Gaius Julius Andiccus, des Gaius Sohn, aus der Voltinischen Tribus (Bürgerklasse), Soldat der sechszehnten Legion, alt 45 Jahre, im Dienste 21 Jahr, liegt hier. Sein Erbe liess (ihm diesen Grabstein) setzen.

Vgl. Mainzer Unterhaltungsblätter (Beilage zur Mainzer Zeitung) 1842 Nr. 103. Malten Bibliothek der neuesten Weltkunde 1842 II. s. 15. B. J. II. s. 91 n. 35. M. Z. I. s. 80 n. 39. Steiner II. 430. de Caumont Bullet. monum. IX. (1843) p. 253. Mainzer Wochenblatt 1858 Nr. 67 s. 598 n. 2. Brambach 1199.

187. In zwei Stücke durchgebrochener **Grabstein** eines römischen Soldaten, i. J. 1804 zu Zahlbach bei Mainz gefunden. Kalkstein. H. 1 m. 10 cm., B. 50, D. 14 cm.:

L · N O V E L L I VS · T · F · POLIA · H I S P E L O MILES · LEG · XVI · A N O K . M XXXXV · S T I P E N D I O R V M · X V I I · H I C · S I T V S · E S T	Lucius Novellius, Titi filius, Pol(l)ia (tribu), Hispelo, miles legionis sextae decimae, an(n)orum quadraginta quinque, stipendiorum septendecim, hic situs est.	Lucius Novellius Hispelo, des Titus Sohn, aus der Pollischen Tribus (Bürgerklasse), Soldat der sechszehnten Legion, alt 45 Jahre, im Dienste 17 Jahre, liegt hier.

Vgl. Lehne G. S. II. s. 150 n. 203. Steiner II. 488. Mainzer Wochenblatt 1858 Nr. 70 s. 621 n. 5. Grotefend Imp. Rom. p. 59. N. Annal. VIII. s. 571. n. 8. M. Z. III, 1 s. 70 n. 219. Brambach 1201 u. 2080.

188. Grabstein eines römischen Soldaten, i. J. 1844 auf der Albansschanze vor dem Neuthore zu Mainz gefunden. Kalkstein. H. 1 m. 8 cm., B. 62, D. 70 cm. In dem Giebelfelde eine Rosette auf Blätterschmuck; darüber auf beiden Seiten je drei Stirnziegeln und eine kleine Rosette. (Geschenk der Militärbehörde):

L · C A S S I V S L · F · O F F E N T M I L · L E G · XVI AN XXXV · STIP · XII H S E	Lucius Cassius, Lucii filius, Offentina (tribu), miles legionis sextae decimae, annorum triginta quinque, stipendiorum duodecim, hic situs est.	Lucius Cassius, des Lucius Sohn, aus der Offentinischen Tribus (Bürgerklasse), Soldat der sechszehnten Legion, alt 35 Jahre, im Dienste 12 Jahre, liegt hier.

Vgl. M. Z. I. s. 81 n. 40. Steiner II. 285. Klein H. L. s. 26. Mainzer Wochenblatt 1858 Nr. 67 s. 598 n. 1. Brambach 1080.

189. Bruchstück des **Grabsteins** eines römischen Soldaten (Reiters), bei der Herstellung des Justizpalastes zu Mainz gefunden und im Februar 1846 von Herrn Kreisgerichtspräsidenten Dr. Schaab geschenkt. Tertiärkalkstein. H. 29, B. 36, D. 17 cm.:

. . . . LEG · XVI · EC . . . \ SILLAR AN . . XV · STIP · XV	. . . . . legionis sextae decimae, eques turmae Sillari, annorum . . . . quinque, stipendiorum quindecim	. . . . der sechszehnten Legion, Reiter aus der Turme (Escadron) des Sillarus, alt . . Jahre, im Dienste 15 Jahre . . . .

Vgl. M. Z. I. s. 350 n. 81. Brambach 1018.

190. Grabstein eines römischen Soldaten, im October 1842 am Paradeplatze zu Mainz als Decke eines Canals gefunden und in zwei Stücke zerbrochen, im Juli 1845 als Geschenk der Militärbehörde aus dem Geniedirectionsgebäude ins städtische Museum verbracht. Kalkstein. H. 1 m. 22 cm., B. 76, D. 18 cm.:

L · MARIVS · L · F · PV PINEA · BAETERRIS MILES · LEG · XXI · STI · P E N D I O R V M · XVI · ANNO · XXXX · HIC · SIT · EST · FRATE R F A C I E N D V M CVRAVIT	Lucius Marius, Lucii filius, Pupinea (tribu), Baeterris, miles legionis vicesimae primae, stipendiorum sedecim, annorum quadraginta, hic situs est: frater faciendum curavit.	Lucius Marius, des Lucius Sohn, aus der Pupinischen Tribus (Bürgerklasse) von Baeterrae (Beziers in Frankreich), Soldat der ein und zwanzigsten Legion, im Dienste 16 Jahre, alt 40 Jahre, liegt hier. Sein Bruder liess (ihm diesen Grabstein) setzen.

Vgl. B. J. II. s. 103 n. 68. M. Z. I. s. 81 n. 203. Steiner II. 284. Orelli-Henzen 5226. Grotefend Imp. Rom. p. 117. Herzog Gall. Narb. p. 21 n. 84. Brambach 1057.

191. Grabstein eines römischen Soldaten, i. J. 1804 zu Zahlbach bei Mainz gefunden und bis 1866 dort aufgestellt. Kalkstein. H. 1 m. 22 cm., B. 52, D. 20 cm. In jeder Ecke des Giebelfeldes eine Rosette; in einem Halbkreise die Inschrift:

L · SERGIVS	Lucius Sergius, Lucii fi-	Lucius Sergius Valentinus,
L · F · SABATI	lius, Sabatina (tribu),	des Lucius Sohn, aus der Sabatinischen Tribus (Bür-
V A L E N T I	Valentinus,(miles)legio-	gerklasse), (Soldat) von der
L E G · XXII	nis vicesimae secundae,	zwei und zwanzigsten Le-
ANN · XXVII	annorum viginti septem,	gion, alt 27 Jahre, im Dien-
STIP · VII	stipendiorum septem.	ste 7 Jahre, (liegt hier).

Vgl. Dahl im Darmstädter Gymnasialprogramme 1831 s. 82 n. IV. Lehne G. S. II. s. 219 n. 230. Grotefend in Z. f. d. A. 1836 s. 943. Steiner II. 576. Mainzer Wochenblatt 1857 Nr. 101 s. 886 n. 13. Klein Röm. Denkm. s. 14 n. 13. u. B. J. XXVIII. s. 76 f. Grotefend in B. J. XXVI. s. 121 f. Brambach 1217.

192. Grabstein eines römischen Soldaten, i. J. 1804 zu Zahlbach bei Mainz gefunden. Kalkstein. H. 1 m. 16 cm., B. 57, D. 18 cm. Das von breiten Leisten umränderte, in der Mitte mit einer Rosette auf einem Blätterschmucke gezierte und auf beiden Seiten mit eckig vorspringenden Stirnziegeln bekrönte Giebelfeld ruht auf zwei Säulchen, welche auf breiten Seitenrändern sich erheben, auf denen zugleich ein Halbbogen sich wölbt, in welchem zwei Täubchen auf dem Rande eines Gefässes einander zugekehrt sitzen; die Seitenräume zwischen den Bogen, den Säulchen und der Basis des Giebelfeldes haben gleichfalls Blätterschmuck zur Füllung. Auf beiden die Inschrift einschliessenden Seitenrändern sind gleichmässig vertheilt und abwechselnd je 7 Waffenstücke angebracht und zwar zu oberst runde Schilde (clypei), sodann Visirhelme, wie es scheint, darunter abwechselnd grosse eckige Schilde (scuta) und Visirhelme mit Kämmen:

C · VIBVLIVS · C · F	Gaius Vibulius, Gai fili-	Gaius Vibulius Valentinus,
OFEN · VALENIN	us, Offentina (tribu), Va-	des Gaius Sohn, aus der Offentinischen Tribus (Bür-
VS · MEDIOLA	lentinus, Mediolano, mi- les legionis vicesimae se-	gerklasse) von Mediolanum (Mailand in Oberitalien),
MIL · LEG · XXII	cundae, annorum duode-	Soldat der zwei und zwan-
N · XXXVIII · STIP ·	quadraginta, stipendio-	zigsten Legion, alt 38 Jahre, im Dienste 18 Jahre, liegt
XVIII · H · S · E	rum duodeviginti, hic situs est.	hier.

Vgl. Wiener de leg. XXII. p. 121 n. 53. Lehne G. S. II. s. 231 n. 240 mit Abb. T. X n. 43. Steiner I. 428; II. 470. R. Smith p. 57 n. 9 mit Abb. zu p. 59. Grotefend Imp. Rom. p. 63. Brambach 1225.

193. Grabstein eines römischen Soldaten, i. J. 1804 zu Zahlbach bei Mainz gefunden. Kalkstein. H. 1 m. 34 cm., B. 94, D. 18 cm. In dem Giebelfelde eine kleine Rosette auf Blätterschmuck; zu beiden Seiten Bekrönungen von Stirnziegeln:

Q · VALER
IVS · Q · F
OFE · VIR
ILIO · ME
MIL · LEG
XXII · PRI
> · BARGO
NI · AN XXIII
STI·III·T FI·H·F·C

Quintus Valerius, Quinti filius, Offentina (tribu), Virilio, Mediolano, miles legionis vicesimae secundae, primigeniae, centuria Bargonii, annorum viginti trium, stipendiorum trium, hic situs est: testamento fieri iussit, heres faciendum curavit.

Quintus Valerius Virilio, des Quintus Sohn, aus der Offentinischen Tribus (Bürgerklasse) von Mediolanum (Mailand in Oberitalien), Soldat der zwei und zwanzigsten Legion, der erstgeworbenen, von der Centurie (Zug) des Bargonius, alt 23 Jahre, im Dienste 3 Jahre (liegt hier). Durch sein Testament ordnete er die Errichtung (dieses Grabsteins) an, sein Erbe liess (ihn) setzen.

Vgl. Wiener de leg. XXII. p. 120. n. 52. Kritische Bibliothek 1830 s. 541. Z. f. d. A. 1836 s. 932. Lehne G. S. II. s. 229 n. 238. Steiner I. 501; II. 511. Grotefend Imp. Rom. p. 63. Brambach 1222.

194. Grabstein eines römischen Soldaten, i. J. 1804 zu Zahlbach bei Mainz gefunden und bis 1866 dort aufgestellt. Kalkstein. H. 1 m. 47 cm., B. 57, D. 23 cm. In dem Giebelfelde eine Rosette:

T · VIBIVS · T · F
POL · OPTA
TVS · EPOR
EDIA · MIL
LEG · XXII · PR
AN · XXXI · STP
XI·H·S·E·H·F·C

Titus Vibius, Titi filius, Pollia (tribu), Optatus, Eporedia, miles legionis vicesimae secundae, primigeniae, annorum triginta unius, stipendiorum undecim, hic situs est: heres faciendum curavit.

Titus Vibius Optatus, des Titus Sohn, aus der Pollischen Tribus (Bürgerklasse) von Eporedia (Ivrea in Oberitalien), Soldat der zwei und zwanzigsten Legion, der erstgeworbenen, alt 31 Jahre, im Diente 11 Jahre, liegt hier. Sein Erbe liess (ihm diesen Grabstein) setzen.

Vgl. Dahl im Darmstädter Gymnasialprogramme von 1831 s. 83. n. V. und Frühlingsprogramme 1832 s. 32 f. Lehne G. S. II. s. 230. n. 239. Steiner II. 472. Mainzer Wochenblatt 1857 Nr. 101 s. 886 n. 9. Klein Röm. Denkm. s. 13 n. 9. Grotefend Imp. Rom. p. 50. Brambach 1224.

195. Grabstein eines römischen Soldaten, i. J. 1804 zu Zahlbach bei Mainz gefunden. Kalkstein. H. 1 m. 44 cm., B. 63, D. 21 cm. In dem Giebelfelde eine kleine Rosette auf Blätterschmuck; auf beiden Seiten Stirnziegeln:

M · SVLPICI
VS · M · F · SAB
ATI · VALES
MNTVA · MIL
LEG · XXII · PR
AN·L·STP·XXV
H · S · E

Marcus Sulpicius, Marci filius, Sabatina (tribu), Valens, Mantua, miles legionis vicesimae secundae, primigeniae, annorum quinquaginta, stipendiorum viginti quinque, hic situs est.

Marcus Sulpicius Valens, des Marcus Sohn, aus der Sabatinischen Tribus (Bürgerklasse) von Mantua (Mantua in Oberitalien), Soldat der zwei und zwanzigsten Legion, der erstgeworbenen, alt 50 Jahre, im Dienste 25 Jahre, liegt hier.

Vgl. Wiener de leg. XXII. p. 151 n. 54. Lehne G. S. II. s. 223 n. 233. Steiner I. 429; II. 474. Grotefend Imp. Rom. p. 62. Brambach 1218.

196. Grabstein eines römischen Soldaten, i. J. 1804 zu Zahlbach bei Mainz gefunden. Kalkstein. H. 1 m., B. 60, D. 12 cm. In dem Giebelfelde eine kleine Rosette auf Blätterschmuck:

C · MATTEIVS· C · F · LEMON PRISCVS BONO · MIL LEG · XXII · PR I A N N · XXXIII · STI XIII · H · S · E	Gaius Matteius, Gai filius, Lemonia (tribu), Priscus, Bononia, miles legionis vicesimae secundae, primigeniae, annorum triginta trium, stipendiorum tredecim, hic situs est.	Gaius Matteius Priscus, des Gaius Sohn, aus der Lemonischen Tribus (Bürgerklasse) von Bononia (Bologna in Oberitalien), Soldat der zwei und zwanzigsten Legion, der erstgeworbenen, alt 33 Jahre, im Dienste 13 Jahre, liegt hier.

Vgl. Wiener de leg. XXII. p 121 n. 55. Lehne G. S. II. s. 215 n. 226. Steiner I. 430; II. 479. Grotefend Imp. Rom. p. 39. Brambach 1213.

197. Grabstein eines römischen Soldaten, i. J. 1804 zu Zahlbach bei Mainz gefunden und bis 1866 dort aufgestellt. Kalkstein. H. 1 m. 12 cm., B. 60, D. 24 cm. In dem Giebelfelde Blätterschmuck:

L · VALERIV S · L · F · PVP TERTVLLVS LAVDE · MIL LEG · XXII PR · AN · XXVI STI · VI · H · S · E H · E · T · SECVS H · P	Lucius Valerius, Lucii filius, Pupinia (tribu), Tertullus, Laude (Pompei), miles legionis vicesimae secundae, primigeniae, annorum viginti sex, stipendiorum sex, hic situs est: heres ex testamento, secus (secundus) heres posuit.	Lucius Valerius Tertullus, des Lucius Sohn, aus der Pupinischen Tribus (Bürgerklasse) von Laus (Pompei, Ladeve oder Lodi Vecchio, westlich von Lodi in Oberitalien), Soldat der zwei und zwanzigsten Legion, der erstgeworbenen, alt 26 Jahre, im Dienste 6 Jahre, liegt hier. Sein Erbe liess (diesen Grabstein) nach Vorschrift des Testamentes machen; der zweite Erbe liess ihn setzen.

Vgl. Dahl im Darmstädter Gymnasialprogramme 1831 s. 82 n. III. Lehne G. S. II. s. 227 n. 236. Steiner II. 513 u. Bd. II. s. 394. Mainzer Wochenblatt 1857 Nr. 101 s. 886 n. 12. Klein B. J. XXVIII. s. 77. Röm. Denkm. s. 14 n. 12. Grotefend Philologus XIV (1859) s. 434 A. B. J. XXVI. s. 123 f. XXXII. s. 47 f. Imp. Rom. p. 61. Urlichs in B. J. XXXVI. s. 95 A. Marini Atti dei fratelli Arvali II. p. 549. 625 und Orelli 3416. 3481. 3526. Brambach 1220.

198. In zwei Stücke zerbrochener **Grabstein** eines römischen Soldaten, i. J. 1804 zu Zahlbach bei Mainz gefunden. Kalkstein. H. 1 m. 35 cm., B. 60, D. 13 cm. In dem spitz zulaufenden Giebelfelde in einer Art Nische das Reliefbrustbild des Verstorbenen, zu beiden Seiten schneckenartig gewundene Stirnziegeln als Füllung. Darunter die Grabschrift, umsäumt von drei breiten Rändern, auf welchen 31 Waffenstücke abgebildet sind und zwar in dem obern Querrande zwei runde Schilde mit Buckel (clypei) und zwei runde Schilde mit erhabenem Rande (cetrae): ausserdem vier Dolche (pugiones) von verschiedener Grösse. Auf dem rechten Seitenrande zuoberst ein oben beschädigter Wurfspeer (verutum), zwei gekreuzte Reiterschilde, ein runder Schild (clypeus), ein grosser eckiger Schild (scutum), Armschienen (maniculae), wieder ein runder Schild (clypeus) und zwei nebeneinander stehende Reiterschilde, zuletzt ein halbmondförmiger am Halse getragener Brustschild. Dasselbe Waffenschmuckzeichen findet sich an derselben Stelle auch auf dem linken Seitenrande, sodann wieder zwei Reiterschilde, weiter drei Pfeile, wie es scheint, ein eckiger

Schild (scutum), daneben ein Dolch (pugio), weiter herauf ein runder Schild mit Buckel (clypeus), zwei Dolche, ein eckiger Schild (scutum), zuletzt ein Wurfspeer (pilum):

C · A NN I V S · C · I · A N I · S A L V T V S V E R C E L L I S MIL · LEG · XXII PRI·AN·XXXIII· STI · XI · H · S · E · H · F · C ·	Gaius Annius, Gai filius, Aniensi (tribu), Salutus, Vercellis, miles legionis vicesimae secundae, primigeniae, annorum triginta trium, stipendiorum undecim, hic situs est: heres faciendum curavit.	Gaius Annius Salutus, des Gaius Sohn, aus der Aniensischen Tribus (Bürgerklasse) von Vercellae (Vercelli in Oberitalien), Soldat der zwei und zwanzigsten Legion, der erstgeworbenen, alt 33 Jahre, im Dienste 11 Jahre, liegt hier. Sein Erbe liess (ihm diesen Grabstein) setzen.

Vgl. Wiener de leg. XXII. p. 122. n. 56. Lehne G. S. II. s. 193 n. 212 mit Abb. T. X. n. 42. Steiner I. 231; II. 475. R. Smith p. 57 n. 5. Grotefend Imp. Rom. p. 87. Brambach 1208.

199. Bruchstück des **Grabsteins** eines römischen Soldaten, i. J. 1855 in den Fundamenten der ehemaligen Heilig-Kreuz-Kirche zu Hechtsheim bei Mainz auf dem Ackergute des P. Lemb gefunden und von diesem geschenkt. Kalkstein. H. 42. B. 45, D. 12 cm.:

A T I N I V S S E P T . M I F · R O M I L I A A T E S T E · MIL · LEG · XXII . . IT AN · XXXV . . . . T H · S · E	Atinius, Sept(i)mi filius, Romilia (tribu), Ateste, miles legionis vicesimae secundae, (primigeniae), annorum triginta quinque, (stipendiorum...), hic situs est.	Atinius, des Septimus Sohn, aus der Romilischen Tribus (Bürgerklasse) von Ateste (Este in Oberitalien), Soldat der zwei und zwanzigsten Legion, (der erstgeworbenen), alt 35 Jahre, (im Dienste . . . Jahre), liegt hier.

Vgl. Period. Blätter 1855 Nr. 6 s. 185, 12. Wittmann Bericht über die Wirksamkeit des Vereins zur Erforschung rhein. Geschichte und Alterthümer v. 9. Mai 1855 s. 15. Mainzer Wochenblatt 1855 Nr. 51 u. 62 s. 582 u. 661. Z. f. d. A. 1857 Nr. 6 s. 12. M. Z. II, 1 u. 2 s. 204 n. 33. Grotefend Imp. Rom. p. 34. Steiner II, 3648. Brambach 932.

200. Grabstein eines römischen Soldaten, i. J. 1804 zu Zahlbach bei Mainz gefunden. Kalkstein. H. 1 m. 75 cm., B. 78, D. 15 cm. In dem Giebelfelde eine grössere und zwei kleinere Rosetten; darüber auf beiden Seiten Stirnziegeln und Blätterzweige:

M · C O R N E L I V S M · F · V O L T I N I A O P T A T V S · A Q V I S · SEXTIS · MILES · LEG XXII · PRIMIGENIA > Q · STATI · PROXVMI A E R O R V · XI · TEST A M E N T O · F · I V S S	Marcus Cornelius, Marci filius, Voltinia (tribu), Optatus, Aquis Sextiis, miles legionis vicesimae secundae, primigeniae, centuriae Quinti Statii Proxumi, aerorum undecim: testamento fieri iussit.	Marcus Cornelius Optatus, des Marcus Sohn, aus der Voltinischen Tribus (Bürgerklasse) von Aquae Sextiae (Aix in der Provence in Frankreich), Soldat der zwei und zwanzigsten Legion, der erstgeworbenen, von der Centurie (Zug) des Quintus Statius Proxumus, im Dienste 11 Jahre. Durch sein Testament ordnete er (die Errichtung dieses Grabsteins) an.

Vgl. Wiener de leg. XXII. p. 120 n. 51 b. Lehne G. S. II. s. 203. n. 218. Steiner I. 422; II. 426. Orelli-Henzen 6842. Grotefend Imp. Rom. p. 117. Herzog Gall. Narb. p. 78 n. 371. Brambach 1212.

201. Grabstein eines römischen Soldaten, i. J. 1804 zu Zahlbach bei Mainz gefunden und bis 1866 dort aufgestellt. Kalkstein. H. 1 m. 40 cm., B. 58, D. 16 cm. In dem Giebelfelde eine Rosette auf Blätterschmuck, auf drei Rändern um die Inschrift sind 9 Waffenstücke abgebildet: oben ein runder Schild (cetra) und ein s. g. Celt (malleolus) mit Schaft; r. ein Wurfspeer (pilum), ein kurzes breites Schwert (gladius) und ein Dolch (pugio); l. ein kürzerer Wurfspeer (verutum), zwei Reiterschilde, ein runder Schild (clypeus), ein grosser eckiger Schild (scutum) und Armschienen (maniculae):

SEX VALERiVS
SEX · F · VOL · SVE
RVS · LVC · AVG
MIL · LEG · XXII
PR · AN · XL · STI
XIX · H · S · E
H · F · C

Sextus Valerius, Sexti filius, Voltinia (tribu), S(e)verus, Luco Augusti, miles legionis vicesimae secundae, primigeniae, annorum quadraginta, stipendiorum undeviginti, hic situs est: heres faciendum curavit.

Sextus Valerius Severus, des Sextus Sohn, aus der Voltinischen Tribus (Bürgerklasse) von Lucus Augusti (Luc en Die in Frankreich), Soldat der zwei und zwanzigsten Legion, der erstgeworbenen, alt 40 Jahre, im Dienste 19 Jahre, liegt hier. Sein Erbe liess (ihm diesen Grabstein) setzen.

Vgl. Dahl im Darmstädter Gymnasialprogramme 1831 s. 83 n. VI. Lehne G. S. II. s. 226 n. 235 mit Abb. T. X. n. 45. Steiner II. 508. Mainzer Wochenblatt 1857 Nr. 101 s. 886 n. 10. Klein Röm. Denkm. s. 13 n. 10. Grotefend Imp. Rom. p. 119. Brambach 1223. Bezüglich der Waffenstücke vgl. M. Z. I. s. 145.

202. Grabstein eines römischen Soldaten, i. J. 1804 zu Zahlbach bei Mainz gefunden und bis 1866 dort aufgestellt. Kalkstein. H. 1 m. 65 cm., B. 52, D. 12 cm. In dem Giebelfelde eine Rosette:

SIIX·CARIIIVS
SIIX · F · VOL
FLORVS·FORO·AVG
MILIIS·LEG·XXII
PR · AN · XXIX
SIP·IX·H·S·E❧
H · EX · T

Sextus Careius, Sexti filius, Voltinia (tribu), Florus, Foro Augusti, miles legionis vicesimae secundae, primigeniae, annorum undetriginta, stipendiorum novem, hic situs est: heres ex testamento.

Sextus Careius Florus, des Sextus Sohn, aus der Voltinischen Tribus (Bürgerklasse) von Forum Augusti (Frejus in Frankreich?), Soldat der zwei und zwanzigsten Legion, der erstgeworbenen, alt 29 Jahre, im Dienste 9 Jahre, liegt hier. Sein Erbe (liess ihm diesen Grabstein) nach Vorschrift des Testamentes (setzen).

Vgl. Dahl im Darmstädter Gymnasialprogramme von 1831 s. 82 n. II. Lehne G. S. II. s. 199 n. 216. Steiner II. 482. Orelli-Henzen 5204. Mainzer Wochenblatt 1857 Nr. 101 s. 886 n. 11. Grotefend in B. J. XXVI. s. 121 u. Imp. Rom. p. 118. Klein Röm. Denkm. s. 13 n. 11 u. B. J. XXVIII. s. 76. Brambach 1211.

203. Linkes Obertheil des **Grabsteins** eines römischen Soldaten, Ende 1842 in der s. g. Clubistenschanze zu Zahlbach bei Mainz gefunden und geschenkt wie Nr. 190. Kalkstein. H. 23, B. 30, D. 5 cm. Auf dem Rande des mit einem knopfartigen Ornamente verzierten Giebelfeldes:

..... XXII · PRI	(legionis) vicesimae secundae primigeniae	der zwei und zwanzigsten (Legion), der erstgeworbenen ....

Von der Grabschrift ist nur der Schluss der ersten Zeile übrig:

..... ATIVS

Vgl. Mainzer Unterhaltungsblätter (Beilage zur Mainzer Zeitung) 1842 Nr. 103. Malten Bibliothek der neuesten Weltkunde 1842 II. s. 17 n. 4. B. J. II s. 94 n. 41. M. Z. I. s. 84 n. 43 u. s. 203. Steiner II. 436. Brambach 1226.

204. Bruchstück des **Grabsteins** eines römischen Soldaten, i. J. 1804 zu Zahlbach bei Mainz gefunden. Kalkstein. H. 75, B. 35, D. 14 cm.:

....	(legione vicesima secun-	(aus der zwei und zwan-
P R I M ...	da) prim(ige)nia, centu-	zigsten Legion), der erstgeworbenen, aus der
NIA · C · P ...	ria P(lau)tii Veient(o)-	Centurie (Zug) des Plau-
TI · VEIENı	nis, an(n)orum	tius Veiento, alt ...
NIS · ANO ·	....	....
	....	....
E ·	(hic situs) est.	(liegt hier).

Vgl. Lehne G. S. II. s. 235 n. 242. Steiner II. 471. Brambach 1250.

205. Grabstein eines römischen Soldaten, zu Zahlbach bei Mainz gefunden und ehemals (1771) als Brücke über den Bach vor dem Waschhause im Kloster Dalheim verwendet, daher die Inschrift insbesondere auf der l. Seite ganz zerstört ist. Kalkstein. H. 1 m. 50 cm., B. 65, D. 20 cm.:

S · COPNI . V ...	Sextus Cornelius, Sexti	Sextus Cornelius Secundinus, des Sextus Sohn, aus
S · F · PVΓI^Λ1ℨ	filius, Pupinia (tribu?)	der Pupinischen (?) Tribus
AS · SE . IV.....	......., Se(cundi)nus,	(Bürgerklasse)... von ...,
VS ·	(miles legionis ......)	Soldat der ..... Legion,
AC	annorum .... hic	alt .... liegt hier. Durch
AN	(situs est): te(stamento	sein Testament (ordnete er die Errichtung dieses Grab-
H ·	fieri iussit, heres facien-	steines an; sein Erbe liess
TE	dum curavit?)	ihn setzen).

Vgl. Fuchs I. s. 232 n. XXI; lat. p. 233 n. 21. Steiner I. 457; II. 304 = 3645. Mainzer Wochenblatt 1857 Nr. 127 s. 1113 f. B. J. XXIX. XXX s. 157 f. M. Z. II, 3. s. 328 n. 166. Brambach 1257.

206. Unten verstümmeltes Bruchstück des **Grabsteins** eines römischen Soldaten, i. J. 1825 bei dem s. g. Pulverthurme zu Mainz mit andern Architekturstücken gefunden und im März 1846 als Geschenk des Herrn Baumeisters J. Wetter ins Museum verbracht. Kalkstein. H. 81, B. 69, D. 30 cm. In dem Giebelfelde eine Rosette auf Blätterschmuck, darüber Blätterzweige, in der Mitte auf der Spitze eine Pinie:

ΛΙVINICIVS	Marcus (?) Vinicius,	Marcus (?) Vinicius Mesor, des Marcus Sohn (?), aus der Voltini-
IT VOL · M	(Marci filius (?), Vol-	schen Tribus (Bürgerklasse) von
ESOR · AQVI	tinia (tribu), Mesor,	Aquae Sextiae (Aix in der Proven-
... TIS MII	Aquis Sextiis, miles	ce in Frankreich), Soldat .....
	....	

Vgl. M. Z. I. s. 208 f. n. 67. Steiner II. 282. Grotefend Imp. Rom. p. 117. Abbildungen von Mainzer Alterthümern VI. s. 18, A **. Herzog Gall. Narb. p. 78 n. 372. Brambach 1092.

207. Sechs Bruchstücke des **Grabsteins** eines römischen Soldaten, am 27. April 1842 in der s. g. Clubistenschanze zu Zahlbach bei Mainz gefunden; die Buchstaben waren mit rother Farbe bemalt:

C · V F ‾ ‾ I	Gaius Vettius (?)	Gaius Vettius (?) . . . . . .
. . . .	. . . .	im Dienste . . . . Sein Erbe
. . . .	stipendiorum . . . . . . ,	liess (ihm diesen Grabstein)
STII	heres ex (testamento fa-	nach Vorschrift des (Testa-
H · E . . . C	ciendum) curavit.	mentes) setzen.

Vgl. Malten Bibliothek der neuesten Weltkunde 1842 II. s. 20 n. 8. B. J. II. s. 94 n. 43 u. 44. M. Z. I. s. 84 n. 45. Steiner II. 434. Brambach 1269.

208. Oben abgebrochener **Grabstein** eines römischen Soldaten, zu Mainz gefunden. Kalkstein. H. 1 m. 75 cm., B. 65, D. 20 cm.:

. . . . FLESI . . . .
CVM BIS DVODENOS AETAS . . . O . . . .
TVM · RAPVIT · FATIS · MORS · INIMICA · SVIS ·
VT RESCIT · MATER PLANXIT · FLEVERE · SODA . ES
FLEVISSET · GENITOR · OCCIDIT · IPSE · PRIOR ·
COGNATI · PROPRII · LONGA · REGIONE · RELICTI ·
HI POMPAM · ORN SENI · FVNERIS · VSQVE · MEI ·
QVI · POSVIT · PROCVLVS · TITVLVM · NOMENQ · SODALIS ·
INSCRIPSIT · MAERENS · HIC · PIETATIS · HONOS ·
SIS · FELI . · VALEAS · ET · TE · TVA · SERVET · ORIGO ·
ET · DICAS · CLARO · SIT · TIBI · TERRA · LEVIS ·
L · VALERIVS · PROCVLVS
COMMANIPVLARIS
D · S · P · C ·

Cum bis duodenos aetas (compleverat annos?)
Tum rapuit fatis, mors inimica suis.
Ut rescit mater, planxit, flevere soda(l)es,
Flevisset genitor: occidit ipse prior.
Cognati proprii longa regione relicti:
Hi pompam ornassent funeris usque mei.
Qui posuit Proculus titulum nomenque sodalis
Inscripsit maerens; hic pietatis honos.
Sis feli(x), valeas, et te tua servet origo,
Et dicas Claro: sit tibi terra levis.

Lucius Valerius Proculus, commanipularis, de suo ponendum curavit.

Als er ein Alter von zweimal zwölf Jahren (erreicht hatte), da entriss ihn der feindselige Tod seinem Geschicke. Sobald dieses seine Mutter wiedererfuhr, wehklagte sie um ihn, es beweinten ihn die Genossen: es hätte ihn sein Erzeuger beweint, aber dieser starb selber schon früher: die eigenen Verwandten waren in weiter Ferne zurückgelassen: sie hätten zur Genüge das Gepränge meiner Bestattung besorgt. Proculus, welcher den Grabstein setzen liess, grub schmerzvoll Grabschrift und Namen seines Genossen demselben ein. Dies der Liebe zu Ehren! Du (o Leser), sei glücklich, lebe wohl, lange noch möge dich dein Ursprung bewahren, dem Clarus aber rufe zu: Leicht sei Dir die Erde!

Sein Mitsoldat Lucius Valerius Proculus liess ihm aus eigenen Mitteln (diesen Grabstein) setzen.

Vgl. B. J. XXIX. XXX. s. 153 ff. Steiner II. 1617. Brambach 1364.

209. Bruchstück (Endstück) des **Grabsteins** eines römischen Soldaten, am 8. Mai 1842 in der s. g. Clubistenschanze zu Zahlbach bei Mainz gefunden und im Juli 1845 als Geschenk der Militärbehörde aus dem Geniedirectionsgebäude in das städtische Museum verbracht. Feiner Muschelkalkstein. H. 45, B. 38, D. 15 cm. Unter der Inschrift Abbildung von Winkelmass (Richtscheit), Zirkel und Senkblei:

....	......stipendiorum.....	....im Dienste......
SII \ IIS	hic situs (est): testamento fieri iussit, heres faciendum	liegt hier. Durch sein Testament ordnete er die Errichtung (dieses Grabsteins) an,
T·F·I·H·FC	curavit.	sein Erbe liess (ihn) setzen.

Vgl. Malten Bibliothek der neuesten Weltkunde 1842 II. s. 22 n. 11. M. Z. I. s. 85 n. 46 u. s. 203. Steiner II. 444. B. J. VIII. s. 165 n. 129. R. Smith p. 63 mit Abb. Brambach 1268. Bezüglich der Messwerkzeuge vgl. F. Ritschl monumenta priscae latinitatis epigraphica p. 80. Tab. XCII. Aringhi Roma subterranea (Romae 1651, fol.) p. 119. E. Hübner in B. J. XXXVII s. 161.

210. Bruchstück eines grösseren **Grabdenkmals** eines ausgedienten römischen Soldaten, bei dem Baue des Grabes einer Frau aus fränkisch-alamannischer Zeit als Unterlage des Sarges verwendet und in dieser Lage in der ehemaligen Favorite (Lustgarten der Mainzer Kurfürsten, jetzt s. g. neue Anlage) vor dem Neuthore zu Mainz mit andern zugehörigen Bruchstücken aufgefunden. Sandstein. H. 50, B. 1 m. 17 cm., D. 70 cm., regelmässige, drei Zoll lange Schriftzüge als Rest der Grabschrift:

SECVNDV........	Secundus...., missus	Secundus....., ent-
MISSVS·HO.........	ho(nesta miss)ione ex	lassen mit ehrenvollem Abschiede, ehemaliger
IONE·EX·C·A·......	custode armorum....	Waffenwart.......

Vgl. Lehne G. S. II. s. 405 n. 343. Steiner II. 275 = 315. Klein H. L. s. 25. Brambach 1117.

211. Bruchstück des **Grabsteins** eines römischen Soldaten, i. J. 1850 in der s. g. Studenten-Allee zu Mainz gefunden. Muschelkalkstein. H. 44, B. 15, D. 10 cm.:

IIIA	....mi(les)....	.....Soldat.....
MI	....	....
XI	....	....
AE	....	....
H	hic (situs est).	Legion, (liegt) hier.

Vgl. M. Z. I. s. 501 n. 94. Steiner II. 1681. Brambach 1136.

212. Oben verstümmelter **Grabstein** eines römischen Oberoffiziers, i. Juni 1854 in einer Kloake der Gräbergasse zu Mainz gefunden. Rother Sandstein. H. 1 m. 15 cm., B. 70, D. 18 cm. In dem Giebelfelde Rest eines Kranzes mit Bandschleifen:

D M
T · FL · SALVIANI
EX·PRAEF·EXPLORA
TORVM · DIVTIENSIVM
MILITIAE · QVARTÆ
EQVITI · ROMANO
BAEBIVS · ISIDORVS
Ↄ · LEG · AMICO
F ❦ C

Diis Manibus Titi Flavii Salviani, ex praefecto exploratorum Divitiensium, militiae quartae, equiti Romano, Baebius Isidorus, centurio, amico faciendum curavit.

Den Schattengöttern. Dem Titus Flavius Salvianus, gewesenen Praefecten (Befehlshaber) der Divitiensischen Späher, vom vierten Dienstgrade, dem römischen Ritter, seinem Freunde, liess Baebius Isidorus, Legionszugführer, (diesen Grabstein) setzen.

Vgl. Period. Blätter 1854 Nr. 2 s. 65. Mainzer Wochenblatt 1854 Nr. 107 u. 111 s. 972 f. Rheinische Blätter (Beiblatt zum Mainzer Journal) 1854 Nr. 149. Henzen in Bullet. dell' instit. archaeol. 1856 p. 91 u. zu Orelli III. p. 520 n. 7420 bα. Steiner II. 3608. Brambach 991. M. Z. II, 1 u. 2. s. 201 n. 32.

213. Grabstein eines römischen Soldaten, i. J. 1829 auf der Kreuzschanze zwischen dem Hechtsheimer Wege und Zahlbach bei Mainz nebst vielen Aschenurnen gefunden. Kalkstein. H. 2 m., B. 77, D. 27 cm. In dem Giebelfelde auf beiden Seiten Convoluten mit Rosetten vorn, in der Mitte Dreieck mit Stirnziegeln. Der Schluss der Inschrift ist fast ganz zerstört:

D M
TOGIO · STAT
VTO · MILITI
NVMERI · EXPL
ORATORVM
DIVITIESIVM
ANTONINIA
NORVM · STIP
ENDIORVM
XVIIII · TOGIA
FAVENTINA
SOROR · ET
HERES . . .
. . . . RI . . .
. . . . MO
. . . .

Diis Manibus. Togio Statuto, militi numeri exploratorum Divitie(n)sium, Antoninianorum, stipendiorum undeviginti, Togia Faventina soror et heres (frat)ri (carissi)mo (faciendum curavit).

Den Schattengöttern. Dem Togius Statutus, Soldaten des Corps der Divitiensischen Späher, der Antoninischen, im Dienste 19 Jahre, ihrem theuersten Bruder, liess seine Schwester und Erbin Togia Faventina (diesen Grabstein) setzen.

Vgl. Lehne G. S. II. s. 389 n. 287. Z. f. d. A. 1838. Nr. 65 s. 523 n. 56. Steiner I. 434; II. 274. Orelli-Henzen 6730. Brambach 1237.

214. Grabstein eines römischen Soldaten von den Hilfstruppen, i. J. 1804 zu Zahlbach bei Mainz gefunden. Kalkstein. H. 2 m. 30 cm., B. 1 m. 22 cm., D. 16 cm. Ueber der in Leistenränder eingeschlossenen Inschrift in dem Giebelfelde das Grabsymbol des Pinienzapfens zwischen zwei liegenden Löwen (Sinnbildern des Alles verschlingenden Todes), darüber das von Schlangen umzüngelte Medusenhaupt auf Blätterschmuck, theilweise von an Stengeln sitzenden herzförmigen Blättern (Mohn?); unter der Inschrift eine mittelst Bandschleifen von zwei Ringen herabhängende Guirlande mit einer Rosette in der Mitte:

REBVRRVS · CO ROTVRETIS · F · MIL CHO · I · LVCENSIv HISPANORVM AN · LIII · STI · XXIIII H·S·E·H·EX·T·F·C·	Reburrus, Coroturetis filius, miles cohortis primae Lucensium Hispanorum, annorum quinquaginta trium, stipendiorum viginti quattuor, hic situs est: heres sex testamento faciendum curavit.	Reburrus, des Corotures Sohn, Soldat der ersten Cohorte (Corps) der Lucensischen Spanier (Volksstamm um Lucus Augusti, jetzt Lugo am Minho, in der spanischen Provinz Gallizien), alt 53 Jahre, im Dienste 24 Jahre, liegt hier. Sein Erbe liess (ihm) nach Vorschrift des Testaments (diesen Grabstein) setzen.

Vgl. Lehne G. S. II. s. 265 n. 256 mit Abb. T. VI. n. 21. Steiner II. 468. R. Smith p. 57. n. 6. M. Z. II, 1 u. 2 s. 89 A. Brambach 1235.

215. Oben verstümmelter **Grabstein** eines römischen Soldaten (Reiters) von den Hilfstruppen, i. J. 1804 zu Zahlbach bei Mainz gefunden. Kalkstein. H. 77, B. 43, D. 14 cm. Oben ist nur noch ein Fuss und ein sechseckiger Reiterschild mit dem Schildbuckel (umbo) auf viereckiger Unterlage übrig:

FREIOVERVS VERANSATI · F · CIVES·TVNG·EQ·EX COH·I·ASTVR·AN· XL·STP·XXII·H·S·E· T · F · I · H · F · C	Freioverus, Veransati filius, civis Tunger, eques ex cohorte prima Asturum, annorum quadraginta, stipendiorum viginti duorum, hic situs est: testamento fieri iussit, heres faciendum curavit.	Freioverus, des Veransatus Sohn, Bürger von Tungri (Tongern in Limburg, Holland), Reiter aus der ersten Cohorte (Corps) der Asturer (Volk in Spanien), alt 40 Jahre, im Dienste 22 Jahre, liegt hier. Durch sein Testament ordnete er die Errichtung (dieses Grabsteins) an, sein Erbe liess (ihn) setzen.

Vgl. Lehne G. S. II. s. 267 n. 257 mit Abb. T. VI. n. 23. Steiner II. 467. R. Smith p. 57 n. 7. Brambach 1231.

216. Bruchstück des **Grabsteins** eines römischen Soldaten von den Hilfstruppen, zu Mainz gefunden. Kalkstein:

= · MILES NIORv SE ·	..... miles (cohortis ... Panno)niorum (hic) situs est.	..... Soldat (der .... Cohorte (Corps), der Pannonier) liegt hier.

Vgl. N. Annal. VIII. s. 571 n. 9. Brambach 1368. M. Z. III, 1 s. 70 n. 219.

217. **Grabstein** eines römischen Soldaten (Reiters) von den Hilfstruppen, i. J. 1796 in der Gräbergasse zu Mainz nahe dem Hause zum Römer gefunden, »als (nach Reuters Angabe) eine Dohle aus dem St. Rochusspitale durch die Gräfengasse in den Rhein geführt wurde.« Kalkstein. H. 1 m. 42 cm., B. 85, D. 20 cm. Ueber der Inschrift ist etwa ein Drittheil der Reliefdarstellung eines dahersprengenden Reiters, in unten ausgeschnittenem Waffenrocke (lorica hamata) und dem Schwerte am Bandelier, abgeschlagen; der unter dem Pferde liegende barbarische Feind mit Bart und krausem Haare ist nur über der Brust und dem r. Arm bekleidet. Das Pferd, mit Sattel und Bauchgurt, trägt ein über Leib und Brust gehendes mit Schmuckplatten (phalerae), Mondchen (lunulae) und herabhängenden Bandstreifen verziertes Lederzeug. Hinten die Reste der Figur des waffentragenden Sklaven mit der Lanze in der L.:

PETRONIVS·DISACEN^{VS}	Petronius Disacentus, Dentubris(a)e	Petronius Disacentus, des Dentubrisa Sohn,
DENVBRISE·F·EQ·TVRMA	filius, eques turmae	Reiter von der Turme (Abtheilung) des Lon-
LONGN·EX·CHO·$\overline{VI}$·THRA	Longini, ex cohorte sexta Thracum, an-	ginus, von der sechsten Cohorte (Corps) der
ANN·XX·STIP·V·H·S·E·	norum viginti, sti-	Thraker, (im heutigen Rumelien), alt 20 Jah-
HERES· POSIT	pendiorum quinque, hic situs est: heres pos(u)it.	re, im Dienste 5 Jahre, liegt hier. Sein Erbe liess (ihm diesen Grabstein) setzen.

Vgl. Reuter Albansgulden s. 6. Lehne G. S. II. s. 320 n. 283 mit Abb. T. VII n. 28. Steiner II. 339. de Caumont Bullet. monum. vol. XXV. p. 193. Brambach 990. A. Müller a. a. O. s. 18 n. 27.

218. Grabstein eines römischen Soldaten (Bogenschützen) von den Hilfstruppen, i. J. 1795 am Abhange des Berges hinter dem Kloster Dalheim zu Zahlbach bei Mainz (nach einer handschriftlichen Notiz Bodmanns auf dem s. g. Hauptstein unfern der Hartenmühle) gefunden. Kalkstein. H. 1 m. 35 cm., B. 61, D. 20 cm. Zwischen zwei auf einem breiten Rande als Basis sich erhebenden Säulen unten die Inschrift und über derselben in einer muschelförmig gewölbten, durch einen Leistenrand abgeschlossenen, zu beiden Seiten mit Stirnziegeln und Blätterzweigen geschmückten Nische, deren obere Ränder von Zweigen mit herzförmigen Blättern (Mohn?) bedeckt sind, ist das Reliefbrustbild des Verstorbenen in weitem fältigen Obergewande, unter welchem am Halse das Unterkleid sichtbar hervortritt. Die L., deren kleiner Finger mit einem Ringe geschmückt ist, hält den Bogen, die R. Pfeile, der Kopf, dessen Gesichtszüge unverkennbar asiatischen Typus zeigen, ist unbedeckt, das Haar kraus:

MONIMVS·	Monimus, Ierombali fili-	Monimus, des Jerombal
IEROMBALI·F·	us, miles cohortis pri-	Sohn, Soldat der ersten
MIL·CHOR·$\overline{I}$·	mae Ituraeorum, anno-	Cohorte (Corps) der Itu-
ITVRAEOR·	rum (quinquaginta) sti-	räer (Volk in Syrien), alt
ANN·ISTIP^{VV}I	pendiorum (sedecim),	50 (?) Jahre, im Dienste
H : S · ESI	hic situs est.	16 Jahre, liegt hier.

Vgl. Bodmann a. a. O. Tab. XXXIX. Lehne G. S. II. s. 288 n. 266 mit Abb. T. VI. n. 24. B. J. V. VI. s. 318. Orelli 5051. Münter de rebus Ituraeorum p. 42. Steiner II. 433. Brambach 1234. A. Müller a. a. O. s. 11. n. 15.

219. Grabstein eines römischen Soldaten von den Hilfstruppen, nach einer handschriftlichen Notiz Bodmanns i. J. 1794 zu Zahlbach bei Mainz gefunden. Kalkstein. H. 94, B. 41, D. 15 cm. Ueber der von Leistenrändern umschlossenen Inschrift in einem gleicherweise gebildeten und auf beiden Seiten von Stirnziegeln bekrönten Giebelfelde Blätterschmuck mit einer kleinen Rosette:

CAEVS · HAN
ELI · F · MHILES
EX · COH · Ī · ITV
RAIORVM
ANNORVM
L · STIPENDIo
RVM · XIX
H · S · E
IAMLICVS ·
FRATER · F

Caeus, Haneli filius, mhiles (sic!) ex cohorte prima Ituraiorum, annorum quinquaginta, stipendiorum undeviginti, hic situs est: Jamlicus frater fecit.

Cäus, des Hanel Sohn, Soldat von der ersten Cohorte (Corps) der Ituräer (Volk in Syrien), alt 50 Jahre, im Dienste 19 Jahre, liegt hier. Sein Bruder Jamlicus liess (ihm diesen Grabstein) setzen.

Vgl. Bodmann a. a. O. Tab. XXXVIII mit Abb. Lehne G. S. II. s. 289 n. 267 mit Abb. T. VI n. 25. Orelli 5052. Münter a. a. O. p. 1 u. 42. Steiner II. 463. Brambach 1233.

220. Grabstein eines römischen Soldaten von den Hilfstruppen, Anfangs März 1824 zu Alsheim in Rheinhessen unweit der römischen Heerstrasse gefunden und i. J. 1854 für das städtische Museum angekauft. Sandstein. H. ohne Deckel 60, B. 77 cm., L. 2 m. 32 cm. Der Deckelstein ist verziert:

FAVSTNO · FAVSTNO · SENNAVC · FLORIONS · FL · ML ·
COH · Ī · F · D · PED · SING · COS · GEMELLNA FAVSTNA · MAT
ET · FAVSTNA · POTENTNA · SOR · HER · SECVNDVM VOLVNT
ESTAMENT POS · VIXT A1 / DECT N FLORE IVVENTE
F C

Faustinio Faustino, Sennauci Florionis filio, militi cohortis primae fidae Damascenorum, peditatae, singulari consularis, Gemellinia Faustina mater et Faustinia Potentina soror heredes secundum voluntatem testamenti posuerunt: vixit an(nos viginti quinque?), decidit in flore iuvent(a)e: faciendum curaverunt.

Dem Faustinius Faustinus, des Sennaucus Florio Sohn, Soldaten der ersten Cohorte (Corps) der Damascener (Damascus, Stadt in Syrien), der Fussgänger, der getreuen, consularischem Singularier (zu besonderem Dienste bei dem kaiserlichen Legaten von Obergermanien bestimmt), liessen seine Mutter Gemellinia Faustina und seine Schwester Faustinia Potentina, seine Erben, (diesen Grabsarg) nach Vorschrift seines Testamentes machen. Er lebte 25 (?) Jahre und starb in der Blüthe der Jugend.

Vgl. Lehne G. S. II. s. 315 n. 280. Wagner Hist. Beschreibung des Grossherzogthums Hessen II. 2. Steiner I. 998; II. 584. (vgl. V. s. 375). Anzeigeblatt für Rheinhessen 1854 Nr. 35. Klein H. L. s. 77. Period. Blätter 1854 Nr. 2. s. 43 f. Orelli-Henzen 6828. Henzen in Annal. di corrispond. archeol. (Roma 1850) XXII p. 10. M. Z. II, 3 s. 330 f. n. 168. Brambach 914.

221. Grabstein eines römischen Soldaten (Reiters) von den Hilfstruppen, im 17. Jahrhunderte im Vorhause der alten Peterskirche zu Mainz gefunden und bei dem Baue des später von den Jesuiten bewohnten Minoritenklosters verwendet. Kalkstein. H. 1 m. 28 cm., B. 75, D. 13 cm. Ueber der Inschrift in einer gewölbten Nische, deren Ecken Blätterschmuck als Füllung haben, das Reliefbild eines daher sprengenden bärtigen Reiters im Helme und Waffenrocke, an der R. das Schwert, in derselben die geschwungene Lanze, um einen unter dem Pferde liegenden barbarischen Feind zu durchbohren. Das Pferd ist ohne Sattel, mit einem Zügel, einer Schmuckplatte (phalera) am Riemen über der Brust; im Hintergrunde der (waffentragende) Sklave des Reiters. Die Inschrift ist theilweise zerstört:

ANNA . VS oSEDA	Anna(i)us, Osedavonis	Annaius, des Osedavo Sohn,
VONIS · ı(IVES ·	(filius), cives Betasiu(s)	Bürger von Betaese (Beetz
BETASI\	(eques alae) secundae	in Brabant, Reiter) des
II · FL^A^VIA	Flaviae	zweiten Flavischen (Geschwaders) . . . .
	. . . .	. . . .

Vgl. Grut. p. 525, 9. e Campii schedis. Brower Antiquitatum et Annalium Trevirensium libri XXV. (Leodii fol.) Lib. IV. § XXVIII p. 223. Serar. Rer. Mog. Lib. I. c. 31. III. p. 342. Fuchs I. s. 108 n. V. mit Abb. class. III. Tab. XIIII. n. 5; 122, n. 12; lat. III. n. 5 = 126 n. 12. Wagner Alterth. T. 74 n. 745. Lehne G. S. II. s. 278 n. 263. Steiner I. 491; II. 346. Brambach 981.

222. Grabstein eines römischen Soldaten (Reiters) von den Hilfstruppen, i. J. 1834 zwischen Dienheim und Ludwigshöhe in Rheinhessen, dicht an der vorbeiziehenden Strasse nach Worms gefunden, bei Dienheim an der Landstrasse hinter einem Gitter aufgestellt und 1855 als Geschenk der dortigen Gemeinde ins städtische Museum verbracht. Kalkstein. H. 2 m. 45 cm., B. 84, D. 32 cm. Ueber der Inschrift ein Reliefbild, darstellend einen Mann, auf einem Ruhebette mit Polsterkissen gelagert, vor sich einen dreifüssigen Tisch mit Speisegefässen, zur Seite ein aufwartender Sklave; unter der Inschrift das Reliefbild eines von einem Manne in einem weiten Mantel, der vorn und hinten gleichmässig herunterfällt, an beiden Seiten aufgeschlitzt und auf der r. Schulter durch eine Agraffe zusammengehalten ist, geführten Pferdes mit Sattel und Bezäumung; beide Reliefs waren ehedem bemalt:

SILIVS · ATTONIS · F	Silius, Attonis filius,	Silius, des Atto Sohn,
EQ · ALAE · PICEN	eques alae Picentinae,	Reiter des Picentinischen
AN·XLV·STIP·XXIV	annorum quadraginta	Geschwaders, alt 45 Jahre,
H · F · C	quinque, stipendiorum	im Dienste 25 Jahre.
	viginti quattuor: heres	Sein Erbe liess (ihm
	faciendum curavit.	diesen Grabstein) setzen.

Vgl. Braun in Mainzer Zeitung 1834 Nr. 262. Schaab ebendas. Nr. 265. Grossherzogl. Hess. Zeitung 1834 Nr. 306. Preussische Staatszeitung 1834 v. 8. November. Lehne G. S. II. s. 297 n. 272. Steiner I. 307; II. 583. Kellermann Vigilum Romanorum latercula Caelimontana duo (Romae 1835) p. 66 n. 241. Rheinische Provinzialblätter 1839 n. 99. s. 232. Klein H. L. s. 72. Orelli-Henzen 6724. M. Z. II, 3. s. 328 ff. n. 167. N. Annal. VII, 1 s. 12. Brambach 915. A. Müller a. a. O. s. 19 n. 32. Ueber ähnliche Darstellungen vgl. Urlichs in B. J. XXXVII. s. 94 ff. besonders s. 107.

223. Grabstein eines römischen Soldaten (Reiters) von den Hilfstruppen, i. J. 1804 zu Zahlbach bei Mainz gefunden. Kalkstein. H. 1 m. 32 cm., B. 58, D. 14 cm. Ueber der Inschrift (neben welcher ein Blasinstrument abgebildet ist) dae Relicfbild eines daher sprengenden Reiters in Helmkappe mit Wangenschützern, unten ausgeschnittenem Waffenrocke und Achselplatten, in der L. einen runden Schild, das Schwert an der R., in derselben die geschwungene Lanze, um einen unter dem Pferde liegenden barbarischen Feind zu durchbohren, welcher nackt, mit Bart und fliegenden Haaren, ein gekrümmtes Dolchmesser gegen den Bauch des Pferdes zückt; letzteres, mit Sattel und Bauchgurt, trägt ein mit Schmuckplatten (phalerae) auf dem Hinterschenkel und auf der Brust, wie auch mit herabhängenden Bandstreifen geziertes Lederzeug, das auch um den Hals anliegt. Hinten steht der waffentragende Sklave, eine Lanze mit beiden Händen fassend:

ANDES · SEX · F · CIVES · RAETI NIO · EQ · ALA · CLAVD · AN · XXX · STIP·V·H·S·E·H·F·C·	Andes, Sexti filius, cives Raetinio, eques alae Claudianae, annorum triginta, stipendiorum quinque, hic situs est: heres faciendum curavit.	Andes, des Sextus Sohn, Bürger von Raetinium (Rudunich in Dalmatien), Reiter von dem Claudischen Geschwader, alt 30 Jahre, im Dienste 5 Jahre, liegt hier. Sein Erbe liess (ihm diesen Grabstein) setzen.

Vgl. Lehne G. S. II. s. 293 n. 270 mit Abb. T. VII n. 27. Steiner II. 465. de Caumont Bullet. monum. vol. XXV. p. 193 mit Abb. vol. XXVI p. 362. Orelli-Henzen 5270. Lindenschmit Heidn. Vorz. H. XI. T. 6 n. 2. Brambach 1228. A. Müller a. a. O. s. 18 n. 31.

224. Grabstein eines römischen Soldaten (Reiters) von den Hilfstruppen, i. J. 1804 zu Zahlbach bei Mainz gefunden. Kalkstein. H. 1 m. 63 cm., B. 87, D. 20 cm. Ueber der Inschrift in einer viereckigen Nische, deren beide Ecken Blätterschmuck zur Füllung haben, unter einer ornamentierten Bogenwölbung das Reliefbild eines daher sprengenden Reiters in unten ausgeschnittenem Waffenrocke (lorica hamata) und einwärts umgeschlagenen Achselplatten, an der L. den viereckigen Reiterschild, das Schwert am Gürtel an der Rechten; in der letzteren die geschwungene Lanze, um einen unter dem Pferde liegenden, nur über Brust und Arme bekleideten barbarischen Feind zu durchbohren, welcher den rechten Arm wie zur Abwehr emporstreckt. Das Pferd, mit Sattel und Bauchgurt, trägt ein mit Schmuckplatten (phalerae) und herabhängenden Bandstreifen verziertes Lederzeug. Hinten steht der waffentragende Sklave, zwei Lanzen über der linken Schulter haltend:

C · ROMANIVS EQ · ALAE · NORIC CLAVD · CAPITO CELEIA·AN·XL·STIP·XIX H·S·E·H·EX·T·F·C·	Gaius Romanius, eques alae Noricorum, Claudia (tribu), Capito, Celeia, annorum quadraginta, stipendiorum undeviginti, hic situs est: heres ex testamento faciendum curavit.	Gaius Romanius Capito, Reiter des Norischen Geschwaders, aus der Claudischen Tribus (Bürgerklasse) von Celeia (Cilli in Steiermark), alt 40 Jahre, im Dienste 19 Jahre, liegt hier. Sein Erbe liess (ihm diesen Grabstein) nach Vorschrift des Testamentes setzen.

Vgl. Lehne G. S. II. s. 292 n. 269 mit Abb. T. VII. n. 26. Steiner II. 464. de Caumont Bullet. monum. vol. XXV. p. 191 mit Abb. R. Smith p. 57 n. 8 mit Abb. Grotefend Imp. Rom. p. 128. Archiv für vaterländische Geschichte u. Topographie von Kärnten. Jahrg. VIII. s. 100. Brambach 1229. A. Müller a. a. O. s. 18 n. 26.

225. Oben verstümmelte linke Hälfte des **Grabsteins** eines römischen Soldaten (Reiters) von den Hilfstruppen, i. J. 1859 im Fort Karl zu Mainz gefunden. Kalkstein. H. 1 m. 30 cm., B. 43, D. 10 cm. Von dem ehedem oben vorhandenen Reliefbilde, wie es Nr. 217, 218, 221, 223, 224 zeigen, ist nunmehr nur noch der untere Theil des Pferdes und der Oberkörper des unten liegenden barbarischen Feindes übrig, dessen Nacken, Schultern und rechter Arm nackt sind und breite, starke Formen aufzeigen, während das Kopfhaar kraus in kurzen Locken sich ringelt, neben dem Hinterkopfe eine vielleicht zu dem Haare gehörige Bandschleife, an den Lenden des kräftigen Leibes beginnt eine Art von Bekleidung, welche sich als die ganz eigentlich den Barbaren zukommenden Hosen (bracae) erkennen lässt, die durch einen Gürtel festgehalten sind:

. . . . . TRATONIS	. . . . ratonis (filius, eques	. . . . des . . . rato (Sohn,
. . . . ORICORVM	alae N)oricorum	Reiter) des Norischen (Geschwaders). . . . .
. . . . . IP·VII·H·S·	. . . ., stipendiorum septem, hic situs	im Dienste 7 Jahre, liegt hier . . . . liess (ihm
. . . . . FECIT	(est) . . . . fecit.	diesen Grabstein) setzen.

Vgl. M. Z. II, 1 u. 2. s. 205 f. n. 35. Steiner II. 3609. Brambach 1118.

226. Bruchstück des **Grabsteins** eines römischen Soldaten (Reiters) von den Hilfstruppen, i. J. 1855 bei der Fundamentierung des neuen Schulhauses auf dem Kirchhofe zu Kastel, Mainz gegenüber, nahe bei dem als letzter Pfeiler der ehemaligen Rheinbrücke Karls des Grossen erkannten Mauerwerke aufgefunden. Kalkstein. H. 45, B. 62, D. 27 cm.:

C · IVLI · AQVII . .	Gaius Iulius Aquili-	Gaius Julius Aquilinus, von
NAT · PICTAV . . .	nus, natione Picta-	Abkunft ein Piktave (aus
EQVES . . . II . . .	vus, eques	Poitiers in Frankreich),
. . . .	. . . .	Reiter . . . .

Vgl. Mainzer Wochenblatt 1856 Nr. 56 s. 232 u. Nr. 82 s. 804. Z. f. d. A. 1857 Nr. 6 s. 41. M. Z. II, 1 u. 2. s. 205 n. 34. N. Annal. VII, 1 s. 13 n. 7. Steiner II. 3639. Brambach 1345.

227. Grabstein eines römischen Soldaten (Reiters), wahrscheinlich von den Hilfstruppen, i. J. 1851 zu Kleinwinternheim bei Mainz gefunden. Kalkstein. H. 2 m. 15 cm., B. 93, D. 37 cm. Die zu Nr. 225 erwähnte Reliefdarstellung ist hier sammt der Inschrift fast völlig zerstört worden, als der Stein zu einem Sarge ausgehöhlt wurde; von dem Reiter ist nur wenig übrig, ebenso von dem unten liegenden Feinde nur der Kopf; von der Inschrift sind nur wenige Buchstaben noch vorhanden:

L . . . . N
BA . . . . . QV
. . . . AN

Vgl. Darmstädter Zeitung 1851 Nr. 37. Mainzer Abendpost 1851 Nr. 31. Rheinische Blätter (Beiblatt zum Mainzer Journal) 1851 Nr. 36 s. 143. Wanderer (Beiblatt zur Nassauischen Allgemeinen Zeitung) 1851 Nr. 57. M. Z. II, 1 u. 2. s. 200 n. 31. Steiner II. 1689. Brambach 926.

228. Bruchstück des **Grabsteins** eines römischen Soldaten (Reiters), wahrscheinlich von den Hilfstruppen, zu Weisenau bei Mainz gefunden. Kalkstein. H. 41, B. 29, D. 17 cm. Von der mehrfach (vgl. zu Nr. 225) erwähnten Reliefdarstellung ist nur noch der rechte Oberarm sowie der Kopf des hinten stehenden (waffentragenden) Sklaven übrig, oben ein liegender Löwe als Todessymbol.

229. Grabsarg eines Gemeindebeamten, i. J. 1809 bei der Fundamentierung der Kirche zu Zahlbach bei Mainz mit zwei darin befindlichen Skeletten, aber ohne Deckel gefunden. Sandstein. L. 2 m. 25 cm., B. 94, H. 68 cm.:

C · PATERNI · POSTVMINI · DEC · C · TAV
NENSIVM · VIRI · SACERDOTASIS PRAGM
TICI · PATERNIA · HONORATA · FILIIETHE
RES · PER SVOS · PARENTES
F C

(Diis Manibus) Gai Paternii Postumini, decurionis civitatis Taunensium, viri sacerdotasis (sacerdotalis) pragmatici, Paternia Honorata filia et heres per suos parentes faciendum curavit.

(Den Schattengöttern). Dem Gaius Paternius Postuminus, Decurionen (Rath) des Gemeinwesens der Taunenser (am oberen Taunus), gewesenem Oberpriester und Rechtskundigen, liess seine Tochter und Erbin Paternia Honorata durch ihre Verwandten (diesen Grabsarg) machen.

Vgl. Lehne Rhein. Archiv I. s. 141. Ders. in N. Annal. I, 2 s. 14. Ders. G. S. II. s. 335 n. 288 u. III. s. 109. Steiner I. 336; II. 462. Zell 848. Ring I. p. 320 u. II. p. 57. Orelli 4981. N. Annal. IV. s. 580 n. 124 u. VII, 1 s. 107 ff. Brambach 1241.

230. Grabsarg eines Rechenlehrers, im März 1818 zu Neuhausen bei Worms in der Abtei S. Cyriaci gefunden. Sandstein. H. 2 m. 14 cm., B. 80, D. 67 cm. (Ehemalige Bandel'sche Sammlung):

LVPVLIO LVPERCO DOCTORI ARTiS
CALCVLATVRAE NOVIONIA MOTVCA
MATER PER LVPVLIVM LVPIANVM FILIVM · F ·

Lupulio Luperco, doctori artis calculaturae, Novionia Motuca mater per Lupulium Lupianum filium fecit.

Dem Lupulius Lupercus, Lehrer der Rechenkunst, liess seine Mutter Novionia Motuca durch ihren Sohn Lupulius Lupianus (diesen Grabsarg) machen.

Vgl. Pauly Römische Alterthümer von Rheinhessen s. 87. Lehne G. S. II. s. 356 n. 306 vgl. s. 351. Steiner I. 300; II. 608 u. B. III. s. 403. Klein H. L. s. 141. Orelli-Henzen 7220. M. Z. II, 3. s. 345 n. 194. Brambach 912.

231. Vier Bruchstücke eines grossen mit Reliefs und Inschriften geschmückten **Grabdenkmals** eines Fruchthändlers, wie es scheint, bei Ablassung des Weihers vor dem Münsterthore zu Mainz in den Fundamenten der 1200 erbauten Stadtmauer gefunden: die Reliefs stellen dar:

1. Vier Sklaven mit Tragen von Fruchtsäcken beschäftigt (einer ist mit seiner Last hingefallen) theils auf dem Ufer, theils auf einer Brücke, wie es scheint, über einen Fluss: vielleicht bezieht sich das unten befindliche halb Land- halb Wasserthier mit dem Löwenleibe und dem geringelten Fischschwanze, welches Fruchtkörner auszuspeien scheint, auf den Fruchthandel zu Wasser und zu Land.

2. Zwei Sklaven, deren einer das Getreide in der Wanne schwingt, der andere das gereinigte in einem Fruchtkorb auf den Schultern fortträgt.

3. Drei Sklaven, deren zwei ein Fass auf einer Schrotleiter, wie es scheint, emporschieben, während ein zweites Fass hinter ihnen zu demselben Zwecke bereit liegt; der dritte trägt einen Sack auf der Schulter herbei, um ihn gleichfalls, wie es scheint, an den Ort zu bringen, zu dem die Fässer emporgeschrotet werden sollen.

4. Fragment der Grabschrift. Kalkstein. H. 47, L. 49, D. 32 cm.:

. . . . M A N	(Diis) Manibus . . .	Den Schattengöttern . . .
. . . . OMART	Marti(ali)	dem . . . . . . Martialis,
. . . ATORI · IN	(negoti)atori in (fru-	Fruchthändler . . . . . .
. . . JVFTlı	me)nt(o ?)	. . . .

Vgl. Lehne G. S. II. s. 393 n. 334 mit Abb. T. V. n. 14, 15, 16. Steiner II. 322. R. Smith p. 63 mit Abb. von n. 2. Brambach 1096.

232. Grabstein eines Schiffers, am 29. Juni 1848 zu Weisenau bei Mainz hinter dem ersten Hause von Mainz aus oben auf dem Berge ausgegraben. Kalkstein. H. 1 m. 46 cm., L. 92, D. 27 cm. (Geschenk des Hrn. Lothary und Gebr. Goldschmidt). Auf der Vorderseite sitzen auf einem biclinium (Ruhebett für zwei Personen), dessen gewundene Füsse man r. und dessen Kissen man l. sieht, ein Mann in vorgerückteren Jahren und eine offenbar weit jüngere Frau nebeneinander; zwischen beiden im Hintergrunde erblickt man nur im Brustbilde einen jungen Menschen, offenbar deren Sohn. Der Mann ist einfach mit der eigentlichen bis an die Waden reichenden tunica, welche von den Knieen an sichtbar ist, sodann mit einem Mantel oder Ueberwurf (paenula) bekleidet, welcher ohne Aermel ist, und nicht sehr weit über die Arme hereinfällt und weite bogige Falten im Schoose bildet: oben hat er eine Kapuze zur Bedeckung des blossen Hauptes, dessen grade ausgekämmten Haare auf die Stirne fallen: eine Fussbekleidung lässt sich nicht unterscheiden. Die Linke, deren kleinster Finger mit einem Ringe geschmückt ist, hält einen Beutel (bulga), einer häufigen Beigabe der Männer auf Grabmälern, als Ersatz der Rocktasche zur Aufbewahrung kleiner Bedürfnisse im Gebrauche. Weit reicher in Kleidung, Schmuck und Beigaben erscheint die wie gewöhnlich zur Rechten des Mannes sitzende Frau. Ueber das wie gewöhnlich bei Frauen nirgends sichtbare Hemd (indusium) trägt sie eine eng anliegende, Brust und Arme bedeckende kürzere Tunica, welche, wie es scheint, vorne an der Handwurzel Umschläge hat. Darüber fällt als drittes Gewand ein bis auf die Knöchel herabgehendes Kleid ohne Aermel, welches aber ohne Zweifel absichtlich, um den Hals- und Brustschmuck ganz unverdeckt sehen zu lassen, herabgerückt und nur auf der Brust und auf dem linken Arme mit je einer fibula festgehalten ist. Ueber dieses Kleid legt sich der Mantel (palla): er reicht nur bis an die Kniee, scheint aber unter dem rechten Arme durch über die rechte Schulter herabzugehen, um dort mit einer weiteren Fibula zusammengehalten zu werden. Nicht minder reich ist auch der Schmuck der Frau. Ausser den schon erwähnten drei fibulae ist vor Allem die Halsspange bemerkenswerth, welche den obern Saum der kürzern Tunika in Falten zusammenfasst und so eine Art Halskrause bildet. Diese Spange hält eine Broche in Gestalt einer Rosette, unter der sich eine Art von Vorstecknadel in Gestalt einer fibula anschliesst. In der Rechten hält die Frau einen runden Ball, wahrscheinlich eine Frucht (vgl. O. Jahn in den Berichten der philos.-hist. Classe der Gesellsch. d. Wiss. zu Leipzig 1861 S. 297 A. 22), in der Linken eine Spindel, deren Faden über den Zeige-, vielleicht auch über den Ringfinger geht. Der Kopfputz zeigt die Haare geflochten und vorn in einen (der bekannten Kopfbedeckung der keltischen Muttergöttinnen, Matronen) ähnlichen Wulst aufgebunden, welcher durch eine Art von Haube oder Netz gehalten ist, dessen Bindbänder hinten seitwärts herabhängen. Auf ihrem Schoosse sitzt ein melitäisches Hündchen (von der Insel Malta), dessen Kopf jetzt abgeschlagen ist, mit einem Schellchen an einem Bande um den Hals. Zwischen beiden Ehegatten im Hintergrunde das Brustbild ihres Sohnes Primus, gekleidet in die einfache tunica mit der bulla, einer runden Kapsel mit einem Amulet, wie solche bei den Römern den Kindern bald nach der Geburt um den Hals gehängt und erst etwa mit dem 16. Jahre beim Anlegen der toga virilis wieder abgenommen wurde. Die Löcher zu beiden Seiten des Kopfes der Frau, sowie die Zeichen und Striche unterhalb der Inschrift auf der Rückseite sind ihrem Ursprunge und ihrer Bestimmung nach nicht mehr zu erklären und vielleicht nur zufällig und willkürlich. Die in Basrelief gearbeitete Rückseite des Steines zeigt oben Guirlanden aus Blumen, Früchten und Bändern und darunter ein Schiffchen mit drei Ruderern und einem Steuermanne, welcher das Steuer mittels eines Querholzes daran regiert; ausserdem bemerkt man einen Mast und vielleicht eine kleine Cajüte oder aufgestappelte Waaren. An den Ruderern sowohl als auch an den Guirlanden und einigen Buchstaben der Rückseite finden sich Reste von rother Farbe. Auf der Vorder- (1) und Rückseite (2) steht die fast gleichlautende Grabschrift:

1.

BLVSSVS · ATVS ....
AN · LXXV · H · S · E · ME....
NS · F · AN VXSO...
SATTO · VERN ....
F · PARENTIBVS · P.......

Blussus Atus(iri filius, nauta), annorum septuaginta quinque, hic situs est. Me(nimanii, Brigio)nis filia, annorum .. uxsor (viva sibi fecit). Satto verna (faciendum curavit. Primus) filius parentibus pro (pietate posuit.)

2.

BLVSSVS · ATVSIRI · F
NAVTA · AN · LXXV · H · S · E
MENIMANI · BRIGIONIS · F · AN ·
VXSOR · VIVA · SIBI · FECIT · PRIMVS · F
PARENTIBVS · PRO · PIETATE · POSIT

Blussus, Atusiri filius, nauta, annorum septuaginta quinque, hic situs est. Menimanii, Brigionis filia, annorum, uxsor viva sibi fecit: Primus filius parentibus pro pietate posuit.

Blussus, des Atusirus Sohn, Schiffer, alt 75 Jahre, liegt hier. Menimanii, des Brigio Tochter, alt . . Jahre, seine Gattin liess (sich diesen Grabstein) bei Lebzeiten setzen; Satto der Hausklave (liess ihn machen, Primus) ihr Sohn, aus kindlicher Liebe seinen Eltern setzen.

Blussus, des Atusirus Sohn, Schiffer, alt 75 Jahre, liegt hier. Menimanii, des Brigio Tochter, alt . . Jahre, seine Gattin, liess (sich diesen Grabstein) bei Lebzeiten machen; Primus ihr Sohn aus kindlicher Liebe seinen Eltern setzen.

Vgl. Abbildungen von Alterthümern des Mainzer Museums I. 1848. 8. M. Z. I. s. 501. 502 n. 95. Klein H. L. s. 31—33. Steiner II. 544. R. Smith p. 60 mit Abb. Brambach 939.

233. Grabstein eines Metzgers, Anfangs Mai 1869 in der Rochusstrasse zu Bingen gefunden. Tertiärkalkstein. H. 1 m. 38 cm., B. 56, D. 20 cm. Das mit Laubwerk (Mohn?), einer Rosette und zwei Delphinen ausgefüllte dreieckige Giebelfeld ist über seinen oberen Randleisten von einer Art Stirnziegeln bekrönt; unter der Inschrift in der Mitte ein Ochsenkopf, r. ein Schlachtmesser, l. eine Pfanne mit langem Stiele:

G · VESCIVS · G · LIB
PRIMVS · LANIVS · H · S · E
G · VESCIVS · G · F · SEVRVS
ET · PEREGRINA · G ·
VESCI · FILIA · FECERV
NT · PER · AVCTOREM
TVTOREM · G · VESCIO
G · LIB · VAARO

Gaius Vescius, Gai libertus, Primus, lanius, hic situs est. Gaius Vescius, Gai filius, Sev(e)rus et Peregrina, Gai Vesci filia, fecerunt per auctorem tutorem Gaio Vescio, Gai liberto, Vaaro.

Gaius Vescius Primus, des Gaius Freigelassener, Metzger, liegt hier; Gaius Vescius Severus, des Gaius Sohn, und Peregrina, des Gaius Vescius Tochter, liessen (diesen Grabstein) unter dem Beirathe ihres Vormundes, des Gaius Vescius Varus, des Gaius Freigelassenen, setzen.

Vgl. Mainzer Wochenblatt 1869 Nr. 152 vom 3. Juli. Archäolog. Ztg. 1869 N. F, II, 2 u. 3 s. 30. Ephemeris epigraphica. (Rom. et Berolin. 1872) fasc. III. p. 228.

234. Grabstein eines Privatmannes, i. J. 1870 zu Weisenau bei Mainz an der ehemaligen römischen Strasse gefunden. Sandstein. H. 2 m. 15 cm., L. 73, D. 22 cm.:

PVSA · TROVGILLI · F
AN · CXX · HIC · SITVS
EST · PRISCA · PVSA · F
AN · XXX · HIC · SITA
EST · VINDA · ATEG
NIOMARI · F · HIC
SITA · FVTVRA · EST
AN LXXX ·

Pusa, Trougilli filius, annorum centum viginti, hic situs est; Prisca, Pusa filia, annorum triginta, hic sita est; Vinda, Ategniomari filia, hic sita futura est. Annorum octoginta.

Pusa, des Trougillus Sohn, alt 120 Jahre, liegt hier; Prisca, des Pusa Tochter, alt 30 Jahre, liegt hier; Vinda, des Ategniomarus Tochter, wird hier liegen. Alt 80 Jahre.

Vgl. Archäolog. Ztg. 1879 N. F. III, 2. s. 53.

235. Untersatz des steinernen **Grabstandbildes** eines Privatmannes, i. J. 1854 zu Heddernheim bei Frankfurt a. M. gefunden. Rother Sandstein. H. 11, L. 17, D. 16 cm. Von dem Standbilde selbst sind nur noch die Füsse übrig:

M HONORATI
VS TERTIVS

Marcus Honoratius Tertius.

Marcus Honoratius Tertius.

Vgl. Period. Blätter 1854 Nr. 2 s. 42 u. 1855 Nr. 6 s. 185. Wittmann Bericht über die Generalversammlung des Mainzer Vereins vom 9. Mai 1855 s. 15. Mainzer Wochenblatt 1855 Nr. 51 s. 581. N. Annal. IV. s. 511 n. 40 b. M. Z. II, 1 u. 2. s. 206 n. 36. Steiner II, 3716. Brambach 1482.

236. Grabstein eines Privatmannes (Legionsrekruten?), i. J. 1861 auf der Mitternacht zu Mainz beim Aufgange zur ehemaligen Rheinbrücke Karls des Grossen gefunden. Sandstein. H. 1 m. 22 cm., B. 57, D. 25 cm. Im Giebelfelde ein Blätterornament als Füllung:

L · VALERIVS L · F · VOL · GRA TVS · BARNA EVS · LVGVGAN XIIX · . . . . . E S · T . . . \MICI OB . . RITI .	Lucius Valerius, Lucii filius, Voltinia (tribu), Gratus Barnaeus, Luco Augusti, annorum duodeviginti, (hic situs) est: sit tibi (terra levis); amici ob meritis.	Lucius Valerius Gratus Barnäus, des Lucius Sohn, aus der Voltinischen Tribus (Bürgerklasse) von Lucus Augusti (Luc en Die in Frankreich), alt 18 Jahre, liegt hier; leicht sei dir die Erde! seine Freunde (liessen ihm diesen Grabstein) seiner Verdienste wegen setzen.

Vgl. Mittheilungen des Vereins für Geschichte und Alterthumskunde zu Frankfurt a. M. II. s. 118 ff. Fr. Ritschl supplementum quaestionis de declinatione quadam latina reconditiore. (Bonn 1861) p. VII. Th. Mommsen in E. Gerhards Archäolog. Anz. 1861 Juli—Sept. Nr. 151, 152, 153 p. 209 *. Grotefend Imp. Rom. p. 119. M. Z. II, 3. s. 327 n. 165. Steiner II. 3613. Brambach 1055.

237. Grabsarg einer Soldatenfrau, am 22. Januar 1851 zu Kleinwinternheim bei Mainz an der Kaiserstrasse nach Alzei auf dem Acker des Herrn Adam Schreiber nebst zwei andern Grabsärgen gefunden. Sandstein. H. 2 m. 8 cm., B. 75, D. 93 cm.:

D M
PRIMANIVS · PRIMVLVS · Э · LEG · XXII · PR · P · F
AVGVSTALINIAE · AFRE · CONIVGI · DVLCISSIME
QVAE · VIXIT · AN · XXI · MEN · IIII · DIES · XXVIII · ET · LVCANIA
SVMMVLA · MATER · FILIE · ET · AVGVSTALINIVS
AFER FRATER ET PRIMANIA · PRIMVLA · FILIA · F · C

Diis Manibus. Primanius Primulus, centurio legionis vicesimae secundae, primigeniae, piae, fidelis, Augustaliniae Afr(a)e coniugi dulcissimae, quae vixit annos viginti unum, menses quattuor, dies duodetriginta et Lucania Summula mater filiae et Augustalinius Afer frater et Primania Primula filia faciendum curaverunt.

Den Schattengöttern. Primanius Primulus, Centurio (Legionszugführer) der zwei und zwanzigsten Legion, der erstgeworbenen, redlichen, getreuen, liess seiner süsesten Gattin Augustalinia Afra, welche lebte 21 Jahre, 4 Monate und 28 Tage, und Lucania Summula, die Mutter ihrer Tochter, und Augustalinius Afer ihr Bruder und Primania Primula ihre Tochter (diesen Sarg) machen.

Vgl. Darmstädter Zeitung 1851 Nr. 37. Mainzer Abendpost 1851 Nr. 31. Rheinische Blätter (Beiblatt zum Mainzer Journal) 1851 Nr. 36 s. 143. B. J. XVI. s. 135 n. 423. Bullet. dell' inst. archeol. 1856. p. 58. M. Z. II, 1 u. 2. s. 199 n. 29. Steiner II. 1688. Brambach 922.

238. Grabstein einer Frau, am 4. April 1849 in der s. g. Froschkaute r. vor dem Wiesbadener Thore zu Kastel, Mainz gegenüber, gefunden. Sandstein. B. 2 m., B. 60, D. 22 cm.:

D M . CLATIE · MSVON . ATRONE · PIEN .. SI·ME · OCLATIV . NCARIO · LIBER .. S · VIVVS · E · SII .... IT · INPENDIO S V O	Diis Manibus. Oclatiae Masuoniae, patronae pientissimae, Oclatius .... ncario, libertus, vivus et sibi fecit inpendio suo.	Den Schattengöttern. Der Oclatia Masuonia, seiner liebevollsten Patronin, und auch für sich liess ihr Freigelassner Oclatius... ncario bei seinen Lebzeiten auf seine Kosten (diesen Grabstein) setzen.

Vgl. M. Z. II, 1 u. 2. s. 499 f. n. 93. Steiner II. 1685. B. J. XXIX. XXX. s. 159 f. N. Annal. VII, 1. s. 16 f. n. 12. Brambach 1356.

239. Grabsarg einer Frau, i. J. 1744 zwischen dem Kloster Dalheim und der Aureuskapelle unweit Zahlbach bei Mainz gefunden. Sandstein. L. 2 m. 17 cm., B. 88, H. mit Deckel 99, ohne Deckel 68 cm. In dem Sarge befanden sich Knochen, Lampen, kleine Urnen und s. g. Thränengefässe: auf der Inschriftseite zwei mondförmige Schildverzierungen:

VLPIAE · LVCILLE · INCOMPARA BILIS · PIETATIS · MATRI · ADIV TORIVS · LVCILIANVS · FILIVS EQ R	Ulpiae Lucill(a)e, incomparabilis pietatis matri, Adiutorius Lucilianus filius, eques Romanus.

Der Ulpia Lucilla, seiner unvergleichlich liebevollen Mutter, (liess) ihr Sohn Adjutorius Lucilianus, römischer Ritter, (diesen Sarg machen).

Vgl. Fuchs I. s. 99 n. 8; lat. p. 103, 8. Lehne G. S. II. s. 346 n. 297. Steiner I. 493; II. 458. Brambach 1248.

240. Bruchstück des **Grabsteins** einer Frau, Fundort unbekannt. Kalkstein (Marmor). H. 35, B. 70, D. 11 cm.:

.... MEMORIE · PESC.... .... ROMA · QVAE · VIX..... ... IS · VII · M · ANONVS....	.... memoriae Pesc(enniae)... Roma, quae vix(it annos.... menses... die)s septem. Marcus Antonius (faciendum curavit).

.... dem Andenken der Pescennia ..... Roma, welche lebte (.... Jahre, ... Monate), 7 Tage. Marcus Antonius (liess ihr diesen Grabstein setzen).

Vgl. Steiner II. 1616 u. Bd. II. s. 375. Brambach 1373.

241. Grabstein eines Kindes, am 13. September 1861 auf der Mitternacht zu Mainz gefunden. Grobkörniger Kalkstein. H. 1 m. 52 cm., B. 75, D. 50 cm. Im oberen Felde des Steins das Bild eines auf einem Tuche (Windel?) sitzenden nakten Kindchens, die beiden Händchen, deren l. ein Blümchen (Rassel?) hält, nach einem vor ihm stehenden geflochtenen und gefüllten Blumenkörbchen ausstreckend; auf den Nebenseiten (unvollendete) Cypressenbäume als Todessymbole. (Geschenk des Herrn Weinhändlers Harth):

D · M TELESPHO RIS · ET MA RITVS · EIVS PARENTES ❦ FILIAEDVLCISSI MAE	Diis Manibus. Telesphoris et maritus eius parentes filiae dulcissimae.	Den Schattengöttern. Telesphoris und ihr Gemahl, die Eltern, (liessen) ihrer süssesten Tochter (diesen Grabstein setzen).

Vgl. Mainzer Wochenblatt vom 17. September 1861 Nr. 110 s. 933. B. J. XXX. s. 83. M. Z. II, 3. s. 362 n. 164. Steiner II. 3615. Brambach 1054.

242. Grabstein eines Kindes, am 13. September 1861 auf der Mitternacht zu Mainz gefunden. Grobkörniger Kalkstein. H. 1 m. 51 cm., B. 72, D. 44 cm. Im oberen Felde des Steins selbst ein auf einem Tuche (Windel?) sitzendes naktes Kindchen, die beiden Händchen, deren l. ein Blümchen (Rassel?) hält, nach einem vor ihm stehenden geflochtenen und hoch angefüllten Blumenkörbchen ausstreckend; auf den Nebenseiten Cypressenbäume als Todessymbole. Die Inschrift ist mit einer Art von Eier- oder Perlstab eingerahmte. (Geschenk des Herrn Weinhändlers Harth):

D · M TELESPHORIS · ET MARITVS · EIVS · PARENES FILIAE DVLCISSIMAE QVERI · NECESSE · EST · DE PVELLVLA · DVLCI NE · TV · FVISSES · SI · FVTVRA TAM · GRATA · BREVI · REVERT VNDE · NOBIS · EDITA NATIVOM · ESSET · E · PAREN TIBVS · LVCTV SEMISSEM · ANNI · VIXIT ET · DIES · OCTO ROSA · SIMVL · FLORIVIT ET · STATIM · PERIIT	Diis manibus. Telesphoris et maritus eius parentes filiae dulcissimae. Queri necesse est de puellula dulci! Ne tu fuisses, si futura tam grata, brevi reverti, unde nobis edita, nativom esset et parentibus luctu(i). Semissem anni vixit et dies octo: rosa simul florivit et statim periit.

Den Schattengöttern. Telesphoris und ihr Gemahl, die Eltern, (liessen) ihrer süssesten Tochter (diesen Grabstein setzen).
Klagen muss man über das süsse Mädchen! O dass Du nie gewesen wärest, wenn Du so lieb werden solltest und doch bei deiner Geburt Dir bestimmt war, in Kurzem (dahin) zurückzukehren, von wo Du uns gegeben, Deinen Eltern zum Harme! Die Hälfte eines Jahres lebte es und der Tage acht. Aufblühte die Rose zugleich und verwelkte alsbald.

Vgl. B. J. XXX. s. 83. Bull. dell' inst. archeol. 1862 p. 223. M. Z. II. 3. s. 325 n. 163. Philologus XX, 3. s. 535. Steiner II. 3614. Brambach 1053.

243. Grabstein eines Freigelassenen, i. J. 1804 zu Zahlbach bei Mainz gefunden. Kalkstein. H. 1 m. 18 cm., B. 54, D. 17 cm. In dem dreieckigen Giebelfelde ein Blätterornament:

L · ET · C · ET · SE X
V A L E R I O R V M
L · S E R V A N D V S
A N N O · X X · H ·
S · E · PATRONI · PRO
MERITIS · POSVERV
NT · SERVITVS MIHI N
VQVA INVIDA FVISTI
LIBERTATEN MISER O
M O R S · A B S T V L I T
INIQVA

Lucii et Gai et Sexti Valeriorum libertus, Servandus, annorum viginti, hic situs est: patroni pro meritis posuerunt. Servitus mihi nu(n)qua(m) invida fuisti, libertatem misero mors abstulit iniqua.

Servandus, der Valerier Lucius, Gaius und Sextus Freigelassener, alt 20 Jahre, liegt hier: seine Patrone liessen (ihm diesen Grabstein) für seine Verdienste setzen. Dienstbarkeit! nie warst du mir hart! Die Freiheit raubte mir Armen der feindselige Tod!

Vgl. Lehne G. S. II. s. 417 n. 352 mit Abb. T. XI. n. 47. Steiner II. 510. Orelli 6389. Brambach 1246.

244. Grabstein eines Freigelassenen, i. J. 1804 zu Zahlbach bei Mainz gefunden. Kalkstein. H. 1 m. 30 cm., B. 48, D. 20 cm. In dem dreieckigen Giebelfelde ist ein Blätterornament und zu beiden Seiten desselben je zwei schneckenartig gewundene Bekrönungen: darunter in einem Bogen die Inschrift:

C SECCIVS · C · LIB ·
L E S B I V S · A N XX
H I C · S · E S T ·
CVM · MIHI · PRIMA · NO
VOS · SPARGEBAT · FLORE
IVENTVS · HEV · MISER · AE
TATIS · PRAEMIA · NVLLA · TV
LI · BIS · DENIS · MIHI · MORS ·
ANNIS · ACCESSIT · INIQVA
INGEMIT · ET · DAMNO · SEC
CIVS · ILLE · GRAVI · DI · MELI
ORA PRECOR · PRO · NOSTRo
MVNERA · CASV · SENTIAT
ET · PLVRES · POSSIT · HABERE
SVOS · HIC · TVMVLVM · TITV
LVMQ · MIHI · DONAVIT · Ho
NORI · ET · PROPRIVM · NO
MEN · DISTINAT · IN · LAC
RVMAS · BENE · MERENTI

Gaius Seccius, Gai libertus, Lesbius, annorum viginti, hic situs est.
Cum mihi prima novos spargebat flore(s) iu(v)entus,
Heu miser aetatis praemia nulla tuli.
Bis denis mihi mors annis accessit iniqua:
Ingemit et damno Seccius ille gravi.
Di! meliora, precor, pro nostro munera casu
Sentiat et plures possit habere suos.
Hic tumulum titulumque mihi donavit honori
Et proprium nomen distinat in lacrumas.
Bene merenti.

Gaius Seccius Lesbius, des Gaius Freigelassener, liegt hier.
Als mir die erste Jugendzeit kaum frische Blumen streute, ach! da hatte ich Armer keinen Genuss meines Alters; als ich zweimal zehn Jahre alt war, nahte sich mir

das feindliche Todesgeschick, und es seufzt jener Seccius über den schweren Verlust. O ihr Götter! möge er, ich bitte darum, bessere Güter für meinen Heimgang geniessen und der Seinigen mehr behalten können! Er widmete Grabmal und Inschrift mir zur Ehre und macht seinen eignen Namen zum Gegenstande der Thränen. Dem Wohlverdienten!

Vgl. Lehne G. S. II s. 419 n. 353 mit Abb. T. XI. n. 46. Steiner II. 453. Dilthey in Künzels Geschichte von Hessen S. 89. Becker Metrische Grabschriften 2. Brambach 1243.

245. Grabstein eines Freigelassenen, i. J. 1804 zu Zahlbach bei Mainz gefunden. Kalkstein. H. 1 m. 14 cm., B. 60, D. 11 cm.:

C·SECIVS·C·L CORINTVS A N N XXX·H·I·S·E·PAT RONVS·POSI	Gaius Sec(c)ius, Gai libertus, Corintus, annorum triginta, hic intus situs est: patronus pos(u)i(t).	Gaius Seccius Corintus, des Gaius Freigelassener, alt 30 Jahre, liegt hier innen: sein Patron liess (ihm diesen Grabstein) setzen.

Vgl. Lehne G. S. II. s. 411 n. 348. Steiner II. 455. B. J. XXXVIII s. 98. Brambach 1242.

246. Doppelgrabstein eines Freigelassenen und eines Sklaven, i. J. 1804 zu Zahlbach bei Mainz gefunden. Kalkstein. H. 1 m. 40 cm., B. 59, D. 28 cm. In der Mitte des dreieckigen und vertieften Giebelfeldes eine Kugel, r. und l. schneckenartig gewundene Bekrönungen:

C·SECCIVS·C·L· VERECVNDVS· ANNO·XXV· H·S·E· PATRONVS· PRO·MERITIS· POSIT	Gaius Seccius, Gai libertus, Verecundus, annorum viginti quinque, hic situs est: patronus pro meritis pos(u)it.	Gaius Seccius Verecundus, des Gaius Freigelassener, alt 25 Jahre, liegt hier: sein Patron liess (ihm) seiner Verdienste wegen (diesen Grabstein) setzen.
ROMANVS· C·SECCI·SERVVS ANNO XII· H·S·E·	Romanus, Gai Secci servus, annorum duodecim, hic situs est.	Romanus, des Gaius Seccius Sklave, alt 12 Jahre, liegt hier.

Vgl. Lehne G. S. II. s. 415 n. 350 mit Abb. T. XI. n. 51. Steiner II. 454. Brambach 1244.

247. Grabstein eines Sklaven, im September 1861 auf der Mitternacht zu Mainz gefunden. Rother Sandstein. H. 2 m., B. 77, D. 50 cm. Oben in der Mitte in einer von reichen Ornamenten umgebenen Nische ein nackter Jüngling, die chlamys (Oberkleid) über dem linken Unterarm, geflügelt, in der R. eine Tasche (Beutel), in der L. einen umgekehrten Hirtenstab: wahrscheinlich der auf römischen Grabmälern gewöhnlich doppelt vorkommende Attis als eine Art von Todesgenius; auf beiden Seiten sind Cypressenbäume als Todessymbole. (Geschenk des Herrn Weinhändlers Harth):

ARAM
D · M · ET INNOCEN
TIAE · HIPPONICI · SER·
DIGNILLAE · IVN · PASTORIS
LEG · LEG · XXII · PR · P · F
HEDYEPES ET GENESIA
PARENTES

VT · PRIMVM · ADOLEVIT · POLLENS
VIRIBVS · DECORA · FACIE · CVPIDINIS
OS · HABITVMQVE GERENS · NEC · METVAM
DICERE APOLLINEVS · HVIC · EXPLETIS
TER · CENTVM · TER · DENISQVE · DIEBVS
INVISAE · PARCAE · SOLLEMNEM · CELE
BRARE · DIEM · IAMQVE · VT · ESSET · GRA
TVS · AMICIS · INVIDIA · SVPERVM · CESS .
VIT · AMARI

Aram diis Manibus et innocentiae Hipponici, servi Dignillae, (uxoris) Junii Pastoris, legati legionis vicesimae secundae, primigeniae, piae, fidelis: Hedyepes et Genesia parentes (posuerunt).

Ut primum adolevit, pollens viribus, decora facie, Cupidinis os habitumque gerens nec metuam dicere Apollineus — huic expletis ter centum ter denisque diebus invisae (sunt) Parcae sollemnem celebrare diem iamque ut esset gratus amicis invidia superum cess(a)vit amari.

Diesen Altar (weihten) den Schattengöttern und der Unschuld des Hipponikus, des Sklaven der Dignilla, (der Gemahlin) des Junius Pastor, des Legaten der zwei und zwanzigsten Legion, der erstgeworbenen, redlichen, getreuen, seine Eltern Hedyepes und Genesia.

Sobald er das Jünglingsalter erreicht hatte, stark an Kräften, von schöner Gestalt, dem Cupido an Antlitz und Haltung vergleichbar, ja ich scheue mich nicht zu sagen, schön wie Apollo; da missgönnten ihm die Parzen, nachdem er dreimal hundert und dreimal zehn Tage erfüllt hatte, den Geburtstag feierlich zu begehen, und so lieb er auch war den Freunden, durch den Neid der Himmlischen hörte er auf ein Gegenstand der Liebe zu sein.

Vgl. B. J. XXXII. s. 42 ff. 86. Bull. dell' inst. 1862 p. 224. M. Z. II, 3. s. 323 n. 162. Philologus XX, 3. s. 535. B. J. XXXVI. s. 105. A. Steiner II. 3616. Brambach 1052.

248. Grabstein eines Sklaven, i. J. 1804 zu Zahlbach bei Mainz gefunden. Kalkstein. H. 1 m. 31 cm., B. 62, D. 20 cm. Ueber dem dreieckigen ornamentierten Giebelfelde als Bekrönungen r. und l. je zwei schneckenförmige Aufsätze mit dazwischen liegenden Stirnziegeln:

PRISCVS
SERVVS · P ·
CASSI · AQVIL[F]
ERI · LEG · XIIII
GEM · ANN · XVI
DOM[I]NVS ·
PRO · BENF[I]
POS · H · S · .

Priscus, servus Publii Cassii, aquiliferi legionis quartae decimae, geminae, annorum sedecim: dominus pro beneficiis posuit: hic situs (est).

Priscus, Sklave des Publius Cassius, Adlerträgers der vierzehnten Legion, der gedoppelten, alt 16 Jahre, liegt hier: sein Herr liess liess ihm für seine Verdienste (diesen Grabstein) setzen.

Vgl. Lehne G. S. II. s. 410 n. 347 mit Abb. T. XI. n. 49. Steiner II. 456. Mainzer Wochenblatt 1857 Nr. 86 v. 23. Juli s. 757 n. 15. Brambach 1187.

249. Grabstein eines Sklaven, am 22. April 1842 zu Zahlbach bei Mainz gefunden. Weisser Muschelkalkstein. H. 82, B. 61, D. 14 cm. (Geschenk der Militärbehörde):

R O M N V S	Romanus, Titi Avidii	Romanus, des Titus Avi-
T · AVIDI · CO	Cordi, equitis legionis	dius Cordus, Reiters der
RDI · EQ · LEG	vicesimae secundae, pri-	zwei und zwanzigsten Le-
X X I I · P R I ·	migeuiae, serv(u)s, an-	gion. der erstgeworbenen,
S E R V S · A N	norum viginti septem:	Sklave, alt 27 Jahre, liegt
X X V I I · M E R	meritis eius positum;	hier innen. Seinen Verdien-
EIVS · P · H · I ·	hic intus situs est: sit	sten errichtet! Leicht sei
S · E · S · T · T · L	tibi terra levis!	dir die Erde!

Vgl. Mainzer Unterhaltungsblätter (Beilage zum Mainzer Wochenblatt) 1842 Nr. 132. Malten Bibliothek der neuesten Weltkunde 1842 II. s. 18 n. 5. B. J. II. s. 93. n. 40 u. s. 158. III. s. 86 f. M. Z. I. s. 82 n. 42. Steiner II. 431. Brambach 1209.

250. Bruchstück des **Grabsteins** eines Sklaven, i. J. 1804 zu Zahlbach bei Mainz gefunden. Kalkstein. H. 77, B. 58, D. 24 cm.:

. . . . L E R	. (Ce)ler, annorum	. . . . (Ce)ler, alt 21
A N N · X X I	viginti unius, hic si-	Jahre, liegt hier: treu
H S E	tus est: fidus vixisti	und ohne Schuld leb-
FIDVS · VIXSISTI	sine crimine, Gavi!	test du, Gavius! Diess
SINE CRIMINE	hoc tibi pro meritis!	deinen Verdiensten!
GAVI HOC·TIBI	sit tibi terra levis!	Leicht sei dir die Erde!
PRO MERITIS SIT		
TIBITERRA·LEVIS		

Vgl. Lehne G. S. II. s. 416 n. 351 mit Abb. T. XI. n. 50. B. J. II. s. 94. Steiner II. 452. Dilthey in Künzels Geschichte von Hessen s. 89. Brambach 1239.

251. Grabstein eines Kindes (Sklavin), i. J. 1790 oberhalb Weisenau bei Mainz unweit der Jungenfelder Aue in einem Weinberge an der Landstrasse zwischen Weisenau und Laubenheim gefunden. Kalkstein. H. 90, B. 33, D. 12 cm. Ueber der Inschrift in einem bogenförmigen Giebelfelde eine Rosette, zu beiden Seiten schneckenartig gewundene Bekrönungen.

L Y C N I S	Lycnis, Quinti	Lyc(h)nis, des Quin-
Q E P I D	Epidii ancilla, an-	tus Epidius Sklavin,
A N C I L L	nucla (annicula)	ein Jahr und vier
A NN V C L A	et menses quat-	Monate alt, liegt
ET · MEN · IIII	tuor, hic sita est;	hier: Felix liess (ihr
. H · S · E	Felixs posuit.	diesen Grabstein)
F E L I X S		setzen.
P O S I T		

Vgl. J. G. Reuter bei Joh. Pet. Schunk Beiträge zur Mainzer Geschichte mit Urkunden (Mainz 1788—1790. 3 Bde.) III. s. 425—428. Lehne G. S. I. s. 412 n. 349 mit Abb. T. XI. n. 48. Steiner II. 577. Klein H. L. s. 37. B. J. XXXVIII. s. 103. Brambach 936.

252. Bruchstück eines unbestimmbaren **Grabsteins** (vielleicht eines Sklaven). Fundort unbekannt. Sandstein. H. 37, B. 36, D. 16 cm. Die durch Querlinien abgetheilte Inschrift ist schwer lesbar:

D	Diis (Manibus)	Den Schattengöttern.
PLACIL	Placidus servus	Placidus, Sklave des
IVVSSAΓ	Saturnini (?), mi-	Saturninus (?), eines
ꓵSTEEC·O	litis legionis (?)	Soldaten der. . . . .
OME MEP	. . . . fecit	Legion (?) . . . . . .
CITEFFILII	et filii (?)	
Λ ꓤ		

Vgl. B. J. XXIX. XXX. s. 161. Brambach 1374.

253. Vollständig erhaltener Giebel eines **Grabdenkmals.** Kalkstein. H. 21, B. 48 cm., D. 1 m. Auf den vier Ecken stirnziegelartige Bekrönungen; vorn in dem von Leisten umrahmten Felde Blätterschmuck um eine kleine Rosette.

254. Vollständig erhaltener Giebel eines **Grabdenkmals.** Kalkstein. H. 18, B. 43, D. 8 cm. In dem Giebelfelde eine Rosette.

255. Obertheil eines **Grabsteins**, am 13. September 1861 auf der Mitternacht zu Mainz zusammen mit Nr. 241 und 242 gefunden. Sandstein. H. 28, B. 75, D. 50 cm. Mit dreieckigen Bekrönungen und Convoluten nebst Rosetten ausgestattet, ist dieser Aufsatz vorn mit gekreuzten Bandstreifen und Blumenschmuck verziert.

256. Obertheil eines **Grabsteins,** gefunden wie Nr. 255. Sandstein. H. 33, B. 72, D. 44 cm. Wie Nr. 255 mit dreieckigen Bekrönungen und Convoluten mit Rosetten ausgestattet, ist der Aufsatz zugleich vorn mit gekreuzten Bandstreifen, dazwischen Rosetten, verziert; auf den Nebenseiten l. ein Gefäss mit zwei Täubchen, von denen das eine trinkt, das andere schlürft; r. eine Eule zwischen zwei Täubchen, von denen das eine nach der Eule sieht, das andere aufpickt. Ob beide Aufsätze zu den mit ihnen zusammen gefundenen Grabsteinen (Nr. 241 u. 242) gehören, ist zweifelhaft.

257—261. Fünf Bruchstücke von **Grabsteinen,** darunter vier mit Rosetten, eines mit Laubwerk im Rundbogen. Kalkstein.

262. Grabsarg ohne Inschrift mit zersprungenem Deckel, am 18. März 1842 in der s. g. Clubistenschanze bei Zahlbach unweit Mainz, kaum 1 Fuss tief unter der Oberfläche des Bodens, 85 Schritte r. (nordwestlich) von dem letzten sichtbaren Pfeiler der dortigen römischen Wasserleitung gefunden. Sandstein. H. mit dem Deckel 68 cm., ohne D. 52 cm., L. 2 m. 5 cm., B. 72 cm. Derselbe enthält ein in eine Gypsschichte eingedrücktes Gerippe von dunkelbrauner Farbe, zu dessen Füssen bei der Aufdeckung drei Glasgefässe standen, ebenso ein zerbrochenes r. und ein geripptes l. vom Kopfe. Zwischen dem Mittel- und Goldfinger der l. Hand fand sich eine Bronzemünze Kaiser Trajans (97—117 n. Chr.)

Vgl. Malten Bibliothek der neuesten Weltkunde 1842 II. s. 7—10.

263. Grabsarg ohne Inschrift sammt Deckel, am 9. April 1842 in der s. g. Clubistenschanze bei Zahlbach unweit Mainz, 1½ Fuss unter der Oberfläche des Bodens, 57 Schritte südöstlich von dem zuerst gefundenen (Nr. 262) aufgedeckt. Dieser Grabsarg ist sorgfältiger als Nr. 262 aus weissem Sandstein gearbeitet. H. mit dem Deckel 62 cm., ohne D. 40 cm., L. 2 m., B. 64 cm. Der Deckel ist gegen die Mitte mit zugespitzten und an den Enden mit viereckigen Erhöhungen bekrönt. Wie Nr. 262 enthält auch dieser Sarg ein in eine Gypsschichte eingedrücktes Gerippe, neben dessen Kopf ein jetzt nicht mehr vorhandenes Glasgefäss stand.

Vgl. Malten Bibliothek der neuesten Weltkunde 1842 II. s. 13—15.

264. Grabsarg ohne Inschrift mit in drei Stücke zerbrochenem Deckel. Rother Sandstein. L. 2 m. 15 cm., B. 68, H. mit Deckel 64 cm., ohne D. 44 cm. Der Deckel hat dreieckige Eckbekrönungen; die Nebenseiten sind mit spiralförmigen Linien verziert.

265. Grabsarg ohne Inschrift mit in zwei Stücke zerbrochenem Deckel. Sandstein. L. 2 m. 27 cm., B. 93, H. mit Deckel 77 cm., ohne D. 52 cm. Der Deckel hat vier in der Mitte zu dreieckigen Giebeln ansteigende Bekrönungen; die Nebenseiten sind mit spiralförmigen Linien und aussen oben am Rande mit ringförmigen Erhöhungen (rohen Andeutungen von Kränzen) verziert.

266. Kleiner viereckiger **Grabsarg** ohne Inschrift mit Deckel, i. J. 1843 zu Kostheim unweit Mainz gefunden. Kalkstein. H. mit Deckel 69, ohne D. 47, B. 51, D. 47 cm.

IV. Inschriftliche Bruchstücke.

267. Unbestimmbares **Bruchstück** (eines Votivaltars?) am 18. Juni 1866 zu Oberolm unweit Mainz als Aussetzstein eines fränkischen Grabes gefunden. Kalkstein. H. 66, B. 43, D. 13 cm. Von der oben, unten und l. verstümmelten Inschrift ist noch übrig:

. . . . ANOI I
RIS · CASTELLI . AI
TIACORVM · AVR
CANDIDVS · CORNI
CVLARIVS · MAII
RVM · COR · MII
ALECVS INER . . \

. . . . ris Castelli Mattiacorum, Aurelius Candidus, cornicularius Mattiacorum (?), cornicularius M . .; allectus inter (quinquennalicios?) . . . .

. . . . . . des Castells der Mattiaken (Kastel), Aurelius Candidus Cornicularier (Unterbeamter) der Mattiaker (?), Cornicularier des M . . ., gewählt unter (die gewesenen Quinquennalen?)

Vpl. Mainzer Unterhaltungsblätter 1866 Nr. 146 v. 27. Juni s. 575 f. B. J. XLIV. XLV. s. 66 f. N. Annal. X. s. 149 f. M. Z. III, 1. s. 68 n. 215.

268. Unbestimmbares **Bruchstück** (eines Votivaltars?), i. J. 1850 zu Heddernheim bei Frankfurt a. M. gefunden. Rother Sandstein:

IOSVII	posuit	errichtete (die-
NA · NT...	. . . .	sen Altar?)
ƆM · CO	. . . .	

Vgl. N. Annal. IV. s. 507 n. 31. M. Z. II, 1 u. 2. s. 212 n. 47. Steiner II. 3715. Brambach 1472.

269. Unbestimmbares **Bruchstück** einer Inschrift aus Kastel in Rheinpreussen. Kalkstein. H. 28, B. 33, D. 20 cm. (Geschenk des Hrn. Oberstlieutenants von Kökeritz):

L · C
VOS · II
ET · HOR
/VS · ETP
ETIA · PA

Vgl. M. Z. II, 1 u. 2. s. 212 n. 45. Brambach 762, d.

270. Unbestimmbares **Bruchstück** einer Inschrift aus Mainz.

SAN
VNDΛI
)AVIIIAV
\CIII ƦA

Vgl. N. Annal. VIII. s. 572 n. 11, c. Brambach 2081, 2. M. Z. III, 1. s. 71 n. 221, 2.

271. Unbestimmbares **Bruchstück** einer Inschrift, wahrscheinlich aus Mainz.

H . . . .
VIVS. . . . . . .
ƆIS . . . .
O. . . . .

272. Zwei zusammengehörige unbestimmbare **Bruchstücke** einer Inschrift, wahrscheinlich aus Mainz. Kalkstein. H. 22, B. 36, D. 10 cm.:

MBVG ÆV
ZVS · F
C C IIE

Vgl. N. Annal. VIII. s. 572, n. 11, a. Brambach 1371 u. 1372. M. Z. III, 1. s. 221, 1.

273. Unbestimmbares **Bruchstück** einer Inschrift, wahrscheinlich aus Mainz.

ETI\
VS · D
VS

Vgl. N. Annal. VIII. s. 572, n. 11. d. Brambach 2081, 3. M. Z. III, 1. s. 71 n. 6.

274. Unbestimmbares **Bruchstück** einer Inschrift aus Mainz. Kalkstein. H. 15, B. 22, D. 8 cm.:

EMILIV
EIAY

Vgl. N. Annal. VIII. s. 572 n. 11, b. Brambach 2081, 1. M. Z. III; 1. s. 71 n. 221, 2.

275. Zwei vielleicht zusammengehörige unbestimmbare **Bruchstücke** einer Inschrift aus Mainz.

a.	b. H. 42, B. 53, D. 27 cm.:
M R	. STITV
R V	VDVSHC

Vgl. M. Z. II, 1 u. 2. s. 212 n. 46. Steiner II. 3611.

276. Grosser **Stein** mit fast völlig erloschener Inschrift. Kalkstein. H. 64, B. 58, D. 17 cm.:

. . . .
. . I . . . .
ATA . . . I . . . .
. . . .

Vgl. Brambach 1375.

277. Unbestimmbares **Bruchstück** einer Inschrift, zu Mainz gefunden; mit ungewöhnlich grossen stark ausgeprägten regelmässigen Schriftzügen. Sandstein. H. 46, B. 24, D. 17 cm.:

O H
I O

Vgl. M. Z. II, 1 u. 2. s. 213 n. 50. Steiner II. 3633. Brambach 1296.

278. Unbestimmbares **Bruchstück** einer Inschrift, i. J. 1848 auf dem Kästriche zu Mainz gefunden.

BE I
P · CA

Vgl. M. Z. II, 1 u. 2. s. 213 n. 48. Steiner II. 3612, 1. Brambach 1042.

279. Unbestimmbares **Bruchstück** einer Inschrift, i. J. 1858 auf dem Kästriche zu Mainz gefunden.

E R I
F E T

Vgl. M. Z. II, 1 u. 2 s. 213 n. 49. Steiner II. 3612, 2. Brambach 1043.

280. Unbestimmbares **Bruchstück** einer Inschrift aus Mainz, linkes unteres Eckstück. Kalkstein. H. 50, B. 69, D. 36 cm.:

L I
P R

Vgl. N. Annal. VIII. s. 572 n. 11, f. Brambach 2081, 5. M. Z. III, 1 s. 71 n. 221, 4.

281. Unbestimmbares **Bruchstück** einer Inschrift aus Mainz, rechtes unteres Eckstück.

I V
S · F

Vgl. N. Annal. VIII. s. 571 n. 10. M. Z. III, 1. s. 71 n. 219.

282. Drei unbestimmbare **Bruchstücke** einer Inschrift, i. J. 1844 bei Finthen unweit Mainz gefunden, zwei passen genau zusammen. (Geschenk des Hrn. Rentners Rautert):

PERA \ T
ABAR

Vgl. M. Z. I. s. 222 n. 79. Steiner II. 568. M. Z. II, 1 u. 2. s. 210 n. 41. N. Annal. VII, 1. s. 43 n. 44 a u. b. Steiner II. 3644. Brambach 970 u. 1334.

283. Unbestimmbares **Bruchstück** einer Inschrift aus Mainz. Kalkstein:

I N I

284. Unbestimmbares **Bruchstück** einer Inschrift, i. J. 1867 in einem Fasse in dem abgelassenen Altmünsterweiher zu Mainz gefunden. Kalkstein:

M · E ·

285. Unbestimmbares **Bruchstück** einer Inschrift aus Mainz.

L C I I

Vgl. N. Annal. VIII. s. 572 n. 11, h. Brambach 2081, 6. M. Z. III, 1. s. 71 n. 221, 7.

286. Grosser **Quader.** Sandstein. H. 35, B. 30, D. 45 cm. In der Mitte:

R I I I

287. Unbestimmbares **Bruchstück** einer Inschrift. Sandstein.

T

288. Unbestimmbares **Bruchstück** einer Inschrift. Kalkstein.

E

289. Unbestimmbares **Bruchstück** einer Inschrift. Kalkstein.

Γ

V. Legionsbausteine.

14. Legion.

290. Legionsbaustein, auf der Mitternacht zu Mainz bei dem Hausbaue des Herrn Martel gefunden. Kalkstein. H. 17, L. 38, D. 12 cm.:

L E G · XIIII > L · R V P I	Legio quarta decima; centuria Lucii Rupilii (?)	Vierzehnte Legion; Centurie (Zug) des Lucius Rupilius (?)

Vgl. M. Z. II, 1 u. 2. s. 213 n. 52. Brambach 1051.

291. Legionsbaustein, grosser Quader, i. J. 1858 auf dem Kästriche zu Mainz gefunden. Sandstein. H. 48, B. 90, D. 90 cm. In breiten Schriftzügen:

LEG · XIIII · G · M · V ·	Legio quarta decima, gemina, Martia, victrix.	Vierzehnte Legion, die gedoppelte, Martische, siegreiche.

Vgl. M. Z. II, 1 u. 2. s. 213 n. 51 u. III, 1. s. 77 n. 214. Brambach 1044.

292. Legionsbaustein, im Juni 1844 im Gartenfelde bei Mainz gefunden. Kalkstein. H. 23, L. 40, D. 18 cm. (Geschenk des Herrn Dr. Emele):

LEG XIIII G ✓ M V > P ✓ HELVTIERT	Legio quarta decima, gemina, Martia, victrix; centuria Helvii Tertii.	Vierzehnte Legion, die gedoppelte, Martische, siegreiche; Centurie (Zug) des Helvius Tertius.

Vgl. M. Z. I. s. 80 n. 38. Steiner II. 407. Brambach 1119.

293. Legionsbaustein, i. J. 1839 auf der Eisgrube zu Mainz gefunden und im Juni 1845 von dem K. Preuss. Geniedirektor Hrn. von Lindow geschenkt. Kalkstein. H. 16, L. 47, D. 22 cm.:

LEG · XIIII G E M V > C S E N T I	Legio quarta decima, gemina, Martia, victrix; centuria Gai Sentii.	Vierzehnte Legion, die gedoppelte, Martische, siegreiche; Centurie (Zug) des Gaius Sentius.

Vgl. M. Z. I. s. 207 n. 65. Steiner II. 406. Brambach 978.

22. Legion.

294. Legionsbaustein, in zwei Theile zersprungen, bei dem niedrigen Wasserstande am 5. Januar 1819 am letzten Pfeiler der ehemaligen Brücke Karls des Grossen im Rheinbette auf der Seite von Kastel, Mainz gegenüber, gefunden und durch Prof. Braun für das Museum erworben. Rother Sandstein. H. 53, L. 1 m. 19 cm., D. 38 cm.; r. von der Inschrift ein schreitender Stier, l. ein Capricorn (Cohortenzeichen):

L E G XXII	Legio vicesima secunda.	Zwei und zwanzigste Legion.

Vgl. Lehne in Mainzer Zeitung 1819 Nr. 5 v. 12. Januar. Derselbe G. S. II. s. 239 n. 248. Wiener de leg. XXII. p. 130 n. 79. Habel in N. Annal. II, 3. s. 113 mit Abb. T. IV n. 1 u. p. 476 n. 1. B. J. II. s. 38 f. W. Heim in Abbildungen von Mainzer Alterthümern VI (1855) s. 4 f. mit Abb. Steiner II. 270. Wittmann in M. Z. II, 1 u. 2. s. 37 mit Abb. N. Annal. VII, 1. s. 63 n. 51. Klein im Feuilleton der Neuen Frankfurter Zeitung 1862. Nr. 295 vom 17. December s. 1179 mit Abb. Brambach 1308.

295. Legionsbaustein, in der Nähe der ehemaligen Brücke Karls des Grossen im Rheinbette auf der Seite von Mainz gefunden. Rother Sandstein. H. 81, B. 78, D. 21 cm. Unter der Inschrift die Reliefdarstellung zweier Nymphen, welche sitzend, mit Schilfstengeln in den Händen, sich auf Urnen stützen, mit nacktem Oberleibe und über die Arme herabfallendem Gewande: oben Rest des Bildes eines Capricorns (Cohortenzeichen):

. . . . XXII O ↃI P ı A	(Legio) vicesima secunda, (primigenia?), pia, (fidelis?).	Zwei und zwanzigste (Legion)', die (erstgeworbene), redliche, (getreue?).

Vgl. Lehne G. S. II. s. 238 n. 246. Steiner II. 419. N. Annal. VIII. s. 573 n. 13, 3. Brambach 1309. M. Z. III, 1. s. 71 n. 220, 3.

296. Bruchstück eines **Legionsbausteins**, zu Mainz gefunden. Kalkstein. H. 44, L. 47, D. 18 cm.:

. . . <II · PRIM N I N I	(Legio) vicesima secunda, prim(igenia, pia, fidelis)	Zwei und zwanzigste (Legion), die erstgeworbene. (redliche, getreue) . . . .

Vgl. N. Annal. VIII. s. 573 n. 13, 1. Brambach 1367. M. Z. III, 1. s. 71 n. 220, 1.

297. Bruchstück eines **Legionsbausteins**, zu Mainz gefunden. Kalkstein. H. 42, L. 61, D. 12 cm. Die Inschrift durch zwei eingehauene Löcher beschädigt:

L . G X . II . R · P ·	Legio vicesima secunda, primigenia, pia, (fidelis).	Zwei und zwanzigste Legion, die erstgeworbene, redliche (getreue).

Vgl. Huttich I. p. 20 (apud D. Albanum), II. fol. XII, a, 2. Grut. p. 112. Fuchs I. p. 162 mit Abb. T. XVIII n. XXXVIII. Lehne G. S. II. s. 238 n. 245. Wiener de leg. XXII p. 124 n. 64. Steiner I. 423; II. 417. Brambach 1366. N. Annal. VIII. s. 573 n. 13, 2. M. Z. III, 1. n. 220, 2.

298. Legionsbaustein, ehemals in der Stadtmauer neben dem weissen Windmühlenthurme zu Mainz eingemauert. Kalkstein. H. 21, L. 40, D. 70 cm.:

LEG · XXII · PR · P · F · > · ATTI A T R E C T I	Legio vicesima secunda, primigenio, pia, fidelis; centuria Attii Atrecti.	Zwei und zwanzigste Legion; die erstgeworbene, redliche, getreue; Centurie (Zug) des Attius Atrectus.

Vgl. Huttich II, fol. XIII, a, 2. Reines. Synt. insc. ant. (Francof. 1682 fol.) class. VIII. n. LX. p. 537. Apian. Insc. 477. Fuchs I. s. 161 mit Abb. T. XVIII n. XXXVI; lat. p. 162, 36. Lehne G. S. II. s. 236 n. 243. Steiner I. 425; II. 415. Brambach 1095.

299. Bruchstück eines unbestimmbaren **Legionsbausteins**, nahe dem 1664 errichteten Münsterthore zu Mainz gefunden und bis 1860 an dessen äusserer (rechten) Seite eingemauert.

> I · D P R	centuria	Centurie (Zug) des . . . .

Vgl. Fuchs I. s. 113 n. V. mit Abb. T. XIIII. n. V; lat. p. 116, 5. Klein. Ueber die Legionen, welche in Obergermanien standen (Mainz 1853, 4) s. 22. Ders. im Mainzer Wochenblatt 1860 vom 13. November s. 1173. Ders. Röm. Denkm. s. 15, V zu n. 17. u. A. 21. M. Z. II, 3. s. 332, n. 170. Brambach 1094.

VI. Backsteine, Ziegeln, Heizröhren

mit Legions- und Cohortenstempeln in erhabener und vertiefter Schrift.

1. Legion.

300. 1. LEGTADI (Bk.)
2. LEGTADI (Zg. Br.) Legio prima adiutrix. Erste Legion, die Helferin.

4. Legion.

301. 1. LEG IIII MAC (Zg.)
2. LEG IIII MAC (Zg. Bd.)
3. LEG IIII AC-(Zg.)
4. LEG IIII VC (Bk. Rd. In der Mitte ein nicht geschlossenes Viereck.)
5. LEG IIII MAC (Bk. hufeisenförmiger Bd.)
6. LEG IIII MC (Bk. h. Bd.) . Legio quarta, macedonica. Vierte Legion, die Macedonische.

14. Legion.

302. 1. LEG · XIIII · (Bk. Br.)
2. . EG · XIIII · (Zg. Br.)
3. L · XIIII (Bk.)
4. L · XIIII (Bk.)
5. L · XIIII (Zg.)
6. L · XIIII · G (Bk.)
7. L · XIIII · G (Bk.)
8. L · XIIII · G (Zg.)
9. L · XIIII · GM (Bk.)
10. L · XIIII · GM (Bk.) Legio quarta decima, gemina, Martia. Vierzehnte Legion. die gedoppelte, Martische.

21. Legion.

303. 1. I K XX R (Bk. Br.) Legio unetvicesima, rapax (?) Ein und zwanzigste Legion, die reissende (?).

22. Legion.

304. 1. LEG XXII (Hz.)
2. LEG XXII (Zg. Br.)
3. LEG XXII (Zg. Fh.)
4. LEG · XXII · (Bk. Rd. In der Mitte ein Kreuz).
5. LEG XXII (Bk. Rd. Br. In der Mitte zwei ausgezahnte Halbmonde).
6. LG · XXII . . . (vertieft; Hohlzg. Br.)
7. L G XXII . . . (Hohlzg. Br.)
8. L G XXII (Bk. Br.)
9. L G XXI (Bk. Br.)
10. L E . XX . . . (Bk. Br.)
11. . . . XX . . . (Zg. Br.) Legio vicesima prima. Ein und zwanzigste Legion,
12. LEG XXII C V (Zg.) Legio vicesima prima, cohors quinta. Ein und zwanzigste Legion, fünfte Coborte.

13. IЯЧ IIXX ƆƎI (Zg.)
14. ⅃EG XXII PRI (Bk.)
15. . . . . . II PRI (Zg. Br.)
16. LEG XXII PRI (Bk.)
Zweig.
17. LEG XXII PR (Bk. Rd.)
18. . . G XXII PR (Bk. Rd.)
19. LEG XXII PR (Bk.)
Zweig.
20. LEG XXII R̄ (vertieft. Bk.)
21. LEG XXII R̄ (vertieft. Hohlzg.)
22. . . G XXII R̄ (vertieft. Bk.)
23. . . G XXII R̄ (Bk. Br.)
24. . . . XXII R (Bk. Br.)
25—28. LEG XXII P (vertieft; halbrunder Bk.)
29. LEG . XII P (vertieft; halbrunder Bk.)
30. LEG XXII · P (Bk. Bd. Br.)
31. LEG X · XII P (Hz.)
32. LEG XXII PT (Zg.)
33. LE . XXII P (Zg.) — Legio vicesima secunda, primigenia. — Ein und zwanzigste Legion, die erstgeworbene.
34. LEG XXII PRiP (Bk.)
IVIIΛΛΛ ΛII
35. LEG
XXII (Grade Schrift in rundem Stempel; Bk. Rd.)
PRP
36. LEG XXII · P · P · (Bk.)
37. LEG X̄XII P · P · (Zg.)
Zweig.
38. LEG XXII PP (Zg.)
Zweig. Zweig.
39. LEG XXII PP (Bk.) — Legio vicesima secunda, primigenia, pia. — Ein und zwanzigste Legion, die erstgeworbene, redliche.
Zweig. Zweig.
40. ⅃IIG XXII (Hohlzg. Br.)
PRI PI F
41. LEG XXII PIRIF (Bk.)
42. LEG XXII PIRPF (Bk. Br.)
43. . . G XXII PIRPF (Bk. Br.)
44. . . G XXII PR · PIF (Bk. Br.)
45. LEG XXII (Bk.)
PRPIF
46. LEG XXII IH IKIF (Bk.)
47. . . G XXII PR · PFH (Bk. Br.)
48. LEG XXII PR PFIDEL (Zg.)
49. . . G XXII PR PF L· (Bk. Bd.)
50. LEG XXII PR · P · F (Zg.)
51. LEG XXII PRPF (Zg.)

52. LEG XXII PRPF (Bk. Bd. Br.)
53. LEG · XXII · PR · P · F · (Bk. Rd. In der Mitte eine sternähnliche Figur).
54. LEG · XXII PR · P · F · (Bk. Rd. In der Mitte ein Kreis).
55. LEG XXII PR · P · F · (Zg. Rd. In der Mitte zwei ausgezahnte Halbmonde).
56. LEG XXII PRPF (Zg. Rd.)
57. LEG XXII PRPP (Bk. Rd. In der Mitte eine kopfähnliche Figur).
58. LEG XXII PRPF (Bk. Rd. In der Mitte eine kopfähnliche Figur).
59. LEG XXII PR P F (Bk. Rd. Br.)
60. LEG XXII PR · P · F · (Bk. Rd. In der Mitte ein Bäumchen).
61. LEG XXII PRPF (Bk. Fh.)
62. LEG XXII (Grade Schrift in rundem Stempel; Zg. Rd.).
PRPF
63. LEG XXII PRPF (Hz.)
64. . . . . PRPF (Zg. Br.)
65. . . . . . XII ꟾRPI (Bk.)
66. LEG XXII PR · PF (Zg.)
67. . . . XXII · PRPF (Zg. Br.)
68. LEG XXII · PRPF (Bk.)
69. LEG XXII ЬЕIК (Bk.)

PF
70. LEG XXII (Bk. Kreuzstempel).
PR

71. LEG XXII PF (vertical) ꓘ b (Bk. Kreuzstempel).

72. . EG · XXII · PRP ⊢ (Bk.)
73. LEG XXII PR F (Bk. Rd. In der Mitte ein ausgezahnter Halbkreis).
74. LEG XXII PR F (Bk. Rd. desgl.)
75. LEG XXII PR · F (Bk. Rd. desgl.)
76. . . G XXII PR F (Bk. Br.)
77. LEG XXII PR
PF Zweig.
78. . EG XXII (Bk.)
PR ❦ PF
79. LEG XXII (Bk.)
PR PF
80. LEG XXII (Bk.)
PR P · F
81. LEG XXII (Bk.)
PR PF
82. LEG XXII (Bk.)
PR PΓ

83. . . G XXII (Bk. Br.)
Ꝛ P F

84. . . EG XXII (Bk. Br.)
Ꝛ P F

85. . . . . XII (Bk. Br.)
. . . . P · F

86. . LE . . . . (Bk. Br.)
P F
Legio vicesima secunda, primigenia, pia, fidelis.
Zwei undzwanzigste Legion, die erstgeworbene, redliche, getreue.

87. SENTI SABEL (Bk.)
LEG XXII PRPF
Sentius Sabellus. Legio vicesima secunda, primigenia, pia, fidelis.
Sentius Sabellus. Zwei und zwanzigste Legion, die erstgeworbene, redliche, getreue.

88. LEG XXII (Bk.)
2 Halbmonde
P R P F

89. LEG
XX Halbmond II
Я P F

90. LEG (Bk.)
XXII
PRP.

91. LEG XXI . (Bk. Br.)
. E . . . OI

92. LE . . . . (Bk. Br.)
P . . . .

93. LEG XXII (Zg. Br.)
. . . .

94. LEG XXII
P Löwe P
P ❦ F

95. LEG XXII PPF (Bk. Fh.)
96. LEG XXII PPF (Bk. Fh.)
97. LEG XXII P · P · F (Bk. Fh.)
98. LEG XXII P · P · F (Bk. Fh.)
99. LEG XXII PPF (Hohlzg.)
100. LEG XXII P · P · F (Bk. Bd.)
101. LEG XXII P · P · F (Bk. Bd.)
102. LEG XXII P P F (Bk. Bd.)
103. LEG · XXII · P · P · F (Bk. Rd. In der Mitte ein Bäumchen).
104. LEG XXII · P P F (Zg. Rd. In der Mitte ein Stern.)
105. LEG XXII P P F (Bk. Rd. In der Mitte ein Capricorn).
106. . . . XXII P P F (Bk. Rd. In der Mitte ein Capricorn).
107. LEG XXII P P ꟻ (Bk. Br.)
108. LEG · (Hz.)
XXII
PPF

109. 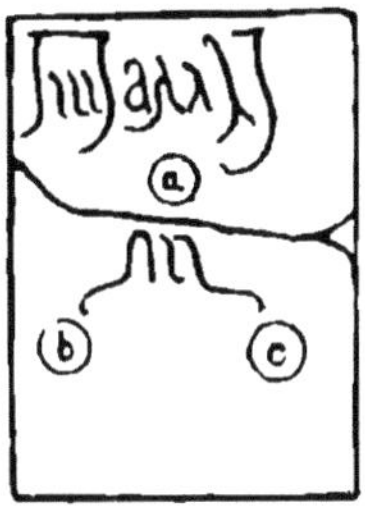

Dicker Zg., in zwei Stücke zerbrochen; oben und mitten (bis jetzt unentzifferte) Cursivschrift; unter a. b. c. je ein Rd. mit LEG XXII P F; in der Mitte des Rd. die Sigle C·]

110. . EG · X · XII P F (Hz.)
111. . . . . I P F (Hz.)
112. . . . . I I P F (Hz.)
113. LEG · XXII F (Bk.)
114. (Bk. Kreuzstempel):

LEG XXII P F / SEMPRON	Legio vicesima secunda, primigenia, pia, fidelis. Sempronius (fecit).	Zwei und zwanzigste Legion, die erstgeworbene, redliche, getreue. Sempronius (hat diesen Backstein gemacht).

115. LEG XXII
Delphin (Bk.)
P P F

116. LEG XXII P· P ·F (Bk.)
IVL · P R I M V S

117. LEG XXII · P P F (Bk.)
I V L P R I M V S

118. LEG XXII ·P...(Bk.Br.) IVL PRIMV .	Legio vicesima secunda, primigenia, pia, fidelis. Iulius Primus (fecit.)	Zwei und zwanzigste Legion, die erstgeworbene, redliche, getreue. Julius Primus (hat diesen Backstein) gemacht.

119. LEG XXII PPF (Bk.)
M N G A N D I F

120. . . . . XII PPF (Bk.)
. . . . A N D I F

121. LEG XXII . . . (Bk.) . . . . D I . . .	Legio vicesima secunda, primigenia, pia, fidelis. Mangandius fecit.	Zwei undzwanzigste Legion, die erstgeworbene, redliche, getreue. Mangandius (hat diesen Backstein)gemacht.
122. LEG XXII· P·P·F (Zg.) I V L G R A T F	Legio vicesima secunda, primigenia, pia, fidelis. Iulius Gratus fecit.	Zwei undzwanzigste Legion, die erstgeworbene, redliche, getreue. Julius Gratus hat (diesen Backstein) gemacht.
123. L XXII . . . . .(Bk. Br.) . A T V R \\ V S	Legio vicesima secunda, (primigenia, pia, fidelis.) Saturninus (? fecit.)	Zwei undzwanzigste Legion, die erstgeworbene, redliche, getreue. Saturninus (? hat diesen Backstein gemacht).

124. LEG XXII P·P·FI (Bk.)
125. LEG XXII PPF·I·I·S⊢ (Bk. Bd.)
126. . . . XXII PPF·I·I·S·F (Bk. Bd.)
127. LEG XXII PPI... ERIC (Bk. Rd. In der Mitte ein Stern.)
128. LEG (Bk. Bd. Grade Schrift in rundem Stempel.)
XIIP
F

129. LEG (Bk. Br.)
XXII
PF

130. LEG (Bk.)
XXII
PF

131. LEG (Bk.)
XXII
P....

305. COH IIII VN (Bk.) Cohors quarta Vindelicorum. — Vierte Cohorte der Vindeliker.

Vgl. über vorstehende zu verschiedenen Zeiten, insbesondere 1832, 1862 und 1868 theils zu Mainz selbst (Kästrich, Höfchen, Gutenbergsplatz, Johanniskirche, Präsenzgasse, Garten des Hrn. Blumner, Altmünsterweiher), theils zu Zahlbach, Kastel und anderen Mainz benachbarten Orten, u. Rheinzabern aufgefundenen Legions- und Cohortenbacksteine, Ziegeln, Heizröhren ausser Fuchs II, 122 T. XI, 39, noch Dahl in den Quartalblättern des Vereins für Literatur und Kunst zu Mainz 1832 III, 3. s. 20—25. H. M. Malten Ergebnisse der neusten Ausgrabungen römischer Alterthümer in und bei Mainz. Separatabdruck aus der Bibliothek der neusten Weltkunde 1842 II. s. 31 u. 38. Wiener de legione XXII. p. 125 n. 67. Steiner II. 402, 411—413, 420, 421, 3632, 3787. M. Z. I. s. 85—87 n. 51—53, 56, 59; II, 1 u. 2. s. 214 n. 53; II, 3. s. 322 n. 171; III, 1, s. 77 n. 241. Mainzer Wochenblatt 1861 Nr. 57. Mainzer Anzeiger 1868 Nr. 107 vom 7. Mai. B. J. II. s. 100 n. 52—54; XLIV. XLV s. 65 n. 12. R. Smith s. 68. Brambach 1377. — Ueber den unter Nr. 305 aufgeführten am 8. Mai 1842 am Dome vor dem ehemaligen Bischofshofe zu Mainz gefundenen Backstein der 4. Cohorte der Vindeliker vgl. Malten a. a. O. s. 38. B. J. II. s. 100 n. 55. M. Z. I. s. 87 n. 62. Steiner II. 391. Brambach 1377, i, 1,

---

VII. Kleinere Aufschriften

auf Gegenständen und Bruchstücken von

Thon, Serpentin, Bronze, Gold, Silber, Eisen, Leder, Glas, Bein.

A. Thon und Ziegeln.

I. Thonkugel (Kinderrassel) aus Rheinbaiern (Hepp'sche Sammlung) mit der Cursivaufschrift:

II. Thonbruchstück unbekannten Fundorts. Grosser Rundstempel mit breiten Schriftzügen und Punkten:

R · S · P
OF · BOC
S · II

. . . .
officina Boc

. . . .
Werkstätte des Boc
. . . .

Vgl. M. Z. II, 1 u. 2. s. 220 n. 72.

III. Thonbruchstück unbekannten Fundorts mit dem Bilde eines Adlers mit ausgebreiteten Flügeln, in der l. Kralle ein Füllhorn; r. ebenfalls ein Füllhorn, l. in einem halbmondförmigen Bande in breiten Schriftzügen und Punkten:

·L·LVRI BLANDI Lucii Lurii Blandi. Des Lucius Lurius Blandus.

Vgl. M. Z. II, 1 u. 2. s. 221 n. 73.

IV. Untertheil der Reliefdarstellung einer auf einem Schemel stehenden Figur, deren Beine noch sichtbar sind, von weissem Thone, unbekannten Fundorts (Lindner'sche Sammlung); unter dem Schemel: D O.

V. Ziegelbruchstück aus Rheinzabern mit vertieftem Stempel:

PAE·TN ....
MVᵀNICPᴵ municipi (?) Mitbürger.

Vgl. N. Annal. VIII. s. 574 n. 15, c. M. Z. III, 1. s. 73 n. 225

VI. Grabziegelplatte i. J. 1842 in Zahlbach bei Mainz neben Aschenkrügen in zwei Stücke zerbrochen aufgefunden:

VTI FELIX VIVAS uti felix vivas! mögest Du glücklich leben!

Vgl. Malten Bibliothek der neuesten Weltkunde 1842 II. s. 11. M. Z. I. s. 87 n. 62. B. J. II. s. 92 n. 39 u. s. 158. Steiner II. 541. Archiv für Frankfurts Geschichte und Kunst VI. s. 22—24. Brambach 1252.

VII. Ziegelbruchstück aus Mainz mit erhabenem Stempel, vor welchem ein Blatt ist:

IVSTVMFECIT Justum(us?) fecit. Justumus (?) hat (diesen Ziegel) gemacht.

Vgl. N. Annal. VIII. s. 574 n. 15, b. M. Z. III, 1. s. 72 n. 222.

VIII. Ziegelbruchstück im Frühjahre 1868 in dem abgelassenen Altmünsterweiher vor dem Münsterthore zu Mainz gefunden:

SÆNNES.... Saenanes..... ....

IX. Ziegelbruchstück i. J. 1843 in Rheinzabern gefunden:

SATVP..... Satur(ninus?) Satur(ninus?)

Vgl. N. Annal. VIII. s. 574 n. 15, f. M. Z. III, 1. s. 73 n. 225.

X. Ziegelbruchstück i. J. 1843 in Rheinzabern gefunden:

ılVRSIC Ursic(inus?) Ursic(inus?)

Vgl. N. Annal. VIII. s. 574 n. 15, d. M. Z. III, 1. s. 73 n. 225.

XI. Ziegelbruchstück i. J. 1843 in Rheinzabern gefunden:

\UIAV...: Aulav(us?) Aulav(us?)

Vgl. N. Annal. VIII. s. 574 n. 15, e. M. Z. III, 1. s. 73 n. 225.

XII. Ziegelbruchstück in Rheinzabern gefunden:

COXXEΓF

Vgl. N. Annal. VIII. s. 574 n. 15, a. M. Z. III, 1. s. 73 n. 225.

XIII. Baustein zu einem Brunnen auf dem Kästriche zu Mainz gefunden mit der Cursivaufschrift:

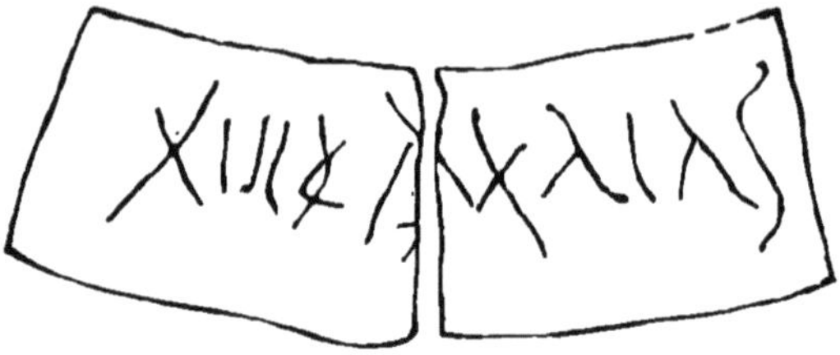

(die) tertio decimo Kalendas Maias. Am 13. Tage (vor) den Kalenden des Mai (19. April).

Vgl. Abbildungen von Mainzer Alterthümern VI. s. 22. M. Z. II, 1 u. 2. s. 214 n. 54. Brambach 1046, 1.

XIV. Töpferstempel und Aufschriften auf Lampen, Schüsseln und kleineren Gefässen, Modellformen, Amphoren, Urnen, Trinkgefässen.

a. Lampen.

1. AHIM. Ahi manu (?) Von der Hand des Ahus (?).

2. ATILLVS (Maske). Atillus. Atillus.
   Vgl. Period. Bl. 1854 N. 1. s. 10. M. Z. II, 2. s. 218 n. 71. M. H. Schuermans (Schm.) Sigles figulins (Bruxelles 1867, 8.) 577 u. 610.

3. ATILLVS (viermal vorhanden, Kleinwinternheim unweit Mainz). Atillus fecit. Atillus liess (diese Lampe) anfertigen.
   Vgl. M. Z. a. a. O. Steiner II. 3652. Gui. Fröhner (Fr.) Inscriptiones terrae coctae vasorum intra Alpes, Tissam, Tamesin repertas (Göttingen 1857, 8) 184. Schm. 578; 611—613.

4. ATIMETI (zweimal vorhanden). Atimeti. (Fabrik) des Atimetus.
   Vgl. Fr. 190. Schm. 582. M. Z. II, 2. s. 218 n. 71.

5. ATIV
S Atiusa. Atiusa.
   Vgl. M. Z. II, 3. s. 334 n. 176, d. Fr. 212. Schm. 593—594.

6. ATIVSA
F Atiusa fecit. Atiusa liess (diese Lampe) anfertigen.
   Vgl. M. Z. II, 2. s. 218 n. 71.

7. CAMPILI (zweimal vorhanden). Campili. (Fabrik) des Campilus.
   Vgl. M. Z. a. a. O. Schm. 1025.

8. F
CATVLLVS (Hepp'sche Sammlung) Catullus fecit. Catullus liess (diese Lampe) anfertigen.
   Vgl. Fr. 597. Schm. 1176.

9. CIΛVIDS unbestimmbar. Vgl. Schm. 1014.

10. COMMVNIS (Rosenheim) oder COMVNS, Communis. Communis.
    Vgl. Period. Bl. 1853. N. 1. s. 25. Fr. 785 u. 787. Schm. 1555. 1561—62. M. Z. a. a. O.

11. C DESSI Gai Dessi. (Fabrik) des Gaius Dessus.
    Vgl. M. Z. a. a. O. Schm. 1903.

12. EVCARPI (elfmal vorhanden). Eucarpi. (Fabrik) des Eucarpus.
    Vgl. M. Z. a. a. O. Fr. 1857. Schm. 2119.

13. . LORENTI (vertieft). Florentis. (Fabrik) des Florenz.
    Vgl. M. Z. a. a. O. Schm. 2279—2283.

14. FORTIS (dreizehnmal vorhanden). Fortis. Fortis.
    Vgl. Period. Bl. 1854. N. 2 s. 42. Malten a. a. O. M. Z. a. a. O. Steiner II. 394 u. 3788, 1. M. Z. II, 3. s. 341 n. 188. Schm. 2275.

15. FORTIS Fortis fecit. Fortis liess (diese Lampe) anfertigen
F Vgl. M. Z. a. a. O. Schm. 2279—2283.
16. HEDISTI (oben auf der Lampe). Hedisti. (Fabrik) des Hedistus.
Vgl. M. Z. a. a. O.
17. MITIVS Mitius fecit. Mitius liess (diese Lampe) anfertigen.
F
18. PRIMI (vertieft). Primi. (Fabrik) des Primus.
Vgl. M. Z. a. a. O. Schm. 4426.
19. PHOETASPI Phoetaspi. (Fabrik) des Phoetaspus.
Vgl. Malten a. a. O. Fr. 389. Schm. 4314.
20. SARMI Sarmi. (Fabrik) des Sarmus. Vgl. Fr. 1873. Schm. 4939.
21. SARMISV Sarmisuri. (Fabrik) des Sarmisurus.
RI
22. SARSVRI (Weisenau bei Mainz). Sarsuri. (Fabrik) des Sarsurus.
Vgl. Period. Bl. 1855. N. 5 s. 142. M. Z. a. a. O.
23. SATTONIS (zweimal vorhanden) u. SATON Sattonis. (Fabrik) des Satto. Vgl. M. Z. a. a. O. Malten a. a. O. Fr. 1882. Schm. 4959. Fr. II, 342. Schm. 4957.
24. SABINVS / SABINVS (Bandel'sche Sammlung). Sabinus. Sabinus.
Vgl. M. Z. II, 3. s. 341 n. 188. Steiner II. 3788, 2. Fr. 1832. Schm. 4835.
25. .ATVRNN Saturnini. (Fabrik) des Saturninus.
Vgl. M. Z. a. a. O. Fr. 1888. Schm. 4965.
26. STROBILI (zweimal vorhanden). Strobilii. (Fabrik) des Strobilius.
Vgl. Malten a. a. O. Steiner II, 339, 344, 394. Schm. 5304.
27. STROBILI Strobilius fecit. Strobilius liess (diese Lampe) anfertigen.
F Vgl. M. Z. a. a. O. Fr. II, 317 u. 319, 2029, 2030a. Schm. 5306—5308.
28. C COR VRS (vertieft). Gai Cornelii Ursi. (Fabrik) des Gaius Cornelius Ursus. Vgl. Fr. 2214. Schm. 1607 u. 5934.
29. ..CTORIN Victorinus. Victorinus.
Vgl. M. Z. a. a. O. Schm. 5725—26.
30. VITALIS Vitalis. Vitalis. Vgl. M. Z. a. a. O. Malten a. a. O. de Caumont Bullet. monum. VIII, 255. Schm. 5851.
31. VITALIS Vitalis fecit. Vitalis liess (diese Lampe) anfertigen.
F Vgl. Fr. 2176. Schm. 5854.
32. VITAL (vertieft), wie Nr. 31. (Lindner'sche Sammlung.
F
33. WTI unbestimmbar.

b. Schüsseln und kleine Gefässe.

1. AFITI unbestimmbar. Vgl. Schm. 679.
2. OF ALBNI Officina Albani. Fabrik des Albanus. Vgl. M. Z. a. a. O. Schm. 179.
3. OF ALBA wie Nr. 2.
4. AMABILISI Amabilis fecit. Amabilis liess (dieses Gefäss) anfertigen.
5. AMANDVSFE Amandus fecit. Amandus liess (dieses Gefäss) anfertigen.
6. AMMIVS F Ammius fecit. Ammius liess (dieses Gefäss) anfertigen.

7. ANƆISI. Ancisi (?). (Fabrik) des Ancisus. Vgl. Schm. 304. 307.
8. AVVVI Anni. (Fabrik) des Annius. Vgl. M. Z. a. a. O. Schm. 336.
9. OF AQViꟻI (zweimal vorhanden). Officina Aquitani. Fabrik des Aquitanus. Vgl. M. Z. II, 2. s. 341 n. 188. Schm. 443. Steiner II. 3786.
10. OF AQVI wie Nr. 9.
11. ΙΙΑΤΤΙΑ (vertieft, auf der Seite), unbestimmbar.
12. ARDACI (Dimesser Ort bei Mainz). Ardaci. (Fabrik) des Ardacus. Vgl. M. Z. a. a. O. 333 n. 172, 2. Schm. 467.
13. ARDA wie Nr. 12. Vgl. Schm. 460. 461.
14. INOTTAꓤB (vertieft, auf der Seite). Officina (?) Attonis. Fabrik (?) des Atto. Vgl. Fr. 211. Schm. 618.
15. AVENTINVS F Aventinus fecit. Aventinus liess (dieses Gefäss) anfertigen. Vgl. M. Z. a. a. O. Fr. 221. Schm. 641—43.
16. AVENTINVS Aventinus. Aventinus.
17. AVITI (eingeritzt, rings um die Oberfläche). Aviti. (Fabrik) des Avitus. Vgl. Schm. 683 ff.
18. AV . VP unbestimmbar.
19. BASCI Basci. (Fabrik) des Bascus. Vgl. M. Z. II, 2. s. 242 n. 188. Steiner II. 3786.
20. BASSI Bassi. (Fabrik) des Bassus. Vgl. Schm. 742.
21. OF BASSI Officina Bassi. Fabrik des Bassus. Vgl. Schm. 740.
22. OF BAS wie Nr. 21. Vgl. Schm. 751—754.
23. BAS (Worms) wie Nr. 20. Vgl. M. Z. II. a. a. O. Steiner a. a. O. Schm. 735.
24. OF BASSICO Officina Bassicoei. Fabrik des Bassicoeus. Vgl. Schm. 751—753.
25. BE·VLLON (vertieft, auf der Seite). Bevallonis (?). (Fabrik) des Bevallo (?). Vgl. Schm. 796.
26. BELATVLVS F Belatulus fecit. Belatulus liess (dieses Gefäss) anfertigen. Vgl. Schm. 764.
27. BELATVI Belatulus. Belatulus.
28. BELINIC (vertieft, auf der Seite). Belinicus. Belinicus. Vgl. Schm. 771.
29. CAIVS (viermal vorhanden). Gaius. Gaius. Vgl. Schm. 974.
30. OF CALVI Officina Calvi. Fabrik des Calvus. Vgl. M. Z. a. a. O. s. 219 n. 71. Steiner II. 394. Schm. 1011.
31. OF CALVSI Officina Calusi. Fabrik des Calusus.
32. CAPRASIVS F (Rundstempel). Caprasius fecit. Caprasius liess (dieses Gefäss) anfertigen. Vgl. M. Z. a. a. O. Fr. 550. Schm. 1064.
33. CARVS F Carus fecit. Carus liess (dieses Gefäss) anfertigen. Vgl. Schm. 1116.
34. CAROMARVS F Caromarus fecit. Caromarus liess (dieses Gefäss) anfertigen. Vgl. M. Z. a. a. O. Schm. 1096.
35. OF CASI Officina Casi. Fabrik des Casus. Vgl. Schm. 1123.
36. . ^SSIVS F Cassius fecit. Cassius liess (dieses Gefäss) anfertigen. Vgl. Schm. 1129—30.
37. CASSIE wie Nr. 36.

38. CASTVS F Castus fecit. Castus liess (dieses Gefäss) anfertigen. Vgl. M. Z. a. a. O. Schm. 1141.

39. CATINVS F Catinus fecit. Catinus liess (dieses Gefäss) anfertigen.

40. ЯVΛC Caurus (?). Caurus (?). Vgl. Schm. 1189—90.

41. . OFFCEK unbestimmbar. Vgl. Schm. 1211.

42. CELADI Celadi. (Fabrik) des Celadus. Vgl. M. Z. a. a. O. Schm. 1218.

43. OF CELSI (zweimal vorhanden, Worms). Officina Celsi. Fabrik des Celsus. Vgl. Schm. 1228.

44. . ELSINVS F Celsinus fecit. Celsinus liess (dieses Gefäss) anfertigen. Vgl. Fr. 628. Schm. 1236.

45. CIINS . . . . . . Censorinus. Censorinus. Vgl. Schm. 1260.

46. CERIALIS (vertieft). Cerialis. Cerialis. Vgl. Schm. 1292.

47. OF C·IN . . . Officina Cinti. Fabrik des Cintus. Vgl. M. Z. a. a. O. Schm. 1401.

48. CINTVGNATVS Cintugnatus. Cintugnatus. Vgl. Schm. 1398.

49. ƆIRAIIOS Ciratos (?). Ciratos (?). Vgl. Schm. 1411.

50. ITIMOƆ (verkehrt, auf der Seite). Comitialis. Comitialis. Vgl. Fr. 783. Schm. 1538.

51. . . . . CENS Crescens. Crescens. Vgl. M. Z. a. a. O. Schm. 1712.

52. CRESTIO Cresti officina. Fabrik des Crestus. Vgl. Fr. 848. Schm 1737.

53. OF CRESTI Officina Cresti. Fabrik des Crestus. Vgl. Schm. 1732—33.

54. OF CREST wie Nr. 53.

55. CRISPVS X Crispus fecit (?). Crispus liess (dieses Gefäss) anfertigen. Vgl. Schm. 1766.

56. CRIXVS X (Worms). Crixus fecit (?). Crixus liess (dieses Gefäss) anfertigen. Vgl. Schm. 1770.

57. DAMIN Daminus. Daminus. Vgl. Schm. 1850.

58. DIVICI · M · Divici manu. Von der Hand des Divicus. Vgl. M. Z. a. a. O. Fr. 979. Schm. 1933.

59. DOCCALI Doccali. (Fabrik) des Doccalus. Vgl. Fr. 993. Schm. 1958.

60. DONATI Donati. (Fabrik) des Donatus. Vgl. Fr. 1007. St. II. 244. Schm. 2002.

61. DONTIOIIIC Donti officina. Fabrik des Dontus. Vgl. Schm. 2011.

62. EVOT Evotali. (Fabrik) des Evotalus. Vgl. Fr. 1062. Schm. 2129.

63. IIRICV Ericus. Ericus. Vgl. Schm. 2092.

64. OF FAGE Officina Fageri (?). Fabrik des Fager (?). Vgl. Schm. 2155.

65. OF FELICIS Officina Felicis. Fabrik des Felix. Vgl. Fr. 1080. Schm. 2199.

66. FESTVS F Festus fecit. Festus liess (dieses Gefäss) anfertigen. Vgl. Schm. 2223.

67. FIISTVSF wie Nr. 66.

68. FESTVS Festus. Festus. Vgl. Fr. 1090. Steiner IV. 244. Schm. 2222.

69. FIRMVS Firmus. Firmus. Vgl. Fr. 1101. Steiner IV. 125. Schm. 2256.

70. FLORIDVS Floridus. Floridus. Vgl. Fr. 1113. Schm. 2271.

71. OF FRONTI Officina Frontini. Fabrik des Frontinus. Vgl. M. Z. a. a. O. Schm. 2318.

72. OFRONTI wie Nr. 71. Vgl. Fr. 1135. Schm. 2315.

73. GEWIV Genius. Genius. Vgl. Schm. 2398.

74. CIAMIC Gimati (?). (Fabrik) des Gimatus (?). Vgl. M. Z. a. a. O. Steiner II. 317. Schm. 2432.

75. IASSVS FE (zweimal vorhanden). Jassus fecit. Jassus liess (dieses Gefäss) anfertigen. Vgl. M. Z. a. a. O. Schm. 2572.

76. IASSVS · F wie Nr. 75.

77. IN꟟C unbestimmbar.

78. INND (Worms) unbestimmbar.

79. : INTVS F Intus (Cintus ?) fecit. Intus liess (dieses Gefäss) anfertigen. Vgl. Schm. 1400.

80. ION unbestimmbar.

81. IOSSA FEC Iossa fecit. Jossa liess (dieses Gefäss) anfertigen. Vgl. M. Z. a. a. O. Fr. 1214—15. Schm. 2692.

82. OF IVCVN (zweimal vorhanden). Officina Iucundi. Fabrik des Jucundus. Vgl. Schm. 2747.

83. IVIWS Iulius (?). Julius (?). Vgl. Fr. 1252. Steiner IV. 14 u. 82. Schm. 2812.

84. C · IVLIVS Gaius Iulius. Gaius Julius.

85. IVNIA F Iunia fecit. Junia liess (dieses Gefäss) anfertigen. Vgl. Schm. 2833.

86. IVNIVS F Iunius fecit. Junius liess (dieses Gefäss) anfertigen. Vgl. Fr. 1269. Schm. 2837.

87. IVSTI Iusti. (Fabrik) des Justus. Vgl. Fr. 1281. Schm. 2852.

88. /STI wie Nr. 87. Vgl. Schm. 2852.

89. IVSTI OFF Iusti officina. Fabrik des Justus. Vgl. Schm. 2856.

90. IΛNIIVS Ianitus (Ianetus?) Janitus.

91. IAIINNI unbestimmbar.

92. IIVNI unbestimmbar.

93. IINI · M unbestimmbar.

94. ISLLVS F Lillus (?) fecit. Lillus (?) liess (dieses Gefäss) anfertigen. Vgl. Schm. 2983.

95. ILLNVIII unbestimmbar.

96. IVTV F Iutus (?) fecit. Jutus (?) liess (dieses Gefäss) anfertigen. Vgl. Nr. 79.

97. OF LABE Officina Laberii. Fabrik des Laberius. Vgl. M. Z. a. a. O. Fr. 1289. Schm. 2877.

98. LACLVRATVS F Lacluratus (?) fecit. Lacluratus (?) liess (dieses Gefäss) anfertigen.

99. LAVRVS Laurus. Laurus. Vgl. M. Z. a. a. O. Schm. 2917.

100. LICLVS F Liclus (?) fecit. Liclus (?) liess (dieses Gefäss) anfertigen. Vgl. Schm. 2975.

101. LIRICVS Liricus. Liricus.

102. LOGIRNVS Logirnus. Logirnus. Vgl. Schm. 3012.

103. LOSSA FEC (zweimal vorhanden). Lossa fecit. Lossa liess (dieses Gefäss) anfertigen. Vgl. Fr. 1354. Schm. 3022.

104. LVCIVS F Lucius fecit. Lucius liess (dieses Gefäss) anfertigen. Vgl. Steiner IV. 244. Fr. 1369. Schm. 3056. (Lindner'sche Sammlung).
105. MA unbestimmbar.
106. OF MACCAR Officina Maccari. Fabrik des Maccarus. Vgl. M. Z. a. a. O. s. 220. Schm. 3126.
107. OF MACCA wie Nr. 106. Vgl. Fr. 1398—99. Schm. 3120—21.
108. MACCON OF (Dimesser Ort unterhalb Mainz). Macconis officina. Fabrik des Macco. Vgl. M. Z. II, 2. s. 333 n. 172. Fr. 1402. Steiner II. 293, 341, 342. Schm. 3136.
109. MAIANVS Maianus. Maianus. Vgl. M. Z. a. a. O. Schm. 3184. 3189.
110. MA/ AHM Maiani manu (?) Von der Hand des Maianus.
111. MAIOR Maior. Maior. Vgl. Schm. 3197—98.
112. MACIO Maci officina. Fabrik des Macus. Vgl. Fr. 1411. Schm. 3147.
113. OF MRC Officina Marci. Fabrik des Marcus.
114. MAMILIAv F Mamilianus fecit. Mamilianus liess (dieses Gefäss) anfertigen. Vgl. Steiner II. 25. Schm. 3221.
115. MARCIILIN Marcellinus. Marcellinus. Vgl. Schm. 3266.
116. MARIAN Marianus. Marianus. Vgl. Schm. 3310.
117. MARTI M Martii manu. Von der Hand des Martius. Vgl. M. Z. a. a. O. s. 220. Schm. 3333.
118. MARTINVS F Martinus fecit. Martinus liess (dieses Gefäss) anfertigen. Vgl. Schm. 3362—64.
119. MARtAL FE (dreimal vorhanden, Worms). Martialis fecit. Martialis liess (dieses Gefäss) anfertigen. Vgl. M. Z. II, 2. s. 342 n. 188. Steiner II. 3786. Schm. 3337—40. Bodmann zu Joannis R. Mog. (Stadtbibliothek zu Mainz) III. p. 445.
120. . . . . RtALFE wie Nr. 119.
121. MARtALF wie Nr. 119.
122. MARtAL Martialis. Martialis. Vgl. M. Z. a. a. O. s. 220. Fr. 1486. Schm. 3336.
123. MSCVLVS Masculus. Masculus. Vgl. Schm. 3394—95.
124. OE MSC . . . Officina Masculi. Fabrik des Masculus. Vgl. Schm. 3391 u. 3393.
125. MATIIRNVS F Maternus fecit. Maternus liess (dieses Gefäss) anfertigen. Vgl. Fr. 1518. Steiner IV, 537. Schm. 3420.
126. MEDDIC·F Meddicus fecit. Meddicus liess (dieses Gefäss) anfertigen. Vgl. M. Z. a. a. O. s. 220. Fr. 1544. Schm. 3476.
127. MEMORIVS Memorius. Memorius. Vgl. Schm. 3510, 3515, 3516.
128. MEMORIVı wie Nr. 127. Vgl. Schm. 3510, 3515, 3516.
129. ƆIIIƆƆIM (verkehrt). Miccius fecit. Miccius liess (dieses Gefäss) anfertigen. Vgl. M. Z. a. a. O. s. 220. Fr. 1580. Steiner IV. 695, II. 276. Schm. 3576.
130. MIILVII OF . . . . officina . . . . Fabrik des . . . Vgl. M. Z. a. a. O. s. 220.
131. MIIA (Worms) unbestimmbar.
132. MI\\I O Mini officina. Fabrik des Minus. Vgl. Schm. 3594.
133. MI\\IC· (zweimal vorhanden). Minicius. Minicius. Vgl. Schm. 3595.
134. OF MODEST Officina Modesti. Fabrik des Modestus. Vgl. M. Z. a. a. O. s. 220. Fr. 1605. Schm. 3651.

135. MODE Modestus. Modestus. Vgl. Fr. 1602. Schm. 3644.
136. MOIIO unbestimmbar.
137. OF MONC Officina Monci (?). Fabrik des Moncus (?). Vgl. Fr. 1615. Schm. 3677.
138. OF MONTANI Officina Montani. Fabrik des Montanus. Vgl. M. Z. a. a. O. s. 220. Fr. 1623—24. Schm. 3691—92.
139. OFMVRR Officina Murrani. Fabrik des Murranus. Vgl. Schm. 3748—51.
140. MVIX unbestimmbar.
141. NAMVTO Namuto. Namuto. Vgl. Schm. 3800.
142. NASSO Nasso. Nasso. Vgl. Malten a. a. O. s. 28. Fr. 1667. Schm. 3805.
143. NEQVRE Nequrecus (?) Nequrecus (?). Vgl. Schm. 3846.
144. N ЯI O Neri (?) officina. Fabrik des Nerus (?). Vgl. Schm. 3849—51.
145. N I I . . . . unbestimmbar.
146. NIGER Niger. Niger. Vgl. Schm. 3897.
147. \\V X unbestimmbar. Vgl. Schm. 3955.
148. OLLIICNVS unbestimmbar.
149. O P O unbestimmbar. Vgl. Schm. 4017—18.
150. O . T I unbestimmbar.
151. OVVS unbestimmbar. Vgl. Schm. 4066—67.
152. OF PAII unbestimmbar. Officina . . . Fabrik des . . . Vgl. Schm. 4074—75, 4083.
153. PASC (Worms). Paso (?). Paso (?) Vgl. Schm. 4115.
154. SOF PASSENI Officina Passeni. Fabrik des Passenus. Vgl. M. Z. a. a. O. s. 220. Schm. 4125.
155. OPASSEN wie Nr. 154. Vgl. Schm. 4119—20.
156. PASTORCE. Pastor fecit (?) Pastor liess (dieses Gefäss) anfertigen. Vgl. Fr. 304. Schm. 4140.
157. PATERNVS F Paternus fecit. Paternus liess (dieses Gefäss) anferfertigen. Vgl. Fr. 322. Schm. 4179.
158. PATRIC (zweimal vorhanden). Patricius. Patricius. Vgl. Fr. 332. Schm. 4195.
159. OF PATRIC Officina Patricii. Fabrik des Patricius. Vgl. Schm. 4204—5.
160. PERARSC unbestimmbar.
161. PETRVLLVS FX Petrullus fecit(?). Petrullus liess (dieses Gefäss) anfertigen. Vgl. Bodmann a. a. O. Fr. 385. Steiner II. 344. Schm. 4302.
162. PONTI OFFIC Pontii officina. Fabrik des Pontius. Vgl. Fr. 424. Schm. 4378.
163. OF PON . . . . Officina Pontii. Fabrik des Pontius. Vgl. Schm. 4375—76.
164. OF POR Officina Porparci (?). Fabrik des Porparcus (?). Vgl. M. Z. a. a. O. s. 220. Schm. 4386 u. 4388.
165. OF PRIMI Officina Primi. Fabrik des Primus. Vgl. Schm. 4431.
166. OF PRIM wie Nr. 165. Vgl. M. Z. a. a O. s. 220. Fr. 456. Schm. 4418.
167. OF PRM wie Nr. 165. Vgl. M. Z. a. a. O. s. 220. Schm. 4420.
168. OF PRI wie Nr. 165.

169. PRM · M Primi manu. Von der Hand des Primus. Vgl. M. Z. a. a. O. s. 220. Schm. 4427—28.
170. SOVITIMIЯꟼ (vertieft, auf der Seite, verkehrt). Primitivos. Primitivos. Vgl. Steiner II. 348; IV. 125. Fr. 465. Schm. 4441.
171. PRIMVLI Primuli. (Fabrik) des Primulus. Vgl. Fr. 469. Schm. 4452.
172. PRMN Primani (?). (Fabrik) des Primanus (?). Vgl. Schm. 4447.
173. PRIVATVS. Privatus. Privatus. Vgl. Schm. 4480—82.
174. PROBVS Probus. Probus. Vgl. M. Z. a. a. O. s. 220. Schm. 4489.
175. PROBVS F (zweimal vorhanden). Probus fecit. Probus liess (dieses Gefäss) anfertigen. Vgl. M. Z. a. a. O. s. 220. Schm. 4490.
176. PRVIIINI unbestimmbar.
177. REGINVS F Reginus fecit. Reginus liess (dieses Gefäss) anfertigen. Vgl. M. Z. a. a. O. s. 342 n. 188. Steiner II. 3786. Fr. 1767 a. Schm. 4636.
178. RESPECTIAS Respectius. Respectius.
179. RIISTVTVS F Restutus fecit. Restutus liess (dieses Gefäss) anfertigen.
180. OF RICTIN Officina Rictini (?). Fabrik des Rictinus (?).
181. ROIIVS FIC Roffus fecit. Roffus liess (dieses Gefäss) anfertigen. Vgl. Schm. 4710—11.
182. ROC M Roci (?) manu. Von der Hand des Rocus (?).
183. ROGATV Rogatus. Rogatus.
184. ᴎIMOЯ ꟼO (verkehrt). Officina Romani. Fabrik des Romanus. Vgl. Fr. 1791. Schm. 4717.
185. OF RVF Officina Rufi. Fabrik des Rufus. Vgl. M. Z. a. a. O. s. 220. Malten a. a. O. s. 25. Schm. 4752.
186. OF RVSI (Dimesser Ort unterhalb Mainz). Officina Rusi. Fabrik des Rusus. Vgl. M. Z. a. a. O. s. 220.
187. RVTAEN Rutaeni (?). (Fabrik) des Rutaenus (?).
188. OF SABIN Officina Sabini. Fabrik des Sabinus. Vgl. Fr. 1838. Schm. 4829.
198. SACER Sacer. Sacer. Vgl. Fr. 1841—42. Schm. 4815.
190. SACR OF Sacri officina. Fabrik des Sacer.
191. OFI SAC Officina Sacri. Fabrik des Sacer. Vgl. Schm. 4873 u. 4850.
192. SALVETVS Salvetus. Salvetus. Vgl. Schm. 4896—97.
193. OF SARMI Officina Sarmi. Fabrik des Sarmus. Vgl. Schm. 4939.
194. OF SARRVT Officina Sarruti. Fabrik des Sarrutus. Vgl. Fr. 1876. Schm. 4943.
195. SASSVS FEC Sassus fecit. Sassus liess (dieses Gefäss) anfertigen.
196. OF SCOTI Officina Scoti. Fabrik des Scotus. Vgl. Fr. 1895. Schm. 4995.
197. OFS unbestimmbar. Officina... Fabrik des . . . Vgl. M. Z. a. a. O. s. 220. Steiner II. 342. Fr. 1828. Schm. 4805.
198. SECCO F Secco fecit. Secco liess (dieses Gefäss) anfertigen. Vgl. Fr. 1903. Schm. 5019.
199. SECVNDINI Secundini. (Fabrik) des Secundinus. Vgl. Malten a. a. O. s. 25. M. Z. a. a. O. s. 220. Schm. 5050.

200. SECVD Secundinus. Secundinus. Vgl. Malten a. a. O. s. 25. M. Z. a. a. O. s. 220. Fr. 1910. Schm. 5033.
201. SEMP Sempronius. Sempronius.
202. SENI Seni. (Fabrik) des Senius. Vgl. M. Z. a. a. O. s. 342 u. 188. Steiner II. 2 u. 3786. Fr. 1944. Schm. 5083.
203. S E N wie Nr. 202.
204. S I · O unbestimmbar. Vgl. Schm. 5219.
205. SILVI OF Silvii officina. Fabrik des Silvius. Vgl. Schm. 5245—46.
206. SILVINI M (zweimal). Silvini manu. Von der Hand des Silvinus. Vgl. St. II. 344; IV. 695. Fr. 1999. Schm. 5253.
207. OF SILVINI (viermal vorhanden, einmal mit N). Officina Silvini. Fabrik des Silvinus. Vgl. M. Z. a. a. O. s. 220. II. 342. Fr. 2000. Schm. 5254—55.
208. C · S I . . P unbestimmbar.
209. SVAVIS Suavis. Suavis. Vgl. Schm. 5318—5320.
210. SVAVI wie Nr. 209.
211. SVLPICI (zweimal vorhanden). Sulpicii. Fabrik des Sulpicius. Vgl. M. Z. a. a. O. s. 220. Steiner II. 317. Fr. 2037. Schm. 5337.
212. T AVDACI Titi Audacis (?). (Fabrik) des Titus Audax (?). Vgl. Schm. 637.
213. TOCCA F Tocca fecit. Tocca liess (dieses Gefäss) anfertigen. Vgl. Steiner II, 277. Fr. 987. Schm. 5489.
214. TOCCIVS F Toccius fecit. Toccius liess (dieses Gefäss) anfertigen. Vgl. Schm. 5498.
215. VAD unbestimmbar.
216. VAII (Worms) unbestimmbar. Vgl. Schm. 5548.
217. VANVS Vanius. Vanius. Vgl. Fr. 2061. Schm. 5564.
218. VAPVSO Vapuso. Vapuso. Vgl. Fr. 2062. Schm. 5567
219. VENICARVS Venicarus. Venicarus. Vgl. M. Z. a. a. O. s. 220. Fr. 2084. Schm. 5621.
220. VERECVND F Verecundus fecit. Verecundus liess (dieses Gefäss) anfertigen. Vgl. Fr. 2095. Schm. 5635.
221. VERECVN · F wie Nr. 220. Vgl. M. Z. a. a. O. s. 220. Steiner II, 342.
222. VEREC · F wie Nr. 220. Vgl. Fr. 2088. Schm. 5632.
223. VIIRII unbestimmbar. Vgl. Schm. 5629.
224. VERVS Verus. Verus. Vgl. M. Z. a. a. O. s. 220. de Caumont Bullet. monum. VIII. 255. Schm. 5666.
225. VERVS FECIT (zweimal vorhanden). Verus fecit. Verus liess (dieses Gefäss) anfertigen. Vgl. Schm. 5671.
226. VICTOR (Worms). Victor. Victor. Vgl. M. Z. a. a. O. s. 342 n. 188. Steiner II. 3786. Fr. 2121. Schm. 5720.
227. VICTORINVS FE Victorinus fecit. Victorinus liess (dieses Gefäss) anfertigen. Vgl. M. Z. a. a. O. s. 220. Steiner II. 2. Fr. 2130. Schm. 5731.
228. VICTORINVS F (zweimal vorhanden) wie Nr. 227. Vgl. Fr. 2126, 2128. Schm. 5728.
229. . . . TORINVS Victorinus. Victorinus. Vgl. Fr. 2125. Schm. 5727.
230. VIMPVS Vimpus. Vimpus. Vgl. Schm. 5759.
231. VIN F unbestimmbar. Vgl. Schm. 5760—61.

232. OF L C VIRILI (dreimal vorhanden). Officina Lucii Cos. Virilis. Fabrik des Lucius Cos. Virilis. Vgl. M. Z. a. a. O. s. 220. Steiner I. 90. Fr. 2162. Schm. 5793, 5794, 5799, 5800.

233. O F L C V . . . . wie Nr. 232.

234. VIRTHVS FEC Virthus fecit. Virthus liess (dieses Gefäss) anfertigen. Vgl. M. Z. a. a. O. s. 342 n. 188. Steiner II, 3786. Fr. 2166. Schm. 5818—20.

235. OF VITAL (zweimal vorhanden). Officina Vitalis. Fabrik des Vitalis. Vgl. Steiner II. 394, 277. Fr. 2189. Schm. 5816.

236. IVITAL wie Nr. 235.

237. VITA Vitalis. Vitalis. Vgl. M. Z. a. a. O. s. 220. Fr. 2171. Schm. 5833.

238. VIVA . unbestimmbar.

239. VIVS . Vius. Vius. Vgl. Steiner II. 177. Schm. 5873.

240. VRSIANVS FEC Ursianus fecit. Ursianus liess (dieses Gefäss) anfertigen.

241. VIIAN unbestimmbar.

242. VVIIAF unbestimmbar.

243. WIVII unbestimmbar.

244. WII unbestimmbar. Vgl. M. Z. II, 2. s. 218 n. 71. Schm. 5966.

245. ΛΛII unbestimmbar.

246. O⊢IMA unbestimmbar.

247. ꟻIIIA unbestimmbar.

248. SЄOO (vertieft) unbestimmbar.

249. XAF unbestimmbar. Vgl. M. Z. a. a. O. s. 220.

250. . . . . AENII (vertieft) unbestimmbar.

251. . . . . OCCCI unbestimmbar.

252. . . . . SNIIS unbestimmbar.

253. . . . . NIVS unbestimmbar.

254. . . . . . . VS unbestimmbar.

255. . . . . . STI unbestimmbar.

256. . . . . . ROF unbestimmbar.

257. . . . . . . FE unbestimmbar.

258. Sechs Stempel unleserlich, zwei mit Kreisen und Punkten im Centrum, einer mit der Hälfte eines Kreises mit Punkt im Centrum, einer mit einem Kreuze statt des Stempels.

c. Modellformen.

1. PRIMITIVS (S verkehrt, erhaben, auf der äusseren Seite) Primitius. Primitius. Vgl. M. Z. a. a. O. s. 220. Steiner II. 348; IV. 161. Fr. 467. Schm. 4443.

2. MARCELLVS F (wie oben). Marcellus fecit. Marcellus liess (diese Modellform) anfertigen. Vgl. Schm. 3279.

3. ЯOTΛIV Rotalus. Rotalus. Vgl. Fr. 1798. Schm. 4740.

d. Amphoren.

1. NAIOCRRS (Br.) unbestimmbar.
DVRASMEAS

2. EVTYCHI (Rheinzabern. Br.). Vgl. Schm. 2135.

3. ALBIN (vertieft; Henkel). Albini. (Fabrik) des Albinus. Vgl. Schm. 186.

4. ALFO (Henkel). Alfi officina (?). Fabrik des Alfus (?). Vgl. Schm. 220 u. 221.

5. LFCFP (Henkel) unbestimmbar. Vgl. Schm. 2926, 2927, 2929.

6. ƎESVS (Henkel) unbestimmbar.

7. P · E · L · C· (Henkel) unbestimmbar. Vgl. zu Nr. 5.

8. PROSHORI (Henkel). Prosphori. Fabrik des Prosphorus. Vgl. M. Z. II, 1 u. 2. s. 218 n. 69.

9. AMANDVS FE (Henkel, im Frühjahre 1868 im abgelassenen Altenmünsterweiher zu Mainz in einem Fasse gefunden). Amandus fecit. Amandus liess (diese Amphore) anfertigen. Vgl. Schm. 255, 257. 258.

10. ARRONSNI (Henkel, gefunden wie Nr. 9.).

11. DISETVS F (Henkel, gefunden wie Nr. 9.) Disetus fecit. Disetus liess (diese Amphore) anfertigen. Vgl. Fr. 972. Schm. 1928.

12. LAIT ILO (Henkel, gefunden wie Nr. 9.) Laitialis officina. Fabrik des Laitialis. Vgl. Schm. 2892.

13. PASS FI (Henkel, gefunden wie Nr. 9.) Passenus fecit. Passenus liess (diese Amphore) anfertigen. Vgl. Schm. 4128.

14. C · TIG (daneben ein Zweig; Henkel, gefunden wie Nr. 9). Gaius R A N Tigranes. Gaius Tigranes. Vgl. Fr. 958 u. 961. Schm. 5451—52.

e. Urnen.

1. MAIORIS. Maioris. Fabrik des Major. Vgl. Period. Bl. 1853. Nr. 2. s. 16. M. Z. II, 1 u. 2. s. 219 n. 71, 2. Schm. 3199.

2. PXV \\ (Cursivschrift) unbestimmbar.

3. A M (Cursivschrift) unbestimmbar.

4. IX S (Cursivschrift) unbestimmbar.

5. . . . . PPI (vertieft auf einem Kumpf) unbestimmbar. Vgl. N. Annal. VIII. s. 574 n. 15, 9. M. Z. III, 1. s. 73 n. 226, 1.

6.

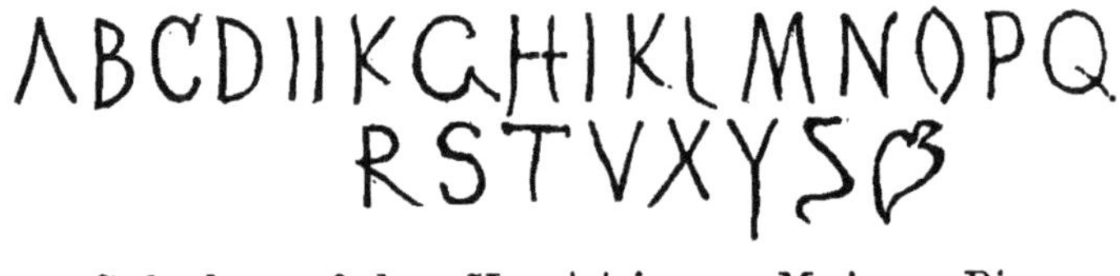

Gefunden auf dem Hauptsteine zu Mainz. Rings um die Urne das Alphabet nebst anderen Ornamenten.

f. Trinkgefässe.

1. P · O · T · A pota! trinke!

2. AVETE avete! seid gegrüsst!

3. MISCE misce! mische!

4. V · I · V · A · M · V · S vivamus felices! lasst uns glücklich leben! I · F · E · L · I · C · E · S Vgl. N. Annal. VIII, s. 574 n. 15, h. M. Z. III, 1. s. 73 n. 226. Brambach 2084.

B. Serpentin.

Siegelstein eines römischen Augenarztes zu Mainz gefunden. (Geschenk des Herrn Dr. Gergens):

1. Q · CARMIN · QVINTILIAN PENICILLE·ADOMNE·LIP·ExoV	1. Quinti Carminii Quintiliani penicille ad omnem lippitudinem ex ovo.
2. Q · CARMINI QVINTILIAN DIALEP · CROCODES AD ASPRIT	2. Quinti Carminii Quintiliani dialepidos crocodes ad aspritudinem.

1. Des Quintus Carminius Quintilianus linderndes Schwämmchen mit Eiweiss für jede Triefäugigkeit.
2. Des Quintus Carminius Quintilianus Salbe aus Hammerschlag mit Safran zubereitet für Rauhigkeit.

Vgl. E. L. Grotefend Epigraphisches III. Derselbe 73 Stempel römischer Augenärzte. Separatabdruck aus dem Philogogus XIII (1858) s. 12 n. 10. M. Z. III, 1 u. 2. s. 215 n. 57. Brambach 1297.

C. Bronze.

1. Kleines **Piedestal** von Bronze zu einem Bilde des Juppiter, welches jetzt fehlt, i. J. 1810 bei den Festungsarbeiten unter den Trümmern eines römischen Gebäudes (Tempels?) zu Castel gefunden; das Gegenstück mit der noch vorhandenen Statuette der Juno, ebendort mit aufgefunden, befindet sich im Museum zu Wiesbaden:

I · O · M PLAT · DEXT · E · N ADIVT · SEXTV LIBERAL · SPERAT AMMON · SE CVNDAN · MIL D · S · FEC	Iovi optimo maximo platea dextra eunti Nidam Adiutorius Sextus, Liberalis Speratius, Ammonius Secundanus milites de suo fecerunt.	Juppiter dem grössten, dem besten rechts an der Strasse nach Nida, haben die Soldaten Sextus Adjutorius, Speratius Liberalis und Ammonius Secundanus (dieses Altärchen nebst Bild) aus ihren Mitteln machen lassen.

Vgl. Lehne G. S. I. s. 123 n. 15. Schaab I. s. 151. Steiner I. 349; II. 231. N. Annal. IV. s. 581 n. 125; VII. s. 22 f. n. 22 u. 23. Brambach 1311.

2. Durchbrochenes **Täfelchen**, im Juni 1858 am s. g. Dimesser Ort am Rheine unterhalb Mainz gefunden, in einem Rahmen:

IOVIS	Iovis	Des Juppiter (?).

Vgl. M. Z. II, 1 u. 2. s. 109 f. u. 217 n. 62. Rheinisches Museum für Philologie N. F. XV. s. 446 u. 457. Brambach 1113. s. Archaeologia Britann. vol. IX. tab. XVII. n. 9. zu p. 222.

3. Sechsseitiger Stiel einer wahrscheinlich als Weihegeschenk gewidmeten **Isisklapper** (sistrum) zu Heddernheim bei Frankfurt a. M. gefunden; auf drei Seiten je eine Zeile der punktierten Inschrift:

SISTRUM POSIT AE · RA · RI	Sistrum pos(u)it aerarium (?)	Diese Isisklapper weihte . . . .

Vgl. M. Z. II, 3. s. 335 n. 178, 3. Steiner II. 3619. Brambach 1485. B. J. XLIII. XLIV. s. 249.

4. Bruchstück eines s. g. **Militärdiploms** (Abschieds) des Kaisers Traian (98—117 n. Chr.), unbekannten Fundorts. (Aus dem Nachlasse von Friedrich Lehne):

1. Vorderseite:

IMP CAESAR MANICVSDA XX EQVITIBVS COHOR GEMI DAM CPI	Imperator Caesar, (Divi Nervae filius, Nerva Traianus, optimus, Ger)manicus, Da(cicus, Parthicus, pontifex maximus, tribunicia potestate) vigesimum, (imperator tertium decimum, proconsul, consul sextum, pater patriae) equitibus (et peditibus qui militaverunt in alis duabus et) cohor(tibus decem et septem quae appellantur I Flavia) gemi(na .... et ...) Dam(ascenorum, et ... Civium Romanorum (?)	Nerva Traianus, Imperator und Cäsar, des göttlichen Nerva Sohn, der Beste, der Sieger über Germanen, Daker und Parther, der Oberpriester, zum zwanzigsten Male Tribun, zum dreizehnten Male Imperator, Proconsul, zum sechsten Male Consul, Vater des Vaterlandes, (verlieh) den Reitern und Fussgängern, welche gedient haben in zwei Alen (Geschwadern) und 17 Cohorten, die den Namen führen (die erste Flavische) gedoppelte (und .....) der Damascener (und ......) Römischen Bürger (?) ....

2. Rückseite:

IMP CAESAR DI MANICVS DA XX EQVITI	Imperator Caesar, Di(vi Nervae filius, Nerva Traianus, optimus, Ger)manicus, Da(cicus, Parthicus, pontifex maximus, tribunicia potestate) vicesimum, (imperator tertium decimum, proconsul, consul sextum, pater patriae) equiti-(bus)	Nerva Traianus u. s. w. wie oben.

Vgl. N. Annal. VIII. s. 573 n. 14. B. J. XLIV. XLV. s. 71 n. 21. M. Z. III, 1. s. 69 n. 217. Brambach 2083. N. Annal. IX. s. 190 ff. n. 2.

5. Rechte Hälfte eines **Täfelchens** zu Kleinwinternheim unweit Mainz gefunden. In punktierter Schrift:

I · GEMII	Prima gemina (?)	Die erste gedoppelte (?)
I · QVA	....	....
VICTR	victrix (?)	die siegreiche (?)

Vgl. M. Z. II, 3 s. 334 n. 176, b. Steiner II. 3650. Brambach 928.

6. Rundes **Täfelchen** i. J. 1850 zu Gimsheim im Kreise Worms gefunden. (Geschenk des Herrn Notärs Jäger):

L HERENN	Lucii Herennii Laeti,	Dem Lucius Herennius Lätus, wiederum zum Dienste einberufen vom Kaiser.
LAETI EVOC AVG	evocati Augusti.	

Vgl. M. Z. II, 3. s. 334 n. 177. Steiner II, 3678. Brambach 911.

7. Rundes **Täfelchen** zu Heddernheim bei Frankfurt a. M. gefunden. In punktierter Schrift:

T · ATTIO	Titi Attii, centuria (?)	Dem Titus Attius aus der Centurie (Zug) (?) des Atto.
ATTON IS	Attonis	

Vgl. M. Z. II, 3. s. 335 n. 178. Steiner II. 3706. Brambach 1483.

8. Rundes **Täfelchen**, wahrscheinlich Theil eines Gefässes, zu Heddernheim bei Frankfurt a. M. gefunden, (Cursivschrift):

MAXS

Vgl. N. Annal. VIII. s. 574 n. 15, i. Brambach 2086. M. Z. III, 1. s. 72 n. 224.

9. **Chirurgisches Instrument**, i. J. 1858 am s. g. Dimesser Ort am Rheine unterhalb Mainz gefunden, mit dem Fabrikstempel:

AGTAVGALVS Agataugalus. Agataugalus.

Vgl. M. Z. II, 1 u. 2. s. 113 u. 217 n. 64. Brambach 1112, 2.

10. Hälfte einer **Scheere**, i. J. 1858 am s. g. Dimesser Ort am Rheine, unterhalb Mainz gefunden, mit dem Fabrikstempel:

VASSATS · F Vassatus fecit. Vassatus liess (diese Scheere) anfertigen.

Vgl. M. Z. II, 1 u. 2. s. 113 u. 217 n. 63. Brambach 1112, 1.

11. **Striegel**, i. J. 1858 am s. g. Dimesser Ort am Rheine unterhalb Mainz gefunden, mit dem Fabrikstempel:

CANVSI Canusi. (Fabrik) des Canusius.

Vgl. M. Z. II, 1 u. 2. s. 217 n. 65 u. II, 3. s. 332 n. 172, 1. Brambach 1112, 3 = 4.

12. Flacher **Stiel** eines Gefässes, zu Heddernheim bei Frankfurt a. M. gefunden, mit dem Fabrikstempel:

PAVLINI Paulini. (Fabrik) des Paulinus.

Vgl. N. Annal. VIII. s. 574 n. 15, o. Brambach 2086. M. Z. III, 1. s. 224

13. **Gewandnadel** (Fibula), zu Rheinzabern gefunden, (Hepp'sche Sammlung), mit dem Fabrikstempel:

VASDAVIII Vasdavii (?). (Fabrik) des Vasdavius (?).

Vgl. M. Z II, 3. s. 333 n. 174. Steiner II, 3784. Brambach 1821, 1.

14. **Siegelstempel**, unbekannten Fundorts, mit der unentzifferten, rückläufigen Inschrift:

Vgl. M. Z. II, 3. s. 333 n. 173. Steiner II, 3782. Brambach 1376, 9.

15. Kleiner **Triumphwagen**, unbekannten Fundorts, mit den unentzifferten Aufschriften:

1. Auf der Unterseite:

2. Auf der linken Wade des auf dem Wagen stehenden Triumphators:

Vgl. M. Z. II, 1 u. 2. s. 221 n. 74.

16. Gewichtblättchen, bei Kleinwinternheim unweit Mainz gefunden, mit der Zahlangabe:

XXXX   quadraginta.   Vierzig.

Vgl. M. Z. II, 3. s. 334 n. 176, c. Steiner II, 3651. Brambach 927, 6.

17. Einzelne **Buchstaben**, bei Kleinwinternheim unweit Mainz gefunden, es sind die Buchstaben und Buchstabenbruchstücke:

A, N, N, I, S, V, V.   A, N, N, I, S, V, V.

Vgl. Brambach 927, 7.

18. Schlüssel, zu Heddernheim bei Frankfurt a. M. gefunden, mit der Aufschrift:

VTER FE   Uter(e) felix.   Gebrauche (ihn) glücklich!
LIX

Vgl. M. Z. II, 3. s. 335 n. 178. Steiner II, 3618. Brambach 1484.

19. Kleiner **Kinderarmring**, in Rheinbaiern gefunden, (Hepp'sche Sammlung), mit der mehrmals wiederholten Aufschrift:

VTERE FELIX.   Utere felix.   Gebrauche (ihn) glücklich!

Vgl. N. Annal. VIII. s. 574, 15, k. Brambach 2084. M. Z. III, 1. s. 72 n. 223.

20. Ring, unbekannten Fundorts, mit der Aufschrift:

V · F   Utere felix.   Gebrauche (ihn) glücklich!

Vgl. N. Annal. VIII. s. 574, 15, l. Brambach 2084. M. Z. III, 1. s. 73 n. 226 u. s. 77 n. 242

21. Ring, bei Kleinwinternheim unweit Mainz gefunden, mit der Aufschrift:

VTI   Uti.   Zum Gebrauche!

Vgl. M. Z. II, 3. s. 334 n. 176, 4. Steiner II, 3653, 4. Brambach 927, 4.

22. Ring, bei Kleinwinternheim unweit Mainz gefunden, mit einer Aufschrift, deren Buchstaben der Länge nach auf dem dünnen Rande aufliegen:

VTI VTI   Uti. Uti.   Zum Gebrauche! Zum Gebrauche!

Vgl. M. Z. II, 3. s. 334 n. 176, 5. Steiner II. 3653, 5. Brambach 927, 5.

23. Ring, bei Kleinwinternheim unweit Mainz gefunden, mit der Aufschrift:

AVE   Ave, vita.   Sei gegrüsst, mein Leben!
VITA

Vgl. M. Z. II, 3. s. 334 n. 176, 3. Steiner II, 3653, 3. Brambach 927, 3.

24. Ring, bei Kleinwinternheim unweit Mainz gefunden, mit der Aufschrift:

VENI   Veni vita.   Komm, mein Leben!
VITA

Vgl. M. Z. II, 3. s. 334 n. 176, 2. Steiner II. 3653, 2. Brambach 927, 2.

25. Ring, bei Kleinwinternheim unweit Mainz gefunden, mit der Aufschrift:

VITA   Vita.   O mein Leben!

Vgl. M. Z. II, 3. s. 334 n. 176, 1. Steiner II, 3653, 1. Brambach 927, 1.

26. Obertheil eines **Ringes**, i. J. 1857 auf dem Schillerplatze (Thiermarkt) zu Mainz gefunden, mit der Aufschrift:

VITA — Vita. — O mein Leben!

Vgl. Period. Bl. 1857 Nr. 12 s. 381. M. Z. II, 1 u. 2. s. 216 n. 60. Brambach 1074, 1.

D. Gold.

1. Obertheil eines **Ringes**, i. J. 1858 am s. g. Dimesser Ort am Rheine unterhalb Mainz gefunden, mit der Aufschrift:

VE
NVS — Venus. — Venus.

Vgl. M. Z. II, 1 u. 2. s. 109 u. 216 n. 58. Brambach 1111, 1.

E. Silber.

1. Ring, i. J. 1858 am s. g. Dimesser Ort am Rheine unterhalb Mainz gefunden, mit der unbestimmbaren Aufschrift:

M A R

Vgl. M. Z. II, 1 u. 2. s. 111 u. 216 n. 59. Brambach 1111, 2.

2. Löffelchen, in Rheinbaiern gefunden, (Hepp'sche Sammlung), in die Pfanne eingeritzt die Aufschrift:

ION
M — Ionis
manu (?). — Von der Hand
des Jon (?).

Vgl. N. Annal. VIII. s. 574, 15, m. Brambach 2084.

F. Eisen.

1. Schwert mit dem Obertheile seiner eisernen Scheide, zu Ingelheim unweit Mainz gefunden, auf der Scheide die unbestimmbaren Buchstaben:

C S

Vgl. Lindenschmit Heidn. Vorz. H. I. T. V. n. 2 u. 3.

2. Scheerenklinge, i. J. 1872 beim Eisenbahnbaue zu Alzei in Rheinhessen gefunden, mit dem im s. g. Tremolierstiche gehaltenen Fabrikstempel, wie es scheint:

SENOCENNA — Senocenna. — Senocenna.

Vgl. B. J. LIII u. LIV. s. 142 f. n. 2.

3. Stempel, i. J. 1857 bei dem Lederfunde am Schillerplatze (Thiermarkt) zu Mainz gefunden, mit dem unbestimmbaren Fabrikstempel oder Fabrikzeichen, wie es scheint:

IVI

Vgl. N. Annal. VIII. s. 574 n. 15, u. Brambach 2085. M. Z. III, 1. s. 72 n. 222.

G. Leder.

1. Lederstück, i. J. 1857 bei dem Lederfunde am Schillerplatze (Thiermarkt) zu Mainz gefunden, mit dem Fabrikstempel:

C·VENEDI — Gai Venedii. — (Fabrik) des Gaius Venedius.

Vgl. M. Z. II, 1 u. 2. s. 50 f. u. s. 217 n. 66. Brambach 1074, 2.

2. Lederstück, gefunden wie Nr. 1., mit dem Fabrikstempel:

L · V A E   Lucii Valerii.   (Fabrik) des Lucius Valerius.

Vgl. M. Z. II, 1 u. 2. s. 50 f. u. s. 217 n. 67. Brambach 1074, 3.

3. Lederstück, gefunden wie Nr. 1., mit dem Fabrikstempel:

VRSION   Ursionis (?).   (Fabrik) des Ursio (?).

Vgl. N. Annal. VIII, s. 575, 15, p. Brambach 2085. M. Z. III, 1. s. 72 n. 222.

4. Lederstück, gefunden wie Nr. 1., mit dem nach oben nicht deutlich ausgeprägten Fabrikstempel:

MOTVAE   Motuaci (?).   (Fabrik) des Motuacus (?).

Vgl. M. Z. II, 1 u. 2. s. 50 f. u. s. 217 n. 68. Brambach 1074, 4.

H. Glas.

1. Ornamentiertes **Glasfläschchen**, in einem Grabsarge, worin sich noch drei Skelette und drei andere Gläser befanden, bei Kastel, Mainz gegenüber, gefunden, mit der eingeschliffenen Aufschrift:

FELIX VIVAS   Felix vivas.   Lebe glücklich!

Vgl. Mainzer Wochenblatt 1864 Nr. 35. s. 292. M. Z. II, 4. s. 444 n. 201 u. 454 n. 11. Brambach 1338.

I. Bein.

1. Sonnenuhr auf einem Elfenbeinplättchen, auf dem Linsenberge bei Mainz gefunden. Am Rande finden sich die Reste von Buchstaben:

...M DECEM   (Nove)m(ber), Decem(ber).   (Nove)m(ber), Decem(ber).

2. Zehn runde **Spielsteinchen** (latrunculi), theils (a—h) unbekannten Fundorts, theils (i u. k) aus der Hepp'schen Sammlung, mit den Aufschriften:

a. I
b. II
c. IV
d. X (dreimal).
e. TA
f. A I $\overline{\text{I}}$
g. $\underline{\text{COH}}$
$\overline{\text{X}}$
h. R M   (jeder Buchstabe von einem Kreise umschlossen).
i. N
k. S

Vgl. für a—h. M. Z. II, 3. s. 333 n. 175. Steiner II, 3783. Brambach 1376, 1—8.; für i u. k M. Z. II, 3. s. 334 n. 175, 9 u. 10. Steiner II, 3783. Brambach 1821, 2 u. 3.

VIII. Nachträge und Verbesserungen.

A. Nachträge zu den Inschriften.

129 a. (s. 37.) **Votivaltar** (Namentafel), am 11. März 1874 aus einem Pfeiler der ehemaligen Rheinbrücke Carls des Grossen bei Mainz entnommen. Sandstein. H. 78, B. 33, D. 20 cm. Im Giebelfelde flaches stark verwaschenes Blumenornament. Auf der Vorderseite im Anfange der Zeilen und unten verstümmelte Inschrift (Namen von 5 Männern und 5 Frauen):

. RAtVS · IVVENIS	(G)ratius Iuvenis,	Gratius Juvenis,
.. 'PERStVS · SECVN	(Su)perstius Secun(du)s,	Superstius Secundus,
..S · PRIMANIVS	Primanius (Pr)imitius,	Primanius Primitius,
.IMItVS · SABI	Sabi(n)ius Desideratus,	Sabinius Desideratus,
IIVS · DESIDERA	Saplutius E..... as,	Saplutius E... as,
. VS · SAPLVtVS EF	Vinnonia Attusa,	Vinnonia Attusa,
. ᴧ IAS VINNONIA	Livia A(t)tusilla,	Livia Attusilla,
ATTVSA · LIVIA · A	Polioni(a) Ursula,	Polionia Ursula,
.TVSLLA · POLON.	Placid(ia) (L)ucilla,	Placidia Lucilla,
. 'RSVLA · PLACID..	Senn(i)cia Matto ...	Sennicia Matto,
. VCLLA · SENN.	....	....
CIA · MATTC		....
....		

Vgl. Mainzer Journal 1874 Nr. 59 v. 12. März, 11. Spalte u. Brambach 692, 796, 825, 994, 1021, 1027, 1030, 1390, 2092 u. a. m.

245 a. (s. 83.) **Grabstein** einer Freigelassenen, in zwei Theile der Länge nach zerbrochen, am 5. Februar 1874 am Linsenberge zu Mainz gefunden. Sandstein. H. 1 m. 55 cm., B. 61, D. 18 cm. In der Mitte des (dreieckigen) Giebelfeldes eine fünfblätterige Rosette auf dreiseitig ausgeschlagenem Blätterornamente, welches auch die Zwickel des (in ganzen viereckigen) Rahmens füllt. Darunter die Inschrift:

N O R B A N	Norbania Saturnina, ...	Norbania Saturnina, des
. ⅠS A T v R N IA	Norbanii Abroni, ve-	Veteranen Norbanius
. N O R B A N I ·	t(era)ni, liberta, annorum	Abronus Freigelassene,
A B R O N I ·	quadraginta, hic sita	alt 40 Jahre, liegt hier:
V E ᵀ ... N I ·	est. (Fl)accilla filia in	ihre Tochter Flaccilla
LIBAN · XL · H · S · E	statum antiquum pe-	liess (diesen Grabstein)
.. A C C I L L A	culio suo restituit (?).	aus ihren Ersparnissen
FILIA · IN · STATV		in den früheren Stand
A · P · SVO · R		wiederherstellen. (?).

Vgl. Mainzer Tagblatt 1874 Nr. 54 v. 6. März 6—7 Spalte. Ueber Norbanus und Norbanius s. E. Hübner Quaest. onomat. lat. I. in Ephem. epigr. 1874 p. 42, 60, 69.

299 a. (s. 92.) **Legionsbaustein**, i. J. 1874 am Fürstenberger Hofe ganz oben nach der rothen Kaserne hin zu Mainz gefunden. Weisser Kalkstein. L. 60, B. 14, D. 28 cm.:

LEG · I · A >VARI · TENCI	Legio prima adiutrix; centuria Varii Tenci.	Erste Legion, die Helferin; Centurie (Zug) des Varius Tenkus.

304, 129 a. (s. 98). Bruchstück einer **Heizröhre,** gefunden wie Nr. 299, a:

LEG XXII	Legio vicesima secunda,	Zwei und zwanzigste Legion, die
PR ꝺ P.	primigenia, pia, (fidelis).	erstgeworbene, redliche, (getreue).

B. Nachträge zur Literatur der Inschriften.

s. 2 n. 6: Wilmanns = Exempla inscriptionum latinarum in usum praecipue academicum composuit Gustavus Wilmanns, Berolini apud Weidmannos, 1873, 8, 2 voll.) II. p. 123 n. 2269.
s. 3 n. 9: Wilmanns II. p. 124 n. 2276.
s. 4 n. 12: Wilmanns II. p. 124 n. 2275.
s. 10 n. 32: P. Charles Robert, Epigraphie gallo-romaine de la Moselle, Paris 1869—73 I. p. 65 sqq. insbesondere p. 68 n. 4.
s. 11 n. 33: P. Charles Robert a. a. O. I. p. 18.
s. 12 n. 38: Wilmanns II. p. 122 n. 2262.
s. 18 n. 65: Wilmanns II. p. 122 n. 2264.
s. 20 n. 72: Vgl. B. J. LIII. LIV. s. 145. n. 5.
s. 21 n. 78: Mommsen Zeitschrift Hermes VII, 3 s. 317, 3. 4. Wilmanns II. p. 122 n. 2263.
s. 22 n. 80: Mommsen a. a. O. s. 308, 17. Wilmanns II. p. 123 n. 2266.
s. 23 n. 82: Mommsen in Berichten der sächsischen Gesellschaft d. W. 1852 s. 197. Wilmanns II. p. 125 n. 2278.
s. 24 n. 84: B. J. LIII. LIV. s. 142, n. 1. u. s. 190 A. 2.
s. 24 n. 86: Wilmanns II. p. 124 n. 2277.
s. 27 n. 95: Mommsen a. a. O. s. 317, 3, 4.
s. 27 n. 96: Mommen a. a. O. s. 325 A. 4.
s. 28 n. 99: B. J. LIII. LIV. s. 173 ff.
s. 30 n. 106: Mommsen a. a. O. s. 308, 16. Wilmanns II. p. 122 n. 2265.
s. 42 n. 141: Wilmanns I. p. 459 n. 1424.
s. 68 n. 213: Wilmanns I. p. 500 n. 1541.
s. 69 n. 215: Wilmanns I. p. 499 n. 1532.
s. 71 n. 219: Wilmanns I. p. 499 n. 1530
s. 71 n. 220: Wilmanns I. p. 506 n. 1575.
s. 73 n. 224: Wilmanns I. p. 500 n. 1539.
s. 75 n. 229: Wilmanns II. p. 123 n. 2271.
s. 78 n. 233: B. J. LIII. LIV. s. 143 n. 3.
s. 78 n. 234: B. J. LIII. LIV. s. 149 n. 7.
s. 81 n. 242: Wilmanns I. p. 160 n. 583.
s. 97 n. 116, 117, 118: s. 98 ist hinter Brambach 1377 beizufügen: Wilmanns II. p. 234 n. 2801.
s. 98 am Schlusse hinter Brambach 1377, i, 1 beizufügen: Wilmanns II. p. 236 n. 2804.
s. 111, VII, B: Wilmanns II. p. 219 n. 2756.

C. Verbesserungen.

s. 3 n. 9 z. 2: einem statt dem.
s. 3 n. 10 z. 1: zu statt in.
s. 3 n. 11 lit. Not.: Wiener de leg. XXII.
s. 4 n. 12 l.: pos(u)it.
s. 4 n. 12 d. z. 7: gerne und freudig statt fr. u. g.
s. 4 n. 12 d.: Wilmanns 248 statt 204.
s. 4 n. 13 d. z. 6: gerne statt gern.
s. 4 n. 14 lit. Not. z. 1: Archiv für Frankfurts Geschichte und Kunst.
s. 4 n. 15 lit. Not. z. 3: XLIV. XLV. statt 44. 45.
s. 6 n. 19 l. u. d.: hinter Festus (?) ein Komma.
s. 8 n. 23 l. z. 7: Klammer vor fidelis statt vor pia; ebenso d. Publius Helvius in Klammern.
s. 9 n. 25 l.: suo in Klammern.
s. 9 n. 28 z. 3: Klammer hinter palmettierten.

s. 11 n. 33 z. 8: F statt E; lit. Not. z. 1: Unterhaltungsblätter (Beilage zum Mainzer Wochenblatt).
s. 12 n. 40 d. z. 4: gerne statt gern.
s. 12 n. 41 z. 5: LEc statt LEC; l. vicesimae bis merito und d. von der zwei und zwanzigsten bis Gebühr in Klammern.
s. 13 n. 42 z. 3: V statt U.
s. 13 n. 44 z. 3: Punkte (. . .) statt IAN.
s. 13 n. 46 z. 1: I zu tilgen.
s. 13 n. 47 z. 1: Ȼ statt C v.
s. 14 n. 51 d.: (liess) und (aufstellen).
s. 15 n. 55 l. z. 1: (aram? armigero? u. s. w.); d. z. 8.: kaiserlichen Legaten statt Consul.
s. 15 n. 56 l. z. 6: (pos)uit.
s. 16 n. 58 l. z. 2: dom(us).
s. 16 n. 60 z. 4: Weisser Sandstein.
s. 18 n. 65 d. z. 5: redlichen statt frommen; am Schlusse: Philologus.
s. 18 n. 66 z. 2: der Mauer statt den Mauern.
s. 19 n. 70 l. z. 3: Mans(uet)us.
s. 21 n. 78 l. z. 4: veteranorum (?) statt viarum.
s. 22 n. 80 l. z. 5 u. 6: decurio civium Romanorum Mogontiaci. Vgl. Mommsen und Wilmanns a. a. O.
s. 22 n. 80 l. z. 6 u. 7: Martina m(ater?) e(ius?) Vgl. Wilmanns a. a. O.
s. 23 n. 82 l. z. 16: Co(n)sta(n)s; d. z. 23: neben statt oben.
s. 24 n. 84 z. 1: In zwei Stücke mitten durchgebrochener Votivaltar statt Bruchstück eines Votivaltars.
s. 24 n. 86 l. z. 6 u. 7: votum solvit laetus lubens merito; d. z. 6 u. 7: (errichten).
s. 26 n. 93 d. z. 7: hinter (Weisenau?) ein Komma.
s. 28 n. 99 z. 1: LLC statt LLG.
s. 30 n. 106 l. z. 8, 9 u. 10: adlectus in ordinem civium Romanorum Mogontiaci (?). Vgl. Mommsen u. Wilmanns a. a. O.
s. 31 n. 109 d. z. 11: 255 statt 225.
s. 35 n. 126 l.: am Schlusse der 3. Namenreihe vor COMC u. MAMMI je ein s.
s. 40 n. 139 lit. Not. z. 1: Lehne.
s. 40 n. 140 z. 2: Clubistenschanze; s. 41 z. 3: Sandstein:
s. 44 n. 149 z. 4: Blätterornamente.
s. 48 n. 160: Clubistenschanze.
s. 56 n. 178 l. z. 1: Papiria (tribu).
s. 56 n. 180 l. z. 4: Velina (tribu).
s. 57 n. 182 l. z. 2: Voltinia u. z. 7 u. 8: pos(u)it.
s. 59 n. 189 l. z. 2: (turmae.)
s. 61 n. 193 l. z. 5 u. 6: centuriae.
s. 64 n. 202 l. z. 7: s(t)ipendiorum.
s. 67 n. 211 d.: Legion am Schlusse zu tilgen.
s. 69 n. 214 z. 4: V statt U u. l. z. 8: ex.
s. 69 n. 216 d. z. 3: (hier).
s. 70 n. 218 z. 12: faltigem; z. 21: L statt I; l. z. 4 ein Komma hinter die Klammer u. d. z. 5 das Fragezeichen zu tilgen.
s. 71 n. 219 d. z. 2: aus der.
s. 71 n. 220 z. 1: Grabsarg; z. 9: DECDT u. l. z. 2: Flaviae statt fidae; d. z. 3. Flavischen statt getreuen.
s. 72 n. 221 z. 3: waffentragende (ohne Klammern); lit. Not. z. 4: Alterthümer.
s. 72 n. 222 d. z. 4: 24 statt 25.
s. 75 n. 229 d. z. 3 u. 4: durch ihre Verwandten (?).
s. 82 n. 243 lit. Not. z. 2: Orelli-Henzen statt Orelli.
s. 84 n. 247 lit. Not. z. 1: Bull dell' inst. archeol.
s. 85 n. 251 l. z. 6: (pos(u)it.
s. 86 n. 253, 254 z. 1: Grabdenkmals aus Mainz.
s. 86 n. 257—261: Grabsteinen unbekannten Fundorts.
s. 87 n. 264, 265 z. 1: Grabsarg aus Mainz.
s. 87 n. 267 lit. Not. z. 1: Unterhaltungsblätter (Beilage zum Mainzer Wochenblatt).
s. 89 n. 276 z. 1: Inschrift aus Mainz.

s. 90 n. 286—289, z. 1: Quader bezw. Inschrift aus Mainz.
s. 92 n. 298 l. z. 2: primigenia.
s. 107 z. 32 von oben: 189.
s. 110 unten beizufügen: Die Fundorte der von s. 100 ab aufgeführten Töpferstempel und Aufschriften auf Lampen, Schüsseln und kleinen Gefässen, Modellformen, Amphoren, Urnen und Trinkgefässen sind, wo nicht bei einzeln ein Ort bemerkt ist, unbekannt, wiewohl bei der Mehrzahl Mainz und seine Umgegend als Fundstätte angenommen werden darf.
s. 111, VII, B. l. z. 1 u. 2: penicillum lene.

IX. Register zu den inschriftlichen Denkmälern.

1. Verzeichniss der Fundorte.

Mainz: 6. 7. 8. 11. 24. 28. 29. 53. 56. 69. 72. 91. 92. 101. 108. 116. 119. 121—125. 144. 179. 208. 216. 253. 254. 264. 265. 270—277. 280. 281. 283. 285—289. 296. 297. VII, A. VII. u. VII, B.
Auf dem Kästriche: 3. 16. 57. 67. 70. 71. 73. 74. 109. 110. 114. 115. 278. 279. 291. 300 - 304. VII, A, XIII.
Alte Stadtmauer: 27. 64. 79. (231). 298.
Am Pulverthurme: 206.
Gaugasse: 95. 134.
Auf der Eisgrube: 85. 293.
An der Citadelle: 17.
Zwischen der Citadelle und dem Neuthore: 5. 89.
Albansschanze: 188.
Neue Anlage: 142. 210.
Ehemaliges Capuzinerkloster: 93.
Am Fürstenberger Hofe. Nachträge 299a. 304, 129a.
Gräbergasse: 2. 212. 217.
Römischer Kaiser: 130.
Auf dem Höfchen: 66. 81. 96. 300—304.
Am Dome vor dem ehemaligen Bischofshofe; 33. 68, 98. 143. 305.
Garten des ehemaligen Bischofshofes: 23. 54. 55. 117.
Zwischen dem Höfchen und Gutenbergsplatze: 59.
Gutenbergsplatz (ehemalige Domdechanei): 21. 300—304.
Johanniskirche: 300—304.
Ehemaliges Dominikanerkloster: 97.
Backhaus zur Rose: 83.
Stadthaus: 106.
Justizpalast: 189.
Ludwigsstrasse und Schillerplatz: 52. 78. VII, C, 26. VII, F, 3. VII, G, 1—4.
Präsenzgasse: 300 - 304.
Altenmünstergasse: 300—304.
Am Münsterthore: 299.
Altenmünsterweiher: 60. 231. 284. 300—304. VII, A, VIII u. VII, A, XIV, d, 9—14.
Paradeplatz: 190.
Raimundithor: 80.
Mitternacht: 76. 77. 236. 241. 242. 247. 255. 256. 290.

Umgegend von Mainz.
Am Linsenberge: VII, H, I. Nachträge 245 a.
Gartenfeld: 292.
Studentenallee: 211.
Hauptstein: VII, A, XIV, e, 6.
Alte Peterskirche 221.
Ehemalige Rheinbrücke Carls d. Gr.: 113. 118. 132. 294. 295. Nachträge 129 a.
Carlsschanze: 225.
Philippsschanze: 61.
Christlicher Friedhof: 131. 159. 169. 177.
Strasse von Mainz nach Zahlbach: 25.

Zahlbach und Umgegend.
Zahlbach: 135—137. 139. 145—152. 155—158. 161—166. 168. 170. 171. 173 —176. 178. 180—182. 185. 187. 191 —198. 200—202. 204. 214. 215. 219. 223. 224. 229. 243—246. 248—250. 300—304. VII, A, VI.
Zwischen der Aureuscapelle (Friedhof) und dem ehemaligen Kloster Dalheim: 239.
Am Dahlheimer Kloster: 153. 154. 183. 184. 205. 218.
Clubistenschanze: 140. 160. 172. 186. 203. 207. 209. 262. 263.
Bretzenheim: 141.

Weisenau und Umgegend.
Strasse von Mainz nach Weisenau: 94.
Weisenau: 228. 232. 234. 251. VII, A, XIV, a, 22.
Ehemaliges Victorstift: 138.
Jungenfelder Aue: 1.

Dimesser Ort: VII, A, XIV, b, 12, 108, 186. VII, C, 2, 9, 10, 11. VII, D, 1. VII, E, 1.
Finthen: 34. 35. 44—49. 99. 282.
In einem Brunnen: 38. 39—43. 103. 112.
Hechtsheim, (heil. Kreuzstift, Kreuzschanze: 37. 199. 213.

2. Geographie und Topographie.

3. Religionswesen.

4. Oeffentliches Leben.

6. Bürgerliches Leben.

7. Personennamen.

B. Römische Beinamen, Sclavennamen, nicht römische Namen.

C. Künstler und Handwerker (Töpfer und Ziegler).

8. Inhaltliches.

9. Sprachliches.

10. Abbreviaturen (Siglen).

A. Wortabbreviaturen.

COH cohors 114', 115, 219, 220, 305 u. a. m.
C · M civitas Mattiacorum 9.
COL colonia 96.
COS consul 131, 133.
COS consularis 55, 85, 134, 220.
COS consulibus 6, 11, 13, 20, 23, 33, 38, 55, 65, 68, 80, 111, 112, 116.
COSOB consobrinus 159.
C · R civis Romanus 38, 80, s. 112, VII, C, 4.
C · S s. 115, VII, E, 1.
C · T civis Taunensis, civitas Taunensium 6, 38.
C · V curator viarum oder veteranorum 78.
D Deus 39.
D Decembres 11.
D·C·MATTI decurio civitatis Mattiacorum 12.
D · C · R · MOG decurio civium Romanorum Mogontiaci 80.
DEC decurio 99.
DEC · C · TAVNENSIVM, decurio civitatis Taunensium 229.
D · D donum dat (dedit) 63, 96.
DD · NN · IMPP dominorum nostrorum imperatorum 64.
D · M Diis Manibus s. Religionswesen.
D · SVO 160.
D · S de suo (94, 185) 93.
D · S · D de suo dat (dedit) 156.
D · S · FEC de suo fecerunt s. 111, VII, C, 1.
D · S · P · C de suo ponendum euravit 208.
D · P · SVO · R de peculio (?) suo restituit 245 a.
EEQQ equites 65.
EQ, EQVE, EQVES eques. 171, 189, 215, 217, 222, 223, 226.
E · V · S ex voto suscepto (45, 72) 98.
EX CA ex custode armorum 210, vgl. C · A.
EX PRAEF expraefecto 212.
EX TE ex testamento (161, 184), 138, 154, 158, 167, 197, 202, 224.
F filius, filia (22, 233), 10 u. a. m.
F fecit (145, 225, 232, 2), s. 99, VII, A, VII, 229 u. a. m.
FAB Fabia s. Bürgerclassen (Tribus).
F · C faciendum curavit (190), 178, 212, 220, 229.
F · D Flavia Damascenorum s. Kriegswesen.
FEC fecit 167 u. öfters.
FL Flavius 76, 142.
FOR Foro s. Geographie.
G Gaius 86, 146, 147, 233.
GAL Galeria s. Bürgerclassen (Tribus).
GEM gemina s. Kriegswesen.
G · S, GERM · SVP Germania superior (97), 64, 134.
H, HER heres (182, 217) 136, 138, 145, 153, 197, 198, 220, 222, 224.
H · C · E hic conditus est 135.
H · I · S · E hic intus situs est 166, 170, 245.
H · S · E hic situs est (185, 187, 190, 218, 234), 136, 137 u. öfters.
I infra 82.
I intus 166, 170, 245.
IMP · D · N imperator dominus noster 128 a.
IN · H · D · D in honorem domus divinae s. Religionswesen.
I · O · M Juppiter optimus maximus 1, 2, 3. 5, 6, 9—21, 23, 26, s. Religionswesen.
IONM Jonis manu (?) s. 115, VII, E, 2.
IVL Julius 89, s. 97, 110—116.
IVN REG Juno regina 10, 11, 20, s. Religionswesen.
IVI s. 115, VII, E, 3.
K, KAL, Kalendae 11, 12, 22, 55, 82, 109, 110.
L legio s. 93 u. öfters.
L lubens 103.
L Lucius 3, 9, 32, 38 u. öfters.
LASM lubens animo solvit merito 14.
LEG legatus, legio 247, s. 93 ff. u. öfters.
LEM, LEMONI Lemonia s. Bürgerclassen (Tribus).
LIB libertus, liberta (238), 1, 233, 245 a u. öfters; libertatis 42.
L · L laetus lubens 50, 80.
L·L·L·L·M laeti lubentes merito 10.
L · L · M laetus lubens merito 12, 22, 36.
M Marcus 43, 50, 79, 93 u. öfters.
M Mattiaci s. Geographie.
M merito 13, 66, 104.
MAR Mars 54, s. 115, VII, E, 1 (?).
MAT mater 219.
ME, MEDIOLA Mediolanum, s. Geographie.
MER Mercurius 39.
H · H · M missus honesta missione 85
MIL, MILES miles, milites (162, 180' 183, 185, 187, 213), 20, 55, 64, 73' 135, s. 111, VII, C, 1 u. öfters.
MOES SVP Moesia superior 97.
M, MOG Mogontiacum 38, 80.
N numerus 20.
NEG negotiator 38.
OB PIETAT ob pietatem 166.
OCT Octobres 12.
OFE, OFFEN Offentina s. Bürgerclassen (Tribus).
P Publius 159 u. öfters.
P, POS posuit, posuerunt 9, 25, 32, 37, 108, 184, 186, 220, 248.
PAL Palatina s. Bürgerclassen (Tribus).
PAP Papiria s. Bürgerclassen (Tribus).
PED peditata 220.

PLAC Placentia, s. Geographie.
PLAT DEXT · E · N platea dextra eunti Nidam s. 111, VII, C, 1.
POL, POLI, POLIA Pollia s. Bürgerclassen (Tribus).
POLE Polentia, s. Geographie.
PRPF, PPF primigenia, pia, fidelis, öfters, s. Kriegswesen unter LEG.
P SVO R peculio (?) suo restituit 245 a.
PVB Publilia, s. Bürgerclassen (Tribus).
PVB · X · X LIB publicum vicesimae (vicesimarum) libertatis 42.
PVP, PVPINEA, Pupinia s. Bürgerclassen (Tribus).
Q quaestor 38, 78.
QVIR Quirina s. Bürgerclassen (Tribus).
ROM Romilia s. Bürgerclassen (Tribus).
S Sextus 10 u. öfters.
SAB, SABATI Sabatina s. Bürgerclassen (Tribus).
SAC, SACR, sacrum 42, 43, 60, 61, 78.
SER, SERVS servus 42, 247, 249, 251 (?).
SING · COS singularis consularis 220.
SOR soror 220.
S · TA scripta 82.
ST, STI, STP, STIP, STIPEN, STIPEND stipendiorum (187, 190, 219), 135, 136, 149, 156, 159, 161, 164, 196, 202.
STR LEG secutor tribuni legionis 76.
STE STEL, STELATINA Stellatina s. Bürgerclassen (Tribus).
STRA, strator; stratores 64, 85, s. Kriegswesen.
S · T · T · L sit tibi terra levis (208, 250), 249.
T Titus 74, 78.
TAVRI Taurini, s. Geographie.
TEM templum (37) 105.
T, TES testamento 155 u. öfters.
T · F · I testamento fieri iussit (200), 155, 174, 193.
T · N · C Titi nepos Clodius 148.
TRIB POT tribunicia potestas 131.
V, VET, VETRA veteranus 10, 39, 43, 56, 89.
VAR Varia s. Geographie.
VIA, VIAN Viana s. Geographie.
VOL, VOLT, Voltinia s. Bürgerclassen (Tribus).
VOTVM · L · L · votum laetus lubens 34.
V · S · L · L votum solvit lubens laetus 100.
V, VOTVM · S · L · L · M votum solvit laetus lubens merito 2, 11, 16, 36, 38, 39, 40, 42, 43, 54, 55, 70, 71, 73, 74, 76, 88, 89, 98, 99.
V · S · L · M votum solvit lubens merito 40, 81, 86.
VSL · L · D. votum solvit laetus lubens de (suo?) 25.

B. Zahlabbreviaturen.

II iterum 68.
IIV duumvir 6.
III tertium 109.
IIIIIIVIR AVG sevir augustalis 9.

Inschriftlose Steindenkmäler.

A. Reliefs, Rundfiguren, Köpfe.

Saturnus, vgl. das Reliefbild oben s. 25 f., 90.

Juppiter, Juppiter Fulminator, Juppiter Serapis, vgl. die Reliefbilder oben s. 2, 4, 7, 8; s. 5, 17; s. 9, 24; s. 25 f., 90.

306. Grosse Platte (Fries?) mit zwei runden Reliefs (Medaillons), i. J. 1847 aus einem Pfeiler der ehemaligen Rheinbrücke Karls des Grossen bei Mainz ausgebrochen. Weisser Sandstein. H. 89 cm., B. 1 m. 12 cm., D. 33 cm. Das eine fast vollständig erhaltene Medaillon zeigt das Brustbild des (Juppiter) Serapis in lockigem Haupte nach Art des griechischen Pluton und dem Scheffel (modius) auf dem Haupte, mit welchem Attribute neben Cerberus und Schlange sein Cultbild (in Aegypten) ausgestattet war. Von dem zweiten Medaillon ist nur noch die rechte Schulter mit dem Attribute des Blitzes (fulmen) übrig, wonach sich auf eine Darstellung des Juppiter Fulminator schliessen lässt.

Vgl. Abb. in Abbildungen von Mainzer Alterthümern VI (1855) s. 6. Fig. 3.

Juno Regina, vgl. die Reliefbilder oben s. 2, 5; s. 5, 17; s. 6, 20; s. 7, 22; s. 9, 24, 26, 27, 28; s. 30 f., 108 (?); s. 25 f., 90.

Mercurius, vgl. die Reliefbilder s. 2, 5, 6; s. 9, 26; s. 10, 29, 30, 31; s. 14, 51, 52; s. 15, 53; s. 25 f., 90. und:

307. Reliefbild des Mercurius, ohne Kopf, eine Schale über einem schmalen Altare ausgiessend. Sandstein. H. 28, B. 24, D. 15 cm.

Mars und Genius, vgl. die Reliefbilder oben s. 9, 27; s. 20, 74, 75; s. 25 f., 90; s. 30, 108 und:

308. Grosser **Steinwürfel**, i. J. 1819 aus der 1200 erbauten Stadtmauer ausgebrochen. Kalkstein. H. 73, B. 80, D. 76 cm. Auf der einen Seite Mars mit Speer und erbeuteter Rüstung, auf der andern ein Genius mit Füllhorn.

309. Reliefbild eines tanzenden Genius, ohne Kopf. Sandstein. H. 49, B. 36, D. 30 cm.

310. Ein Genius mit abgebrochenen Armen. Sandstein (?).

Apollo, vgl. die Reliefbilder oben s. 6, 21; s. 9, 28.

Volcanus, vgl. die Reliefbilder oben s. 10, 29.

Hercules, vgl. die Reliefbilder oben s. 2, 5, 6; s. 7, 22; s. 9, 26, 27, 28; s. 10, 29, 30, 31; s. 25 f., 90. und unten **323.**

Mithras, vgl. die Reliefbilder oben s. 18, 66.

Sol, vgl. das Reliefbild oben s. 25 f., 90.

Minerva, vgl. die Reliefbilder oben s. 2, 5, 6; s. 7, 22; s. 9, 26, 28; s. 10, 30, 31; s. 25 f., 90.

311. Rundfigur einer weiblichen stehenden Figur (Minerva?), ohne Kopf und Beine. Sandstein. H. 39, B. 32, D. 10 cm.

Fortuna, vgl. die Reliefbilder oben s. 6, 21; s. 9, 28; s. 30, 108.

312. Bruchstückliches **Reliefbild** einer weiblichen Figur mit Ruder (Fortuna?). Kalkstein. H. 79, B. 45, D. 8 cm.

Venus, vgl. das Reliefbild oben s. 25 f., 90.

Luna, vgl. das Reliefbild oben s. 25 f., 90.

Nymphen, vgl. das Reliefbild oben s. 24, 87.

Reliefs auf den Nebenseiten von Votivaltären, vgl. oben s. 11, 34; s. 13, 42; s. 15, 60; s. 17, 61; s. 19, 71, 72; s. 20 f., 76; s. 21, 79; s. 22, 80, 81; s. 24, 85, 86; s. 26, 93; s. 34, 119.

Nachtrag zu S. 34 als 125 a:

Kleiner **Hausaltar**, rund mit viereckigem Fuss. Kalkstein. H. 20 cm.

313. Grösseres Bruchstück eines **Reliefbildes** mit dem Mitteltheile zweier sitzenden weiblichen Figuren. Sandstein. H. 35, B. 48, D. 25 cm.

314. Bruchstück einer **Rundsäule** mit drei Figuren in flachem Relief, die dritte beschädigt, die vierte fehlt. Sandstein. H. 50 cm.

315. Reliefbild zweier sitzenden Personen, ohne Kopf, mit Schild und Speer. Rother Sandstein. H. 19, B. 24, D. 5 cm.

316. In zwei Theile zerbrochenes **Reliefbild** von Figuren, von denen nur die Füsse erhalten sind. Sandstein. H. 55, L. 1 m. 32 cm., D. 58 cm.

317. Bruchstück eines **Blockes** mit Reliefs, auf der einen Seite eine sitzende Figur ohne Kopf; auf der anderen ein Bein nebst dem unteren Theile des Gewandes. Rother Sandstein. H. 59, B. 33, D. 39 cm.

318. Reliefbild einer Figur ohne Beine. Rother Sandstein. H. 53, B. 33, D. 43 cm.

319. Postament mit zwei Fussbruchstücken. Sandstein. H. 15, B. 16 cm.

320. Reliefbild des Mitteltheils einer nackten männlichen Figur. Sandstein. H. 31, B. 50, D. 20 cm.

321. Reliefbild einer angelehnten Kriegerfigur, ohne Kopf und ohne Beine. Rother Sandstein. H. 50, B. 27, D. 22 cm.

322. Fuss einer Säule mit **Reliefbild** eines Soldaten mit Helm und Schild. Kalkstein. H. 56, B. 57, Dm. 50 cm.

323. Reliefbild einer kräftigen nackten männlichen Figur (Hercules?) von hinten; über dem Arme einen Mantel, in der Hand einen unbestimmbaren Gegenstand (Kopf?) haltend. Sandstein. H. 42, L. 90, Dm. 32 cm. (Architekturstück).

324. Reliefbild des Mitteltheils einer sitzenden weiblichen Figur. Sandstein. H. 29, B. 24, D. 13 cm.

325. Reliefbild, in dem vertieften oberen Theile eine liegende weibliche Figur; l. davon auf dem Rande die obere Hälfte einer nackten weiblichen Figur, welche einen Delphin in der Hand hält. Sandstein. H. 58, B. 76, D. 39 cm.

326. Reliefbild einer nackten weiblichen Figur, welche in der Rechten eine Schale trägt; daneben ein Baum (Palme?), darunter ein Pferd. Rother Sandstein. H. 1 m. 31 cm., B. 85, D. 16 cm.

327. Reliefbild des Obertheils einer weiblichen Figur, welche eine Maske in der Hand hält. Sandstein. H. 39, B. 67, D. 25 cm.

328. Pilasterkapitäl mit dem Reliefbrustbilde einer weiblichen Figur. Sandstein. H. 45, B. 45 cm.

329. Bruchstück des **Reliefbildes** einer weiblichen Figur ohne Kopf und Arme, ursprünglich rückwärts angelehnt. Kalkstein. H. 50, B. 23, D. 15 cm.

330. Sitzende weibliche Figur, ohne Kopf. Kalkstein. H. 27 cm.

331. Rundfigur, ohne Kopf und Beine, den linken Arm auf den Kopf eines Knaben stützend. Kalkstein. H. 49 cm.

332. Sockel einer **Rundfigur**, r. ein radförmiges Ornament eingeritzt. Rother Sandstein. H. 18, B. 9, D. 19 cm.

333. Reliefbild einer Opferscene mit drei um einen Opferaltar stehenden Figuren. Kalkstein. H. 28, B. 24, D. 9.

334. Reliefbild eines Gastmahles. Sandstein. H. 38, L. 73, D. 30 cm. Drei Männer liegen an der Tafel, ein Sklave steht dabei.

335. Reliefbild Amors mit dem Bogen (?). Sandstein. H. 43, L. 88, D. 50 cm. (Architekturstück.)

336. Bruchstück eines **Rundreliefs**, einen Hahn und eine Traube darstellend. Kalkstein. L. 36, D. 8 cm.

337. Bruchstück eines **Reliefbildes** mit Fischen. Sandstein. H. 38, B. 32, D. 12 cm.

338. Vertieftes **Reliefbild**, einen Scarabäus darstellend. Sandstein. H. 18, L. 32, B. 23 cm.

339. Flachrelief eines **Fries**, gehenkeltes Gefäss darstellend, auf dessen Seiten je ein Greif. Sandstein. H. 51, B. 64, D. 67 cm.

340. Reliefbild, einen an einer Stange hängenden Korb darstellend. Weisser Sandstein. H. 55, B. 47, D. 47 cm. (Architekturstück.)

Reliefbilder auf Grabsteinen, vgl. oben s. 37, 130; s. 39, 135; s. 50, 164; s. 50 f., 167; s. 51, 169; s. 54, 174, 176; s. 60, 192; s. 62, 198; s. 64, 201; s. 68, 214; s. 69, 215, 217; s. 70, 218, 219; s. 71, 221; s. 72, 222; s. 72 f. 223; s. 73, 224; s. 74, 227; s. 74 f., 228; s. 75 f. 231; s. 76 ff., 232; s. 78, 233; s. 80, 241; s. 81, 242; s. 83 f., 247; s. 86, 256, 262; s. 87, 265 und:

Nachtrag zu s. 87, als **266** a.: Untertheil eines **Grabsteins**. Kalkstein. H. 26, D. 15. cm.

341. Vordertheil eines **Grabsteins** von schöner Arbeit in sieben Stücken: a) Theil der Bekrönung; b) Vordertheil eines liegenden Löwen; c) Hintertheil eines liegenden Löwen; d) der Kopf; e) die Brust; f) der Leib der Figur.

342. Männlicher **Kopf**, verstümmelt. Kalkstein. H. 22 cm.

343. Männlicher **Kopf**, verstümmelt. Kalkstein. H. 28 cm.

344. Männlicher **Kopf** mit Helm und hohlen Augen. Kalkstein. H. des Gesichts 12 cm.

345. Weiblicher **Kopf** mit Helm und hohlen Augen. Sandstein. H. des Gesichts 13 cm.

346. Weiblicher **Kopf** (Vordertheil) mit Helm und hohlen Augen. Sandstein. H. des Gesichts 15 cm.

347. Weiblicher **Kopf**. Sandstein. H. 14 cm.

348. Kleiner weiblicher **Kopf**. Sandstein. H. 8 cm.

349. Kopf eines Kindes, verstümmelt, (losgelöst aus der römischen Wasserleitung bei Zahlbach unweit Mainz). Sandstein. H. 14 cm.

350. Kleiner **Kopf** mit Bart. Sandstein. H. 9 cm.

351. Kleiner **Kopf** ohne Bart. Sandstein. H. 6 cm.

352. Längliche **Steinplatte**, im Frühjahre 1873 bei den Erdarbeiten auf dem Gutenbergsplatze zu Mainz aus alten Fundamentmauern ausgebrochen. Sandstein. L. 92, H. 48, D. 20 cm. Die flachvertiefte Vorderseite dieser Platte zeigt in zwei durch eine Rundsäule mit Capitäl geschiedenen quadratischen Feldern Reliefbilder; r. (vom Beschauer) sitzt mit dem Rücken gegen die Säule ein bärtiger Mann im Hirtengewande, hinter seinem Sitze liegt ein Hund, vor ihm ein Widder, der sich gegen ihn wendet, während ein Schaf, nach der andern Seite gekehrt, weidet. In der äussersten Ecke steht ein Baum, dessen spitz gezogene Krone die obere Fläche ausfüllt. In dem linken Felde sitzt, der andern Figur entsprechend, ebenfalls mit dem Rücken nach der Mitte, ein Mann mit krausem Haare und Barte, in eine kurze Tunika gekleidet; der rechte Arm und die Schulter sind entblösst; in der Linken trägt er einen Fischkorb und mit der Rechten zieht er an einer Angelruthe einen Fisch aus dem Wasser. Darstellung aus der altchristlichen Kunstsymbolik, im Ganzen gute Arbeit spätrömischer Kunstweise (4. Jahrhundert) und vielleicht Theil eines mit Stücken ähnlicher Art reichverzierten Frieses einer Kirche.

Vgl. F. S. im Mainzer Journal 1873, Beilage zu Nr. 101 v. 1. Mai. Jahresbericht des Mainz. Vereins für 1872/73, erstattet in der Generalversammlung am 9. December 1873 s. 2.

B. Architekturstücke, insbesondere Säulen, Steingeräthe.

353. Bruchstück einer **Rundsäule**, nach der Mitte angeschwellt, mit Basament. Sandstein. H. 45 cm.

354. Bruchstück einer **Rundsäule**, mit Basament. Sandstein. H. 77 cm.

355. Bruchstück einer **Rundsäule**. Sandstein. H. 39 cm.

356. Geschuppte **Säule**. Sandstein. H. 1 m. 20 cm., Dm. 38. cm.

357. Obertheil einer geschuppten **Säule** mit **Kompositenkapitäl**; letzteres gebildet von vier Akanthusblättern, auf deren umgeschlagenen Enden ebensoviel Voluten aufsitzen, welche die obere Platte tragen; i. J. 1847 aus einem Pfeiler der ehemaligen Rheinbrücke Karls des Grossen bei Mainz ausgebrochen. Weisser Sandstein. H. 59, Dm. der Säule 22 cm.

Vgl. Abb. in Abbildungen von Mainzer Alterthümern VI (1855) s. 6 Fig. 2.

358. Obertheil einer geschuppten **Säule** mit **Kompositenkapitäl**. Sandstein. H. 93 cm.

359. Obertheil einer geschuppten **Säule** mit **Kompositenkapitäl**. Weisser Sandstein. H. 40 cm.

360. Bruchstück einer geschuppten Säule. Sandstein. H. 35 cm.

361. Bruchstück einer **Säulenstellung**. Sandstein. H. 51 cm., Dm. 1 m.

362. **Säule**. Sandstein. H. 2 m. 4 cm., Dm. 38 cm.

363. Bruchstück einer **Säule**. Rother Sandstein. H. 1. m. Dm. 34 cm.

364. Bruchstück einer **Säule**. Sandstein. L. 44, Dm. 21 cm.

365. Bruchstück einer **Säule**. Rother Sandstein. H. 49, Dm. 27 cm.

366. Bruchstück einer **Säule**. Sandstein. H. 50, Dm. 35 cm.

367. Bruchstück einer **Säule**. Rother Sandstein. H. 24, Dm. 30 cm.

368. Bruchstück einer **Säule**. Kalkstein. H. 48, Dm. 59 cm.

369. Bruchstück einer **Säule** mit Wulst. Sandstein. H. 70, Dm. 55 cm.

370. Bruchstück einer angelehnten **Ecksäule**. Sandstein. H. 56, B. 56 cm.

371. **Architekturbruchstück** mit vornsitzender **Halbsäule**. Sandstein. H. 55, L. 93, B. 28 cm.

372. Würfelartiger Sockel einer **Halbsäule**. Sandstein. H. 80, B. 66, Dm. 66 cm.

373. Basament einer **Säule**. Sandstein. H. 90, B. 71, Dm. 71 cm.

374. Grosser Sockel einer **Säule**. Weisser Sandstein. H. 60, B. 60, Dm. 60 cm.

375. Sockel einer **Säule**. Rother Sandstein. H. 38, Dm. 50 cm.

376. Sockel einer **Säule**. Weisser Kalkstein. H. 90, B. 57, D. 60 cm.

377. Sockel einer **Säule**. Weisser Sandstein. H. 65, B. 65, D. 65 cm.

378. Sockel einer **Säule**. Weisser Sandstein. H. 40, Dm. 48 cm.

379. Fuss einer **Säule.** Block aus Sandstein. H. 60, B. 60 cm.
380. Fussstück einer **Säule.** Sandstein. H. 42, Dm. 70 cm.
381. Fuss einer **Säule.** Sandstein. H. 22, Dm. 38 cm.
382. Bruchstück des Fusses einer **Säule.** Grauer Sandstein. H. 31 cm.
383. Cannelierter **Pilaster** mit angelehnten **Halbsäulen.** Sandstein. H. 45, B. 80. D. 56 cm.
384. Fuss einer **Säule,** wahrscheinlich zu obigem **Pilaster** gehörig. Sandstein. H. 60, B. 63, D. 74 cm.
385. Pilaster mit Resten von Akanthusranken. Kalkstein. H. 1 m. 12 cm., B. 38, D. 87 cm.
386. Pilasterkapitäl mit Architrav. Sandstein. H. 50, B. 66, D. 27 cm.
387. Eckstück eines **Pilasterkapitäls** mit Architrav. Sandstein. H. 38, Dm. 90, D. 55 cm.
383. Kompositenkapitäl. Sandstein. H. 28 cm.
389. Kompositenkapitäl mit Köpfen. Sandstein. H. 40 cm.
390. Kompositencapitäl. Marmor. H. 45 cm.
391. Kompositenkapitäl. Marmor. H. 50 cm.
392. Kompositenkapitäl. (antikisierendes Ornament). Grauer Sandstein. H. 25 cm.
393. Figuriertes **Kapitäl** mit antikisierender Bildung. Rother Sandstein. H. 38 cm.
394. Figuriertes **Kapitäl.** Kalkstein. H. 47 cm.
395. Palmiertes **Kapitäl.** Weisser Kalkstein. H. 36, Dm. 40 cm.
396. Verziertes **Kapitäl.** Weisser Sandstein. H. 57, Dm. 52 cm.
397. Grosses reiches **Kapitäl.** Kalkstein. H. 45, L. 92, B. 86 cm.
398. Kleines **Kapitäl.** Kalkstein. H. 42, L. 38, B. 43 cm.
399. Kleines **Kapitäl.** Sandstein. H. 35, Dm. 52 cm.
400. Bruchstück eines reichen **Eckapitäls.** Rother Sandstein. H. 62, L. 63, B. 50 cm.
401. Korinthisches **Kapitäl.** Marmor. H. 48 cm.
402. Jonisches **Kapitäl.** Sandstein. H. 44, Dm. 33 cm.
403. Bruchstück der Volute eines Jonischen **Kapitäls.** Sandstein. L. 29 cm.
404. Bruchstück einer **Karyatide.** Sandstein. H. 68, B. 44, D. 50 cm.
405. Verzierter **Gewölbstein.** Sandstein. H. 52, B. 48, D. 72 cm.
406. a. b. Zwei grosse **Gewölbsteine** aus einer Bogenstellung. Sandstein (?). H. 45 cm., B. 1 m., D. 1 m.
407. Ecktheil eines **Hauptgesimses** mit Eierstab. Weisser Sandstein. H. 28, B. 68, D. 80 cm.
408. Hauptgesims, von Consolen getragen, darunter Zahnschnitt und Wulst mit Akanthusranken. Kalkstein. H. 35, B. 50, D. 57 cm.
409. Fries. Kalkstein. H. 29, B. 28, D. 32 cm.
410. Grosses Bruchstück einer casettierten **Decke**; die sehr reiche Cassetierung besteht aus regelmässigen ringsum mit Blättern ornamentierten Sechsecken; i. J. 1847 aus einem Pfeiler der ehemaligen Rheinbrücke Karls des Grossen bei Mainz ausgebrochen. Kalkstein. L. 1 m. 70 cm., B. 1 m., D. 40 cm.

Vgl. Abb. in Abbildungen von Mainzer Alterthümern VI (1855) s. 7 Fig. 4.

411. **Thürpfosten** mit ausgehauener Vertiefung für Riegel. Rother Sandstein. L. 1 m. 20 cm., B. 23, D. 23. cm.

412. Verzierter **Wasserauslauf**. H. 38, L. 74, D. 48 cm.

413. **Zinnenstein**. Sandstein. H. 35, L. 52, D. 30 cm.

414. **Würfel** mit eingehauenen Furchen. Weisser Sandstein. H. 76, B. 59, D. 59 cm.

415. **Ornament**. Kalkstein. H. 41, L. 8, B. 39 cm.

416. Bekrönendes **Ornament**, rund gearbeitet. (Künstlerische Durcharbeitung). Kalkstein. H. 45, L. 1 m. 80 cm.

417. Bruchstück eines **Ornaments**. Kalkstein. D. 15 cm.

418. **Schlussornament**. (Pinienapfel). Sandstein. H. 15 cm.

419. **Firstbekrönung**. Kalkstein. H. 15, L. 42 cm.

420. a. b. c. Drei grosse **Architekturstücke** mit eingehauenen Leisten. a) H. 50, B. 75 cm. b) L. 90, B. 84 cm. c) H. 45, L. 95, B. 80 cm.

421. **Architekturstück**, auf der schmalen Seite ein Blätterornament, unter demselben einige erhabene quadratische Füllungen von sauberer Arbeit, i. J. 1847 aus einem Pfeiler der ehemaligen Rheinbrücke Karls des Grossen bei Mainz ausgebrochen. Kalkstein. L. 1 m. 12 cm., B. 85, D. 37 cm.

Vgl. Abb. in Abbildungen von Mainzer Alterthümern VI (1855) s. 7 Fig 5.

422. **Architekturstück**, oben mit Eierstab und Blätterornamenten, i. J. 1847 aus einem Pfeiler der ehemaligen Rheinbrücke Karls des Grossen bei Mainz ausgebrochen. Weisser Sandstein. L. 75, B. 75, D. 30 cm.

Vgl. Abb. in Abbildungen von Mainzer Alterthümern VI (1855) s. 7 f. Fig. 6.

423. **Architekturstück**. Sandstein. H. 31, L 66, B. 46 cm.

424. **Architekturstück**. Sandstein. H. 30. L. 72, B. 70 cm.

425. **Architekturstück**. Kalkstein. H. 48, L. 83, B. 48 cm.

426. **Architekturstück**. Sandstein. H. 34, L. 94. D. 46 cm.

427. **Architekturstück**. Sandstein. H. 77 cm., L 1 m., B. 28 cm.

428. **Architekturstück**. Sandstein. H 38, L. 1 m., B. 38 cm.

429. **Architekturstück**. Sandstein. H. 25, L. 96, B. 75 cm.

430. Fuss eines **Steinsitzes**, eine Tatze darstellend. Kalkstein. H. 38, B. 10 cm.

431. Bruchstück eines steinernen **Sessels**; Rücklehne mit Voluten. H. 80, B. 52, D. 45 cm.

432. **Fussplatte** mit den drei Tatzen einer Thierfigur. Kalkstein. L. 32, B. 16, D. 3 cm.

433. a. b. c. Drei **Mühlsteine**. Quarz, D. 22, Dm. 52—58 cm.

434. **Reibstein**. Marmor H. 21, Dm. 12 cm.

435. Grosse Anzahl von **Steinkugeln** für grosse Wurfmaschinen. Dm 14—15 cm.

436. Stück **Kändel** nebst Stück **Deckel**, i. J. 1845 unweit der römischen Wasserleitung zu Zahlbach bei Mainz ausgegraben. Rother Sandstein. H. 39, B. 64 cm., L 1 m. 66 cm., H. des Deckels 22, B. 64, L. 77 cm.

Anhang.

Mauerwerk, Wandbekleidung, Estrich, Böden, Mosaik, Thon und Zugehöriges.

437. Römisches **Mauerwerk**. (opus spicatum).

438. Römisches **Ziegelmauerwerk** mit Stucküberzug.

439. Römisches **Beton** mit Stucküberzug.

440. a. b. Zwei graue **Wandbekleidungen**.

441. **Bewurf** eines römischen Wohnhauses. Eckstück mit Stucküberzug und enkaustischer Malerei. H. 58, L. 93, D. 2 cm.

442. **Estrichwandbewurf**, fischgrätenförmig geschlagen. H. 54, L. 77 cm.

443. a. b. Zwei römische **Fussböden**.

444. a. b. c. d. Vier römische **Mosaiken**.

445. **Kranz** eines Brunnens, im D. von 105 cm. in lichter Weite, i. J. 1854 im Kästriche zu Mainz gefunden, gebildet aus 60 cm. langen und 20 cm. breiten hierzu geformten Backsteinen; einer derselben trägt das in den noch weichen Thon in Cursivschrift eingeritzte Datum: XIII K MAIAS (19. April), über welches vgl. oben s. 99 f. VII, A, XIII.

Vgl. Abb. in Abbildungen von Mainzer Alterthümern VI (1855) s. 22 Fig. 6.

446. a. b. c. d. e. f. Sechs **Stirnziegeln** von Thon, theils mit Gesichtern, theils mit Ornamenten.

447. a. b. c. d. Vier kleine **Rädchen** von Thon, jedes im Dm. 10 cm.

448. **Bleirohr** in römischem Mörtel von einer Badeeinrichtung L. 69 cm.

449. Grosses hölzernes **Fass** mit römischen Funden. (Vgl. s. 90, 284 u. s. 110, 9—14).

450. **Schwelle** aus den Fundamenten der ehemaligen Rheinbrücke Karls des Grossen bei Mainz.

451. **Pfahl** von Eichenholz nebst Schuh von Eisen aus derselben Rheinbrücke bei Mainz.

Vgl. Abb. in Abbildungen von Mainzer Alterthümern VI (1855) s. 9 Fig. 8.

Als **Fundstätte** vorstehend verzeichneter Reliefdarstellungen, Rundfiguren, Köpfe, sowie der sonstigen Architekturstücke, insbesondere Säulen und Säulenbruchstücke, Säulenkapitäle und anderer Steinsculpturen verschiedener Art, wird, soweit nicht ein Fundort in einzelnen Fällen dabei oben angegeben ist, im allgemeinen Mainz und seine Umgegend anzunehmen sein. Insbesondere kann nach den von Malten Bibliothek der neuesten Weltkunde 1842 II, s. 27—34, sowie von J. Laske in der Zeitschrift des Mainzer Vereins II. S. 25 f. und in den Abbildungen von Mainzer Alterthümern VI (1855) s. 15 ff. niedergelegten Untersuchungen für die oben unter Nr. 340, 356, 362—369 incl., 371, 372, 374—380 incl., 396—400 incl., 405, 406, 411—415 incl., 421, 424—430 incl. aufgeführten und augenblicklich (1875) im Hofe des »Eisernen Thurmes« aufbewahrten Steinalterthümer das Kästrich, in welchem bekanntlich bei verschiedenen Anlässen umfangreiche Gebäudesubstructionen und zahlreiche Architekturstücke zu Tage gefördert wurden, als Fundstätte angenommen werden.

Inhalt.

Verzeichniss der Abkürzungen.

Abb. = Abbildung.
B. = Breite.
Bd. = Bandstempel.
Bk. = Backstein.
Br. = Bruchstück.
cm. = centimeter.
d. (Verbesserungen) = deutsche Uebersetzung.
D. = Dicke.
Dm. = Durchmesser.
Ders. = Derselbe.
f. ff. = folgende.
Fh. = Fischstempel.
H. = Höhe.
Hz. = Heizröhre.
J. = Jahr.
i. J. = im Jahre.
l. L. = links, Linke.
l. (Verbesserungen) = lateinische Paraphrase.
lit. Not. (Verbesserungen) = literarische Notiz.
m. = meter.
Nr. n. = Nummer.
n. Chr. = nach Christus.
r. R. = rechts, Rechte.
Rd. = Rundstempel.
s. = Seite.
T. = Tafel.
Z. z. = Zeile.
Zg. = Ziegel.